Fredy Gareis

# VIER RÄDER, KÜCHE, BAD

FREDY GAREIS

# VIER RÄDER, KÜCHE, BAD

## Von der Freiheit, im Auto zu leben

Mit 16 farbigen Abbildungen
und einer Karte

MALIK

MIX
Papier aus verantwor-
tungsvollen Quellen
FSC® C083411

ISBN 978-3-89029-541-1
© Piper Verlag GmbH, München 2020
Redaktion: Fabian Bergmann
Bildteilfotos: Fredy Gareis und Patrizia Schlosser
Karte: Peter Palm, Berlin
Satz: Uhl & Massopust GmbH, Aalen
Gesetzt aus der Minion Pro
Litho: Lorenz & Zeller, Inning am Ammersee
Druck und Bindung: CPI Books GmbH, Leck
Printed in the EU

*Für P.*

# Inhalt

## Teil I

# ZWÖLF
# BANANENKISTEN

# 1

Ich kannte Patrizia noch nicht besonders lange, da liefen wir schon am helllichten Tag im Bademantel durch die Münchner Innenstadt.

Es war Sommer, und wir hatten beschlossen, dass *heute* »Big-Lebowski-Tag« war. Das spielte auf eine Filmfigur der Coen-Brüder an, dargestellt von Jeff Bridges. Lebowski hängt meist im Bademantel rum, trinkt Cocktails namens White Russian und lässt alle fünfe gerade sein. Vielleicht etwas verwahrlost, aber mit einer beneidenswerten Einstellung zum Leben.

Patrizia lebte zu der Zeit in einem Hochhaus im Westend. Es war eine sehr kleine Wohnung mit einem sehr großen Balkon. An guten Tagen hatte man einen phänomenalen Blick bis in die Alpen.

In der Miniaturküche mischte ich drei Teile Wodka, drei Teile Kahlúa, Milch und Eis. Ich rührte um, wir stießen mit den White Russians an und starteten den Film.

Danach zogen wir die Bademäntel an. Ich hatte sie extra für diesen Tag in Berlin in einem Secondhandladen gekauft, sie gewaschen und dann mit dem Zug hier runtergeschafft.

Meiner war bordeauxrot, der von Patrizia samtblau.

Mit der U-Bahn fuhren wir bis zum Stachus, stiegen aus und liefen durch die Kaufinger Straße, die Haupteinkaufsstraße, die am Samstag gegen fünfzehn Uhr aus allen Nähten platzte.

Patrizia sah unheimlich gut aus in ihrem Bademantel, und ich suhlte mich in dem Tumult, den unser aufsehenerregender Gang auslöste. In meiner Erinnerung blieben alle stehen und glotzten uns an. Wir durchschritten die bayerische Landeshauptstadt wie auf einem Laufsteg, Kinn nach oben, keinen Zweifel entstehen lassend über die Rechtfertigung unseres Auftritts.

Ich fühlte mich wie ein Stadtneurotiker. Ich fühlte mich hervorragend.

Auf dem Marienplatz sprachen uns ein paar Leute an, aber ich kann mich nicht mehr daran erinnern, was sie sagten.

Kurz darauf bogen wir nach links und kamen zum Hofbräuhaus. Davor stand ein Sicherheitsmann, ich glaube, er stammte aus Pakistan. Er konnte nur gebrochen Deutsch, wollte uns in dem Aufzug nicht reinlassen. Ich erzählte ihm, dass heute »Big-Lebowski-Tag« sei, da sei es ganz normal, in Bademänteln rumzulaufen. Er wollte uns trotzdem nicht reinlassen.

Ich ließ nicht locker.

Er sagte, er müsse seinen Kollegen holen. Auch der war nicht so ganz mit diesen merkwürdigen deutschen Feiertagen vertraut. Schließlich zuckten beide mit den Schultern und ließen uns rein.

Patrizia und ich setzten uns an einen Tisch. Es war verdammt heiß in den Bademänteln. Eine Blaskapelle spielte. Wir bestellten jeder eine Maß, und als wir anstießen, war es ein Wunder, dass die Humpen nicht in tausend Teile zersplitterten.

Ich glaube, viele Beziehungen beginnen mit solch verrückten Episoden. Meist wird man dann vernünftiger, ruhiger, gesetzter.

# 2

»Du bist ja immer noch nicht fertig! In zwei Wochen ziehen wir ins Auto, und hier herrscht das reinste Tohuwabohu«, monierte Patrizia und zeigte auf die ganzen hüfthohen Stapel in meinem Arbeitszimmer in unserer siebzig Quadratmeter großen Altbauwohnung in Hamburg.

Mein Blick folgte ihrem Finger, und ich musste zugeben, dass sie recht hatte. Keinen Schritt konnte man hier vor den anderen tun, ohne zu stolpern. Aber ich wollte verdammt sein, das zuzugeben.

Ich schaute noch mal gründlich durch die Gegend, dann schaute ich meine Freundin an, während ich fieberhaft nach einer guten Antwort suchte. Da stand sie, mit ihren langen Beinen, den langen roten Haaren, deren Färbung sich bereits auswusch. Ich war mir nicht sicher, ob mich ihre grünen Augen böse anfunkelten oder nicht.

»Hm«, spielte ich auf Zeit und spürte dann, wie mir endlich eine Antwort einfiel, ausgerechnet aus einem Buch namens »Der erste Kreis der Hölle«, was bei genauerer Betrachtung der Umstände recht passend war. »Chaos ist einfach eine noch nicht verstandene Ordnung.«

Patrizia lachte laut auf. »Du denkst, du bist so clever.«

Tja. Ich lehnte mich zurück und schwieg wieder. Musste aber einräumen, dass sie ihren Bereich bereits so effizient ausgemistet hatte, als arbeitete sie bei einem Entsorgungsunternehmen.

Wo wir schon dabei sind, fügen wir doch noch ein paar Details hinzu. Meine Freundin war zu diesem Zeitpunkt 32 Jahre alt, sie stammt aus Bayern, hat Iranistik studiert, begibt sich mutig in brenzlige Situationen, hat eine Schwäche für Erdnüsse. Unordnung mag sie gar nicht. Und noch weniger mag sie Autofahren. Natürlich soll ich das nicht schreiben. Aber dies ist ein ehrliches Buch. Also.

»Hör mal«, sagte ich schließlich in einem letzten Versuch der Rechtfertigung, wenn der Nobelpreisträger Solschenizyn mich schon nicht retten konnte, »ich bin elf Jahre älter als du. Es ist doch ganz klar, dass ich mehr Zeug habe.«

»Geh. Weißt du, was du bist? Ein Messie, weiter nichts!«

Wir standen also kurz davor, fortan in einem Auto zu wohnen. Vier Wände gegen vier Räder zu tauschen. Und dazu mussten wir unseren Besitz so minimieren, dass er auf vier statt auf siebzig Quadratmeter passte.

Alles begann mit einer Reise in die USA.

Im Jahr zuvor hatte ich mich in die Welt der amerikanischen Hobos aufgemacht, um ein Buch über sie zu schreiben. Hobos streifen auf Güterzügen durch das Land, pfeifen auf die Sicherheit einer bürgerlichen Existenz und haben nur das, was sie auf dem Rücken tragen. Ein anachronistisches Thema in unserer – und vor allem der amerikanischen – Konsum- und Erfolgswelt. Sicherheit im Tausch für Freiheit und Selbstbestimmung.

Einer der Hobos hieß Shoestring. Er war ein Vagabund, der draußen promoviert hatte. Ein meist schweigsamer, höflicher Einzelgänger. Aber in den Nächten, wenn wir irgendwo im Gebüsch oder unter einer Brücke auf einen Güterzug warteten, fing er an zu philosophieren: über die Natur der modernen Gesellschaft, über die ganze Verschwendung, die er auf seinen Reisen durch das Land gesehen hatte. Im Schneidersitz saß er da, neben sich seine ganze Habe in einem Armeerucksack, und fragte mehr den Mond als mich: »How much do you really need? After 25 years riding the rails, let me tell you: very little.«

Seit ich sechzehn war, bin ich auf Reisen. Zuerst, um dem Mief einer kleinen Arbeiterstadt zu entkommen. Dann, um neue Perspektiven zu gewinnen, und schließlich, um Bücher zu schreiben. Egal aus welchem Grund: Gleich blieb immer, dass ich mich unterwegs am stabilsten fühlte.

So radikal wie die Hobos war ich dennoch nie. Ich wohnte mit meiner Freundin in einer Wohnung in Hamburg, ein Ort, der ständig Miete kostete und noch dazu eingerichtet, erhalten und gepflegt sein wollte.

Beseelt vom Evangelium der Bewegung kam ich aus den amerikanischen Weiten zurück und konnte ebenjene Wohnung, so schön sie auch war, nicht mehr ertragen.

Eigentlich ist das ja ein alter Hut: Nach jeder langen Reise ist es schwer, sich wieder im Alltag zurechtzufinden. Man verspricht sich jedes Mal aufs Neue, das Leben etwas anders zu gestalten, diesmal der Langeweile keine Chance mehr zu geben, das Beste aus beiden Welten zu machen. Doch ein paar Monate später hat man es leider wieder vergessen. Man wird aufgefressen von den kleinen Monstern des Alltags. Vom Gestalten gelangt man zum Verwalten, wieder knallen die Silvesterkorken, und ein weiteres Jahr ist auf immer verschwunden.

Doch diesmal war das Gefühl der Entfremdung stärker als je zuvor. Eine fast körperlich spürbare Dissonanz mit der restlichen Welt.

Diese gottverdammten Hobos – was hatten sie nur mit mir angestellt?

Offensichtlich hatten sie mich stark beeindruckt. Mit ihrer Genügsamkeit, ihrer Selbstgewissheit. Mit ihrem Vorwurf, dass wir alle, obwohl wir es schön trocken haben, uns alles Wichtige leisten können, ständig am Jammern und Meckern sind.

Nach den ganzen Entbehrungen unterwegs auf den Gleisen hatte ich damit gerechnet, mich wieder auf Komfort zu freuen: eine Toilette, die man nicht erst suchen muss. Eine Küche. Eine Unterkunft, die warm ist und bei der man vor allem die Tür zuziehen kann. In der man sich wohlig fühlt, sicher ist.

Stattdessen schaute ich in die Küchenschränke und sah überschüssiges Geschirr. Ich schaute in den Kleiderschrank und sah überflüssige Klamotten. Ich schaute in die Regale und sah unnützen Schnickschnack.

Ich schmiss Schranktüren und Schubladen zu und sagte zu Patrizia: »Wie viel brauchen wir wirklich? Die Mieten steigen höher und höher, und wir zahlen ja jetzt schon 10 000 im Jahr. Nur fürs Eingepökeltsein! Dabei ist die Welt da draußen so groß, und wir sind, aller Wahrscheinlichkeit nach, nur einmal hier.«

Patrizia schaute mich verständnisvoll an. Sie nickte.

Dann machten wir weiter wie bisher.

# 3

Ein paar Monate später, im Mai, waren wir zu einer Hochzeit von Freunden im Allgäu eingeladen. Alle Zimmer im Dorf waren bereits belegt, wir fanden nichts mehr. Was hauptsächlich an uns selbst lag, weil wir die Buchung immer wieder aufgeschoben hatten.

Patrizias Vater war daraufhin so nett, uns seinen Kombi zu leihen. Mit seinem heutigen Wissen hätte er wohl freiwillig Zucker in den Tank geschüttet. So aber wünschte er uns viel Spaß und winkte zum Abschied.

Wir parkten den Wagen direkt neben dem Standesamt. Feierten das Brautpaar, speisten königlich, tanzten und fielen gegen vier Uhr nachts in unser Autobett. Die Rückbank war umgelegt, zwei Isomatten ausgebreitet, darüber eine Decke und zwei Kissen. Es war sehr bequem, und niemand hatte einen kürzeren Weg ins Bett. Gegen sechs Uhr morgens wachte ich auf. Ein gewaltiger Regenschauer prasselte auf das Dach des Toyotas. Gleichmäßig, kraftvoll. Tausende Tropfen, die aus dem Himmel fielen, vom Metall abglitten und im Boden versickerten.

In den letzten Wochen hatten wir mehrere Pläne für unsere Zukunft diskutiert. Auf Güterzüge springen? Das war wohl kaum drin, wie sollten wir dabei arbeiten? Wir dachten daran, einfach in ein anderes Land zu gehen. Wir zogen den Iran in Betracht, Indien, die USA. Wir füllten ein ganzes Notizbuch mit möglichen Zielen, konnten uns aber für keines so recht entscheiden. Wir überlegten und überlegten, aber die zündende Idee war leider noch nicht dabei.

Ich drehte mich auf die Seite. Patrizia war ebenfalls wach. Wir schauten uns an und hörten dem Regen zu. Redeten kein Wort.

# 4

Im Juni saßen wir im griechischen Thessaloniki an einem weiß gedeckten Tisch auf einem kleinen Platz neben einem Brunnen und feierten unseren Jahrestag.

Vor uns standen ein paar Vorspeisen, eine kleine Flasche Ouzo, dazu eine Schale Eiswürfel. Zwei Straßenkinder zogen umher und spielten auf einem abgewetzten Akkordeon ein Lied. Nach ein paar Klängen wurde mir klar, dass es sich dabei um »Katjuscha« handelte, ein melancholisches Lied aus der Zeit der Sowjetunion. Irgendwie passte es gar nicht zu dem Anlass – schließlich war es eine Weise aus dem Krieg, es ging um Abschied –, aber irgendwie auch doch.

Ich war nervös. Rutschte auf meinem Stuhl hin und her. Schenkte Patrizia einen Ouzo ein, schenkte mir selbst einen größeren ein, goss mit Wasser auf, gab Eiswürfel hinzu. Wir stießen auf alle gemeinsamen Jahre davor und natürlich auf unser nächstes an. Aber wie sollte es werden? Ich hatte mir seit der Hochzeit im Allgäu viele Gedanken gemacht und sie in einem Liebesbrief niedergeschrieben, der mir jetzt in meiner Jackentasche die Brust verbrannte. Ich zog die Jacke aus und hängte sie über den Stuhl.

Als wir uns ein bisschen gestärkt hatten, mit gegrilltem Oktopus, Saganaki und griechischem Salat, überreichte ich Patrizia den Brief. Jedes Jahr schreibe ich ihr einen zu diesem Anlass. Doch diesmal ging es zum ersten Mal um unsere Zukunft.

Feierlich, als würde ich um ihre Hand anhalten, fragte ich sie darin: Mein Herz, willst du mit mir in ein Auto ziehen? Die Welt mit anderen Augen sehen, etwas weniger ernst sein und dafür etwas mehr spielen? Natürlich hieße das, Sicherheiten aufzugeben, Routinen – alles, was das Leben leichter, aber auch langweiliger macht.

Und wenn wir unsere Karten richtig spielen, vielleicht gewinnen wir dann ein Stück Freiheit, vielleicht entdecken wir ständig Neues, stolpern an jeder Ecke über wilde Geschichten, und vielleicht werden wir zu anderen Menschen. Wer kann schon sagen, was bei einer so bescheuerten Idee hinten rauskommt?

Zumindest theoretisch können wir doch überall arbeiten. Du als Journalistin, ich schreibe an meinen Büchern.

Zwei gegen die Welt und das ganze Gelöt.

Ich weiß, die Sache ist riskant. Wenn es nicht klappt, dann müssen wir halt mal auf einem Bauernhof schuften, oder in einer Fabrik, oder wir stellen uns an Straßenkreuzungen und putzen die Windschutzscheiben von gestressten Autofahrern.

Wir werden uns schon was einfallen lassen.

Oder stilvoll verarmen.

Ich wusste nicht, wie sie reagieren würde. Während es mir vertraut war, knietief durch den Dispo zu waten, war so ein unstetes Leben für Patrizia mit ihrem geradlinigen Lebenslauf Neuland. Später gestand sie mir, dass in ihrem Kopf die folgenden Gedanken aufgetaucht waren: Wie soll das bloß mit der Arbeit funktio-

nieren? Was mache ich, wenn ich nachts nicht einfach ins Bade-
zimmer tapsen kann? Muss ich die ganze Zeit Auto fahren?

Sie legte den Brief zur Seite und schaute mich mit ihren wild-
bachgrünen Augen an. Die Eiswürfel in ihrem Glas knackten. Das,
dachte ich, das ist der Moment des Widerstands. Den braucht jede
Geschichte. Man kann nicht mir nichts, dir nichts Altes zurück-
lassen und sich zu anderen Ufern begeben. Man muss zweifeln,
mit sich hadern, nachts wach liegen, abwägen, Argumente für und
wider führen, sich die Haare raufen, zu einer Entscheidung kommen, diese wieder verwerfen. Kurz: Man kann nicht einfach Ja
sagen.

Patrizia sagte einfach Ja.

Und jetzt haben wir den Salat.

# 5

Etwa 10 000 Dinge besitzt der Durchschnittseuropäer, und was hatte ich mich darauf gefreut zu entrümpeln. Fast
vierzigmal war ich in meinem Leben umgezogen und hatte dennoch so viel Zeug angehäuft, dass ich inzwischen zu ersticken
drohte. Ich sah keinen Besitz, der mein Leben schöner machte,
ich sah Fesseln. Bevor es also vom Parkett auf den Asphalt ging,
musste der ganze Kram weg. Um hochsteigen zu können, mussten wir Ballast abwerfen.

Zu diesem Zeitpunkt war es noch gar nicht so lange her, dass
die Wohnung meiner Großmutter hatte geräumt werden müssen,
weil sie in ein Altersheim zog. Großvater war bereits ein paar
Jahre tot. Zuvor führten die beiden ein Eremitenleben. Sie fuhren nie in den Urlaub, ja, sie gingen sogar kaum aus dem Haus.
Dennoch hatten sie es über die Jahre geschafft, so viele Dinge
anzuhäufen, dass man damit einen Trödelladen hätte eröffnen
können.

Großvater hatte zum Beispiel im Bastelkeller 36 Besenstiele
gebunkert, fünf Kilo Vorhängeschlösser, 25 Schraubenzieher etc.
etc.

Großmutter war in der Zwischenzeit auch nicht untätig gewesen. Jede noch so kleine Ritze der sowieso schon kleinen Zweizimmerwohnung war vollgestopft. Teilweise steckte der Kram noch in seiner Verpackung und hatte Preise aus D-Mark-Zeiten dran: Klamotten aus den Sechzigern und Siebzigern, Bettwäsche, Teeservice und massenhaft Konserven für den Fall, dass die Zeiten wieder schlechter werden würden.

Es dauerte Wochen, die Wohnung zu räumen. Verantwortlich dafür war mein Stiefvater, und ich kann mich noch gut daran erinnern, wie er zwischen all dem Zeug saß und nicht mehr weiterwusste, während ich mit nicht angebrachter Belustigung auf dieses Spektakel schaute.

Und jetzt ging's mir in Hamburg ganz genauso. Das nennt man Karma.

Das Bunkern und Horten meiner Großeltern war halbwegs verständlich. Die beiden gehörten zur Kriegsgeneration. Sie waren Vertriebene, hatten immer Angst, nicht genügend zu haben. Diese Sichtweise war uns natürlich völlig fremd.

Der amerikanische Komiker George Carlin sagte mal sehr passend, ein Haus sei ein Ort, wo man sein ganzes Zeug aufbewahre, während man rausgehe, um noch mehr Zeug ranzuschaffen.

Da hält man sich für einen Minimalisten und dann so was. Es scheint ein Naturgesetz zu sein, dass sich der Mensch immer der Größe seiner Umgebung anpasst. Vielleicht ist es aber auch nur einfach so, dass meine Freundin recht hatte und ich tatsächlich ein Messie bin.

Die Möbel waren dabei das kleinste Problem. Bei Büchern wurde es schon viel schwieriger, aber so richtig knifflig war der Kleinkram, der am Ende vielleicht den Löwenanteil ausmacht. Der müllt die Wohnung zu mit lauter Wechseln auf die Zukunft, die nie eingelöst werden und einem gerade deswegen ein schlechtes Gewissen machen. Der Aquarellkasten, immer noch verpackt, mit dem man seit Jahren umzieht. Die Russischlehrbücher, die man endlich mal wieder angehen sollte. Die verstaubte Gitarre, an der doch möglicherweise noch eine Karriere als Rockstar hängt, auch wenn man nicht einen einzigen Akkord spielen kann.

Es ist unheimlich schwer loszulassen. Es ist eine Kunst. Man muss sich von Möglichkeiten verabschieden. Von diesen Dingen, über die man lieber nachdenkt, als sie tatsächlich in Angriff zu nehmen. Und dann war da auch noch diese Peitsche, bestes Beispiel. Fast zwei Meter lang, aus Leder. Ich hatte sie in einem Souvenirshop in der ungarischen Puszta geklaut. Ich war sechzehn Jahre alt und betrunken vom hervorragenden Rotwein. Diese Peitsche schleppte ich nun also schon seit, Moment, 27 Jahren mit mir rum. Hatte ich in all den Jahren auch nur einen einzigen Menschen damit ausgepeitscht?

# 6

Immerhin, das Auto hatten wir bereits. Wir wollten weder ein Wohnmobil (zu auffällig, zu teuer) noch einen bunten VW-Bus (nur zu teuer), sondern ein Auto, das so billig in der Anschaffung war, dass es sich tatsächlich lohnte, keine Miete zu zahlen. Auf eBay Kleinanzeigen suchte ich nach einem Minivan, sprich einem Kleinbus.

In den USA – wo sonst? – gibt es bereits ein ganzes Heer von Menschen, die in ihren Autos leben und arbeiten. Die einen machen das aus Not, weil die Mieten in den Großstädten explodieren; alleine in Los Angeles an der Westküste sollen 16 000 Menschen im Auto leben. Die anderen sind auf der Suche nach einem alternativen Lebensmodell. Sie nennen sich Rubber Tramps, Vanlifers oder Vandwellers. Es gibt sogar ein jährliches Treffen, organisiert von einem Mann in den Sechzigern, der im Netz die Vorzüge des mobilen Lebens predigt. 2010 fand das »Rubber Tramp Rendezvous« zum ersten Mal statt, mit gerade mal 45 Teilnehmern. Acht Jahre später, 2018, kamen in der Wüste von Arizona bereits 5000 moderne Vagabunden zusammen.

Also irgendwie passend, dass wir uns zuerst ein amerikanisches Auto anschauten, einen Chrysler Grand Voyager: sieben Sitze, Typ Familienkutsche, getönte Scheiben, 155 PS.

Der Wagen stand in Hamburg-Stellingen, und der Verkäufer war froh, endlich einen Interessenten zu haben, der nicht gleich mit »was letzte Preis?« um die Ecke kam. Allerdings war das Auto bereits abgemeldet, eine Spritztour über die nahe Autobahn war leider nicht drin. Ich öffnete die Motorhaube, schaute rein. Legte mich unter das Auto und suchte nach Lecks. Nicht, dass ich wirklich Ahnung von Autos hätte, aber so was sieht gut aus. Anschließend drehten meine Geliebte und ich ein paar Runden durch die Nachbarschaft.

»Und«, fragte Patrizia, »wie fährt er sich?«

»Hervorragend. Übermotorisiert. Automatikgetriebe, schön erhöhte Position. Ich fühle mich wie ein amerikanischer Rentner.«

»Wahnsinnig bequeme Sitze«, lobte Patrizia.

»Und viele Fenster.«

»Das Lenkrad ist ja geil! Hast du das schon gesehen?«

Ich schaute, musste lachen. Das Steuer war mit einem schwarzen Lenkradschutz überzogen, der mit zwei goldenen Totenköpfen verziert war.

Zu Hause setzten wir uns auf den Balkon. Die Luft war lau, wir öffneten zwei Bier, schauten in den großen Innenhof. Ein Eichhörnchen lief hektisch über die Äste einer Kastanie. In hundert Metern Entfernung war bereits die nächste Häuserzeile zu sehen.

Wir diskutierten den Chrysler.

»Was ist dein Eindruck?«, fragte Patrizia.

»Als ich die Schiebetür aufgemacht hab, dachte ich mir, da kann man sehr gut drin schlafen. Platz genug.«

»Hast du angefangen zu träumen?«

»Ja.«

»Ich find es super, dass es ein altes Auto war. Ein neues fänd ich idiotisch, ist doch viel ökonomischer, eins zu nehmen, das schon 21 Jahre auf dem Buckel hat.«

Vor ein paar Jahren bin ich mit dem Fahrrad von Israel nach Berlin gefahren, vier Monate, 5000 Kilometer. Ein paar Hobby-radfahrer meinten zuvor, für so ein Rad musst du schon ein paar

Tausender lockermachen, du musst trainieren. Ich kaufte mir ein Stahlrad, das noch in »Westdeutschland« hergestellt worden war, zahlte schlappe neunzig Euro und fuhr los.

Trotzdem kam der Widerstand jetzt von mir. So viel zum Thema aus der Vergangenheit lernen.

Der Chrysler war 21 Jahre alt, hatte 300 000 Kilometer auf der Uhr, und der Motor schwitzte Öl. Die Klimaanlage war kaputt, der Tempomat sowieso, und außerdem sollte man nie das Auto kaufen, das man sich zuerst anschaut.

Aber das waren alles Einwände, die meine Geliebte nicht im Geringsten interessierten. Mit einem ordentlichen Zug trank sie ihr Bier aus und stellte die leere Flasche auf den Tisch.

»Ich kann mir sehr gut vorstellen, mit dir rumzutuckern und Musik zu hören. Und dann hab ich mich erschreckt: Wenn es so einfach ist, etwas zu verändern, dann müsste man ja viel öfter was verändern. Aber gut, vielleicht kommt noch viel Scheiß auf uns zu. Die Autofrage macht es nur so merkwürdig real, dass ich mir grade denke: krass.«

»Also machen oder sein lassen?«

»Ich trau mich fast nicht zu antworten, aber ich würd sagen: machen.«

Was konnte schon schiefgehen, vor allem bei einem Kaufpreis von 650 Euro?

Natürlich, wenn man anfängt nachzudenken, fallen einem hundert Sachen ein. Also: nicht nachdenken. Manchmal muss man sich einfach selbst überrumpeln, sonst hat man den Finger immer in der gleichen Soße.

# 7

Zwecks Inneneinrichtung unseres neuen Heims schaute ich mich ein wenig auf Facebook um und fand zu meiner Überraschung sehr viele Gruppen, die sich nicht nur mit dem Thema Vanlife beschäftigen, sondern auch damit, wie man das Auto am besten wohnlich herrichtet: Living in a Van, Mikrocamper & Selbstausbauten – die Welle aus den USA war bereits nach Deutschland geschwappt.

Ich bekam große Augen. Teilweise erinnerten mich die Einrichtungen an die Designs in Hochglanzmagazinen. Gerade für den Stauraum gab es ausgetüftelte Systeme. Tische, die man rausziehen konnte. Betten, die hochklappbar waren. Dazu alles über Isolierungsmaterial und Heizung. Manche hatten kurzerhand einen kleinen Kanonenofen in ihrem Mercedes-Bus verbaut. Lösungen für Licht und Kühlung und Vorschläge für Schränke und Regale.

Ich war baff. Ich war neidisch.

Allerdings hatte ich weder Lust noch das Geld, um so viel in den Innenausbau zu investieren. Da würden wir ja nicht vorm nächsten Jahr loskommen. Und tatsächlich machen das viele so. Erst eine ordentliche Suche nach einem anständigen Gefährt, dann der gründliche Aus- oder Umbau. Na ja, ich sollte hier vielleicht auch gestehen, dass ich zwei linke Hände habe.

»Und was machen wir dann in Sachen Einrichtung?«, fragte Patrizia, während wir die Küche ausräumten.

»Keine Ahnung«, antwortete ich.

»Übrigens werde ich die Tage mal nach Hause fahren müssen.«

»Den Eltern Bescheid geben?«

Patrizia nickte.

»Oha«, sagte ich.

# 8

Wir bereiteten den Chrysler für seinen neuen Einsatz vor: schrubben, wischen, saugen, putzen, die hinteren Sitze ausbauen und loswerden. Das wollten wir bei einem Altautohändler erledigen. Eine gute Gelegenheit für Patrizia, sich mit dem Wagen vertraut zu machen. In der ganzen Zeit, in der wir zusammen waren, hatte ich sie kaum Auto fahren sehen. Sie setzte sich auf den Fahrersitz und wirkte ebenso ahnungslos, als wäre sie auf der Kommandobrücke des Kampfsterns Galactica.

»Wie geht das denn jetzt?«

»Nein, nein, nein! Das ist Automatik, da steigt man nicht mit dem linken Fuß drauf.«

»Ach, das ist Automatik?«

»Wie, das wusstest du nicht?!«

»Doch, doch. Hab nur grade nicht dran gedacht, jetzt stress mich nicht. Also?«

»Gott im Himmel! Jetzt erst mal die Zündung.«

»Fredy! Mach das nett mit mir und nicht so pseudocool. Es ist ja nicht so, dass ich noch nie ein Auto angemacht hab. Also, wie geht's weiter? Wie fährt das Ding los?«

»Schau mal, hier ist ein Knopf. ›Unlock‹, da musst du draufdrücken. Jetzt kannst du starten.«

»Und ich bleib einfach auf der Bremse.«

»Jetzt ziehst du den Hebel nach unten.«

»Das ist ja voll die Höllenmaschine.«

»Auf D!«

»Ach so.«

Ich konnte kaum aufhören zu lachen.

»Du bist so gemein, ich fahr dich gleich um, sobald ich das Ding unter Kontrolle hab.«

»So, jetzt einfach geradeaus.«

Patrizia rollte los.

Ein paar Minuten später tauchten zwei Radfahrer auf, sie musste sie überholen, die Straße war breit genug.

»Mir bricht schon der Schweiß aus.«

»Für diesen Fall hab ich was mitgenommen, wusste jahrelang nicht, für was ich das benutzen soll.« Ich kramte in meiner Hosentasche und holte einen kleinen Lederbeutel mit Reißverschluss hervor, den ich irgendwo am Straßenrand in der Nähe von Belgrad gefunden hatte.

»Was ist das denn?«

»Ein Rosenkranz.« Ich wickelte ihn um den Rückspiegel. Das Kreuz baumelte hin und her. »Gott schütze uns.«

»Du bist so ein Depp! Den hast du bei dir noch nie aufgehängt!«

Die Sitze wurden wir ohne Probleme los, zahlten fünfzehn Euro dafür, und auf einmal war jede Menge Platz im Auto. Patrizia und ich legten uns auf den nackten Boden, man konnte sich komplett ausstrecken. Vielleicht überschätzten wir den Platz auch ein wenig, denn ich fantasierte bereits von Ikea-Regalen, die wir reinstellen könnten. Dank meiner zahlreichen Umzüge war mir inzwischen auch eine schnelle und kostenlose Lösung für Unterbau und Stauraum eingefallen.

Platz war nun also da, aber wir mussten weiter ausmisten. Bis wir im Auto schlafen konnten, war es noch weit hin. Dabei lief uns die Zeit davon, die Wohnung war bereits gekündigt.

# 9

Ausgerüstet mit einem Maßband gingen Patrizia und ich in den großen Edeka-Supermarkt in der Rindermarkthalle in der Nähe des St.-Pauli-Stadions.

»Meinst du, die haben hier genügend?«

»Keine Ahnung.«

Wir suchten und fanden einen Mitarbeiter in der Obst- und Gemüseabteilung. »Entschuldigen Sie«, sagte ich. »Wir bräuchten ein paar leere Bananenkisten, haben Sie welche?«

Der Mitarbeiter nickte und zeigte auf den Stapel in einer Ecke neben der Pfandrückgabe. Ausgezeichnet.

»Und da können wir uns so viele nehmen, wie wir brauchen?«

»Kein Problem«, antwortete er und ging auch schon wieder seiner Arbeit nach.

»Dann wollen wir doch mal sehen.« Ich legte das Maßband an eine Kiste an.

»Das sind ja eine ganze Menge«, sagte Patrizia.

»Und wahnsinnig stabil. Damit habe ich schon alles durch die Gegend geschleppt. Okay ... dreißig Zentimeter breit und vierzig lang. Und die Liegefläche im Auto ist 1,20 auf zwei Meter. Macht also vier Reihen à drei Kisten.« Ich strahlte Patrizia an, genau so hatte ich mir das vorgestellt. »Perfekt.«

»Wir brauchen also zwölf Stück, ganz schön viel.« Patrizia zählte durch. Es waren genügend da. Wir schnappten uns ein paar und wankten damit zurück auf den Parkplatz. Dann wiederholten wir das Ganze.

Ab und zu findet man ja in Bananenkisten eine nicht abgeholte Drogenlieferung aus Südamerika und ist auf einen Schlag reich. Dieses Glück hatte ich auch diesmal nicht.

# 10

Patrizia verabschiedete sich, um zu ihren Eltern zu fahren. Ich stellte Möbel und dergleichen auf eBay Kleinanzeigen, dann ging es weiter mit meinem Schweinestall.

In den letzten Jahren hat sich ja so etwas wie ein Aufräumtrend entwickelt, eine von der japanischen Bestsellerautorin Marie Kondo angeführte Bewegung. Sie empfiehlt, nur Dinge aufzubewahren, die einen emotionalen Wert haben.

Meiner Meinung nach der vollkommen falsche Ansatz.

Ständig nahm ich etwas in die Hand und dachte, hm, das könnte ich schon noch mal brauchen. Um diese Misere etwas erträglicher zu gestalten, ließ ich nebenbei die Fußball-WM auf dem Rechner laufen. Zugegeben, so viel erträglicher machte es das auch nicht, die Deutschen spielten nervenaufreibend schlecht. Ich konzentrierte mich also wieder auf meine eigentliche Arbeit, auf die alles entscheidende Frage: Ist das Kunst, oder kann das weg?

Zum Beispiel dieser Indien-Reiseführer aus dem Jahr 1998. Den hatte mir damals eine Freundin geschickt, nachdem sie ihn nach ihrer eigenen Reise mit Notizen versehen hatte. Das alles im Hinblick auf meine dort beginnende Weltreise, die dann allerdings nur zwei Wochen dauerte. Die Schande hingegen schleppe ich bis heute mit mir rum. Aber vielleicht steckte da noch was drin; diese Freundin war auffällig viel in Kommunen unterwegs, und es wäre doch interessant, das Gestern mit dem Heute abzugleichen.

Das dachte ich allerdings auch von dem kompletten Jahrgang 1975 des *Zeit Magazins*. Den hatte ich einst von einer älteren Dame gekauft und schleppte ihn fortan von Wohnung zu Wohnung, ohne je reingeschaut zu haben. Immer mit der Absicht, darin irgendwann nach Ideen zu stöbern. Ganz schlimmes Wort, dieses »irgendwann«. Jetzt blätterte ich die Magazine im Schnelldurchlauf durch.

Und was sollte ich mit dem Riesenkiesel machen, den ich vom Baikalsee in Sibirien nach Hause geschmuggelt hatte? Oder mit dem Presseausweis, den ich mir im Jahr 2000 auf der Khao San Road in Bangkok hatte ausstellen lassen? Das war sechs Jahre, bevor ich tatsächlich Journalist wurde, also ein klassischer Fall von »fake it till you make it«.

Auch hatte ich Probleme, die Mikrokassetten wegzuschmeißen, auf denen ich eine Weile Tagebuch geführt hatte. Dabei besaß ich schon lange kein passendes Abspielgerät mehr. Ein Teenager war ich damals. Rubbeldiekatz, da könnte ja jede Menge belastendes Material drauf sein. Also besser weg damit.

Dann war da noch ein schwarzes Adressbuch aus Leder, voller analoger Kontakte zu Reisebekanntschaften weltweit. Die Leute könnte man doch aufstöbern, schauen, was aus ihnen geworden ist. Der Verlag könnte mir die Reisekosten zahlen. Da würde er sich sicherlich freuen.

Sackzement, dachte ich, so kann das doch nicht weitergehen. Ich fühlte mich wie einer, der Abschied von seinem Leben nimmt.

Was ich brauchte, war keine Marie Kondo, sondern ein externer Dienstleister, der probehalber meine Wohnung anzündete: »So, was nehmen Sie jetzt mit? Nicht lange nachdenken!«

»Meinen Rechner und meine Tagebücher.«

»Gut, machen Sie das, und dann raus, raus, raus. Den Rest erledige ich!«

# 11

Ich holte Patrizia am Bahnhof in Altona ab. Es war Nachmittag. Ich war gespannt, was sie zu erzählen hatte. Als sie aus dem Zug stieg und ich sie in den Arm nahm, war klar, dass es nicht die angenehmste Veranstaltung gewesen war.

»Wie lief's?«

»Furchtbar. Ich glaube, ich habe meine Eltern noch nie so sehr verletzt wie mit der Idee, in ein Auto ziehen zu wollen.«

Neben dem Bahnhof gibt es ein anatolisches Grillrestaurant, dort holten wir uns einen Pide, Ayran und noch ein paar andere Leckereien und setzten uns damit einen Kilometer weiter neben dem Bezirksamt Altona auf die Christianswiese. Die Elbe mit ihren Containerschiffen war ganz in der Nähe, ebenso wie Hunderte von Spaziergängern, aber hier waren wir für uns.

»Ich hab mich noch nie so schlecht gefühlt gegenüber meinen Eltern. Am Anfang haben sie noch ein kleines bisschen gelacht, und dann ist es richtig schlimm geworden. Vielleicht, vom Hintergrund her, weil meine Mutter auf einem Bauernhof aufgewachsen ist und mein Papa der Sohn von einem Hausmeister war, da zählt schon Aufstieg: Die Tochter ist Journalistin geworden, und jetzt eröffnet sie einem, dass sie im Auto wohnen will. Sie verstehen den Sinn nicht, und für sie ist das gleichbedeutend damit, dass ich obdachlos werden will.«

»Obdachlos gleich?«

»Es ist ungefähr so, als wenn ich gesagt hätte, ich bin drogenabhängig, ich lebe ab jetzt auf der Straße, ich will nicht mehr anders leben. Sie haben sich sofort Gedanken gemacht, dass ich umgebracht werde. Sie wollten, dass ich eine Verfügung unterschreibe, damit sie darüber bestimmen können, was mit mir passiert, wenn ich irgendwie krank bin, wenn ich einen Unfall hab auf der Straße.«

Ich öffnete die Pide-Schachtel und nahm mir ein Stück. Patrizia kam nicht so richtig zum Essen.

»Dann meinten sie, dass ich auf jeden Fall stinken werde. Es ist vorbei, mein Leben als normaler Mensch ist vorbei! Das war's!

Sie sind superenttäuscht: Da hat die Tochter alles so gut gemacht und sich hochgearbeitet und studiert, und jetzt ist es aus. So ist das für die! Das war ganz schrecklich zu sehen. Meine Mutter hat ein Gesicht gemacht, als wäre sie in Sekunden um vierzig Jahre gealtert. Sie saß so zusammengeknickt da und hat auf die Seite geschaut: Es ist alles aus. Wirklich total tragisch. Und ich bin auch traurig geworden, weil es mir so leidtut für sie. Ich hab versucht, es ihnen zu erklären, aber sie verstehen es nicht. Ich konnte bis jetzt in meinem Leben machen, was ich wollte, aber dass ich aus meiner Wohnung ausziehen will und gleichzeitig in keine neue ziehe, das raubt meinen Eltern den Verstand.«

Ich hörte einfach zu. Patrizia ließ alles raus. Sie tat mir leid, es mussten anstrengende Tage gewesen sein.

»Und mein Bruder natürlich auch: Ihr werdet ständig kontrolliert werden von der Polizei. Weißt du, wie ihr bald aussehen werdet? Wie die letzten Penner! So kannst du nicht mehr arbeiten!«

Patrizia atmete durch, schüttelte den Kopf.

»Meine Mutter konnte nachts nicht schlafen. Morgens um sieben war ich dann wach, und es ging direkt am Frühstückstisch weiter: Was machst du, wenn du irgendwo aufs Klo musst? Das stimmt, weiß ich noch nicht, wie ich das mach. Ja, du musst doch wenigstens Klopapier haben. Natürlich hab ich Klopapier, Mama, was denkst du denn? Ich werde deswegen nicht verwahrlosen. Dann hat sie mir vorhin noch 'ne WhatsApp geschrieben: ›Ich sitze gerade im Garten und denke nach: Pati, wenn du krank wirst, bitte komm heim. Bitte komm heim!‹«

Ich seufzte und strich ihr über die Schulter.

»Und dadurch, dass ich ihr Kind bin, hat mich das schon auch getroffen. Obwohl ich mir rational denke: Die kapieren das halt nicht, und es ist nicht so schlimm, wenn sie das nicht verstehen. Die werden schon sehen, dass ich nicht verwahrlose. Trotzdem, Familie macht einfach etwas mit einem. Es war schrecklich auszuhalten, die ganzen psychologischen Kräfte, die da auf einen wirken. Das hat einiges durcheinandergewirbelt. Gestern, als ich ins Bett gegangen bin, dachte ich mir: Warum mach ich das eigentlich? Ist das vielleicht doch ein Fehler? Was tue ich meiner Familie an? Klar, das ist bescheuert, aber ... O Mann!«

»Was hätten deine Eltern denn zu einer einjährigen Weltreise gesagt?«

»Dann wäre es okay gewesen. Ich hab's ihnen auch zu erklären versucht: ›Papa, stell dir vor, wir machen eine Reise, nur eben in Deutschland, im Alltag. Wenn wir in den USA wären, würdest du auch nicht denken, dass ich obdachlos bin, weil ich in einem Auto wohne und einen Roadtrip mache, oder?‹ Aber es war, als würde ich Japanisch reden. Für die ist es eben so: Man arbeitet sich hoch und kauft sich Dinge, und das ist ein Zeichen dafür, dass es einem gut geht. Sie verstehen die Idee von Reduktion überhaupt nicht. Es kann einfach nur bedeuten, dass ich obdachlos werde.«

Ich schaute sie an, versuchte, in ihrem Gesicht zu lesen. »Und die Zweifel, sind sie jetzt immer noch da?«

Sie zuckte mit den Schultern. »Was heißt Zweifel. Wenn man so was von der Familie hört, kriegt man einfach eine Gänsehaut. Man denkt sich: Es ist jetzt wirklich todernst.«

In der Kirche nebenan läuteten die Glocken.

»Und was denkst du, wenn du das alles hörst?«, fragte Patrizia.

»Ich bin ein bisschen verblüfft, wie hart die Reaktion deiner Eltern ausgefallen ist, aber tief drinnen überrascht es mich auch wieder nicht. Ich glaube, sie verstehen nicht so richtig, was dein Job ist: dass wir von unterwegs, von überall arbeiten können. Das ist schon eine Generationenfrage. Auch dass wir Wohlstand nicht darin sehen, an einem Ort zu sein und Sachen anzuhäufen.«

»Ja. Meine Mama hat noch gesagt: ›Pati, ich wünsch mir so für dich, dass du eine richtig schöne Wohnung hast, in der du richtig schön leben kannst.‹«

»Wir haben doch jetzt eine richtig schöne Wohnung gehabt, in der wir richtig schön langweilig gelebt haben. Jedem das Seine. Aber klar, das wird dir noch öfter so gehen mit Leuten; bei manchen liegt das quer zu ihrem Weltbild, bei anderen quer zu den eigenen Wünschen, die sie sich selbst nicht zu erfüllen trauen. Dein Vater würde ja selber gern mit dem Wohnmobil durch die

Gegend fahren, kann sich aber nicht aufraffen, eins zu kaufen und das zu machen.«

Patrizia beruhigte sich ein wenig, aß endlich ein Stück Pide. Ihr Appetit kehrte zurück, und das freute mich.

»Als ich damals mit dem Fahrrad losgefahren bin, wie oft musste ich mir da anhören: Das kannst du nicht machen, das ist zu gefährlich, du wirst tot sein, bla, bla, bla. Aber am Ende kannst du nicht nach den Vorstellungen von anderen Leuten leben.«

»Ja.«

»Und ich bin mir sicher, ich hab jetzt den schwarzen Peter, weil ich dich dazu angestiftet hab, oder?«

»Ja.«

Ich musste lachen. Es war ein trauriges Lachen.

»Aber tut es dir nicht auch ein bisschen leid?«, fragte Patrizia.

»Was soll mir denn leidtun?«

»Na ja, dass sie jetzt so unsicher deswegen sind, als würd ich kurz vorm Tod stehen.«

»Sie werden schon damit klarkommen. Du bist ihre Tochter, und sie machen sich Sorgen. Auf der anderen Seite: Als du im Westjordanland gearbeitet hast, sind sie zu Besuch gekommen. Wenn sie erst mal sehen, dass das Ganze läuft, dann beruhigt sich die Lage schon wieder. Außerdem ist es doch unser Plan, dass es keinen Plan gibt. Wir gucken, wie es läuft. Wenn es nicht läuft, mein Gott. Wenn wir abbrechen wollen, haben wir alle Freiheiten dazu. Aber wenn man nichts wagt, gewinnt man halt nichts.«

»Sie hörten das Wort zum Sonntag.«

# 12

Zurück in meinem Schweinestall. Ich kämpfte mich so voran, durch den Dschungel an Unterlagen und Erinnerungsstücken, da wurde meine Aufmerksamkeit von der Berichterstattung über die deutsche Mannschaft abgelenkt. Sie hatte einen spielfreien Tag, und das Öffentlich-Rechtliche brachte einen Beitrag über das süße Leben am Strand von Sotschi. Jogi Löw gab

Autogramme, dann schwenkte die Kamera auf Mats Hummels, der mit einem Buch durch die Gegend schlenderte. Moment mal. Das war mein Buch! Das war »100 Gramm Wodka«! Ich war sprachlos.

Da schob sich das elegant geschnittene Gesicht meiner Geliebten in mein Blickfeld.

»Hallo, ich rede mit dir!«

»Ich bin gerade sehr beschäftigt!«

»Das sehe ich. Schön Fußball gucken.«

»Patrizia, jetzt geh mir aus der Sicht. Mats Hummels liest mein Buch, verstehst du? Mats Hummels!«

»Nein!«

»Doch.«

»Nein.«

»Doch.«

»Ohh!«

Ich schaute sie an. Wollte zu einer umfassenden Erklärung ansetzen. Da klingelte es an der Tür.

Innerhalb von Minuten war die Wohnung voller kauflustiger Menschen, die den Weg zu uns via eBay Kleinanzeigen gefunden hatten. Irgendwie mussten wir ja den ganzen Kram loswerden. Deshalb hatte ich selbst dort ein ganzes Arsenal an Inseraten geschaltet, und bevor das zu einem Vollzeitjob ausartete, hatten wir uns für einen Sammeltermin entschieden.

Ikea-Regale gingen hervorragend, die wurden uns regelrecht von den Wänden gerissen. Bei anderen Sachen musste ich etwas tricksen. Zum Beispiel hatten wir ein paar Monate zuvor ein wunderschönes Gemälde auf dem Hamburger Flohdom gekauft, einem Flohmarkt, auf dem auch zahlreiche Gegenstände zweifelhafter Herkunft verscherbelt werden. Das Gemälde zeigte ein kleines Segelboot auf stürmischer See. Wunderschöner Rahmen, Öl auf Leinwand. Wollte zunächst keiner haben. Erst als ich dazuschrieb, dass ich das Bild von meiner Oma hätte, mich aber mit so was nicht auskennen würde, gingen Dutzende Nachrichten bei mir ein. Diese clevere Strategie machte mich dann aber selbst so fuchsig, dass ich das Bild vor dem Verkauf ein Dutzend Mal hin und her wendete, es auf Herz und Nieren überprüfte, um zu sehen, ob nicht doch irgendwo ein geheimer Umschlag versteckt war.

Was auch gut ging: Artikel der amerikanischen Armee, die ich mir in den USA zugelegt hatte, weil ihre Widerstandsfähigkeit sich sehr gut fürs Güterzugfahren eignete.

»Ist der Schlafsack noch da?«, keuchte einer die Treppen hoch und rang um Atem wie ein an Land geworfener Karpfen. »Ich will nämlich der nächste Benjamin Clausewitz werden, eigener You-Tube-Kanal und alles.«

»Clausewer?«

»Das ist *die* Koryphäe in Sachen Überlebenskunst!«

Schnell bereute ich meine Nachfrage, denn der Kerl hörte nicht mehr auf zu reden. »Aber der Clausewitz, der ist ja jetzt vegan, der ist durch in der Community. Was will denn der im Wald auch jagen? Tofu?«

Schließlich musste ich ihn aus der Wohnung schieben, damit ich mich um die anderen Käufer kümmern konnte. Doch selbst im Treppenhaus redete er noch weiter. Sprudelte hervor, was er mit dem Schlafsack anstellen werde. Langsam glaubte ich, so innig, wie er den olivgrünen Stoff in den Armen hielt, lief das Ganze auf heiße Liebe hinaus. Widerstandsfähig genug war der Schlafsack ja. Übrigens solle ich Augen und Ohren offen halten, rief er zu guter Letzt von unten hoch, unter dem Namen »Outdoor Pussy« werde in Zukunft noch viel von ihm zu hören sein.

Der Staubsauger, der Mixer, eine Kreidetafel – nacheinander ging alles weg. Eine Frau fand Gefallen an einer alten Olivetti-Schreibmaschine, sagte, sie lebe draußen an einem See und würde gerne darauf ein Campingkochbuch schreiben. Computer gehe nicht, weil sie so oft ihre Tasse Kaffee umschmeiße.

Der Kühlschrank verschwand für zehn Euro, wir hatten ihn selbst nur für fünfzehn gekauft. Unsere beiden Sessel fanden Abnehmer, Tisch, Sofa, die Teppiche, Kochtöpfe, Nachtkästchen, Hi-Fi-Elemente und was weiß ich noch alles.

Natürlich fragten einige, warum wir die Sachen verkauften. Die Reaktionen reichten von glühender Bewunderung (oh, von so was träume ich auch, aber wenn man erst mal einen festen Job, Haus und Kind hat …) bis zu blankem Entsetzen (ihr wollt freiwillig obdachlos sein???).

## 13

In der Küche beim Nudelkochen. Es war abends und Patrizia aus dem Büro zurück.

»Oh, ich hab voll Hunger«, sagte sie.

»Harter Tag?«

»Also mit Arbeiten und Ausziehen wird es mir gerade zu viel. Fredy, wie machen wir das denn, wenn ich jetzt am Wochenende arbeiten muss und gar nicht in Hamburg bin? Ich krieg ein ganz schlechtes Gewissen dir gegenüber. Wie soll das denn funktionieren bis nächsten Freitag? Ich muss noch ganz viel machen, das kannst du auch nicht für mich machen, will ich auch nicht. Soll ich nicht doch erst später zu den Nazis fahren?«

»Nee, lieber jetzt, und dann ist es erledigt.«

»Ja, aber am Wochenende kann man halt komplett nur für die Wohnungsauflösung arbeiten.«

»Mach's einfach, ich hab das im Griff. Alles halb so wild.«

»Ja?«

»Ja.«

Gar nichts hatte ich im Griff, ich wollte einfach nur in Ruhe die alten Sachen durchgehen und dabei schauen, was die Deutschen bei der WM so trieben, vor allem Mats Hummels.

## 14

Noch zwei Tage. Wir schleppten, verräumten, trafen tausend Entscheidungen – und fielen jeden Abend erschöpft ins Bett. Trotzdem gab es noch Raum für Sorgen, die am Rande des Bewusstseins schwelten und erst kurz vor Lummerland auftauchten.

Eigentlich bin ich jemand, der sich gerne mal abschottet, und bislang hatten wir uns auf siebzig Quadratmetern gut verteilen können. Noch dazu waren wir beide immer viel getrennt voneinander unterwegs gewesen. Jetzt würden wir sehr viel mehr Zeit gemeinsam auf sehr viel weniger Raum verbringen. Im Auto würden wir ja nur noch knapp vier Quadratmeter zur Verfügung haben. Patrizia mag Ordnung, derweil es bei mir bereits nach fünf Minuten aussieht, als hätte eine Bombe eingeschlagen. Während meine Geliebte schon um sechs in der Früh munter wie eine geputzte Elster ist, bin ich in den Morgenstunden ein Feinschmecker der Faulheit.

Und was war mit den ganzen praktischen Fragen: Wohin mit der Post? Wo duschen wir, wo gehen wir auf Toilette? Wo stellen wir uns überhaupt hin in diesem dicht besiedelten Land?

# 15

Das große Ausmisten schien kein Ende zu finden, und diese letzten beiden Tage vor dem Auszug bescherten uns ständige Stimmungswechsel. Erst erleichtert, dass es voranging – dann wieder geschockt, dass wir immer noch nicht fertig waren. Doch weil wir schließlich immer skrupelloser vorgingen, nahm das Wegschaufeln richtig Fahrt auf, und das Chaos lichtete sich.

»So«, sagte Patrizia und zeigte mir ihr Gelände. »Es war superhart, aber ich hab jetzt fünf Paar Schuhe beisammen: Flip-Flops, die brauch ich bestimmt ständig. Sandalen. Hochhackige Schuhe, weil ich ja demnächst auf 'ne Hochzeit gehen muss, Turnschuhe, und die hier sind noch Wackelkandidaten.«

»Wir wollen uns reduzieren, und du nimmst fünf Paar Schuhe mit?«

»Ach komm, jetzt verarsch mich nicht, das ist echt nicht viel. Und dann nehm ich mit: acht Paar Unterhosen, vier Paar kurze und vier Paar lange Socken, zwei Strumpfhosen, vier Kleider – das kleine Schwarze brauch ich sonst eigentlich nicht mehr, aber nehm ich trotzdem mit… Jetzt unterbrich mich nicht!… Eine schwarze Hose, einen Blazer: Killeroutfit Job, zwei Pullis, zwei Shirts zum Schlafen, vier Blusen, fünf T-Shirts, 'ne kurze Hose, eine Jeans, drei BHs, einen Bikini.«

»Und wie fühlt sich das an?«

»Ich bin sehr stolz auf mich. Wahrscheinlich könnte ich sogar weniger mitnehmen.«

»Ja meinst du, damit kommst du klar? So ein Girlie wie du?«

»Warum laberst du denn jetzt so einen Scheiß? In was für 'ne Rolle willst du mich da reinstempeln?«

Es ist herrlich, wenn man weiß, welche Knöpfe man beim anderen zu drücken hat.

»Was ist denn deine Rolle?«, fragte ich und machte auf ahnungslos.

»Ich bin halt Cool Girl.«

»Cool Girl? Ich dachte, du bist Pannen-Pati?«

»Ich bin Power-Pati.«

Und auch bei mir, dem Problemfall, der bisher an einzelnen Sachen fünf, zehn, fünfzehn Minuten zugebracht hatte, ging jetzt alles in Sekundenschnelle.

Patrizia schaute in meinen Kleiderschrank und meinte: »Das dauert ja noch ewig!«

»Siehst du diesen Arm? Ja? Siehst du diese blaue Mülltüte? Fertig.«

Wir machten mehrmals halt an den Containern der Kleidersammlung beim Supermarkt um die Ecke. Als Jugendlicher bin ich regelmäßig mit Freunden nachts in diese Dinger eingestiegen, ausgerüstet mit Baustellenlampen, die wir uns »ausgeliehen« hatten. Nun musste ich feststellen, dass so was mit den neuen Sicherheitsschleusen gar nicht mehr möglich ist. Manches war früher wirklich besser.

Sack um Sack übergaben wir einer neuen Zukunft. Rein damit. Weg mit den überflüssigen Schuhen, Pullis, T-Shirts, zehn Handtüchern, fünfzehn Socken. Auch weg mit den superschlank geschnittenen Hemden, in die ich nicht mehr reinpasste. Schon seit einiger Zeit nicht, aber die Hoffnung stirbt zuletzt.

»Hast du noch nie gemacht, oder?«, fragte ich Patrizia.

»Doch, ich hab schon mal Sachen weggeschmissen.«

»In die Altkleidersammlung?«

»Ja doch. Aber nie so schlimm und radikal wie jetzt. Ich find's psychisch anstrengend.«

»Sachen wegzuschmeißen? Vorhin hast du noch gesagt, es ist geil, Sachen loszuwerden.«

»Stimmt schon. Auf der anderen Seite finde ich es eben auch emotional belastend, denn es ist mit einem schlechten Gewissen verbunden: O nein, diese Schuhe, so lange haben die mir treue Dienste erwiesen, und jetzt schmeiß ich sie einfach weg.«

Und die ganzen Bücher, oje! Die haben doch bei jedem Umzug den größten Anteil an der Schlepperei. Immer in Kisten, die total überladen sind. Aber man nimmt sie mit, holt Regale, sortiert sie. Sieht alles gut aus. Macht was her für einen selbst und natürlich für andere. Schaut nur, das habe ich alles gelesen. Ich bin schlau, auch wenn ich die Hälfte davon schon wieder vergessen habe.

Ich erinnere mich an die Anekdote eines Journalisten, der den Schriftsteller Umberto Eco zu Hause besuchte. Tief beeindruckt von dessen umfangreicher Privatbibliothek fragte er ungläubig: »Das haben Sie alles gelesen?« Eco antwortete, viel wichtiger sei, was er alles *nicht* gelesen habe.

Also was tun? Ins Altpapier? Unmöglich, ich kann Bücher nicht wegschmeißen. Diejenigen, die ich wieder und wieder lesen würde, behielt ich in einer Art Handbibliothek in dem Versuch, tiefer statt breiter zu lesen. Den Rest verpackten wir in Kartons und nutzten die Pauschale der Post, um sackschwere Pakete an Freunde zu verschicken.

Nicht verkaufte Möbel und Schnickschnack stellten wir auf die Straße. Das meiste war innerhalb von Minuten weg, als hätten manche Leute ein Radar für kostenlose Sachen. Selbst die obskursten Gegenstände fanden neue Eigentümer, zum Beispiel ein Foto, das Patrizia zeigte, wie sie auf einer Straße in der israelischen Wüste entlangging. Das Bild war recht groß, bestimmt fünfzig mal siebzig, aber es war ebenso schnell verschwunden wie Aufnahmen von sibirischen Landschaften, die ich von meiner Reise durch Russland mitgebracht hatte.

Kaum hatte sich unsere »Zu verschenken«-Kiste geleert, legten andere Bewohner des Hauses ihre eigenen Sachen rein: DVDs, Schallplatten, Lampenschirme.

Wir beseitigten die Spuren unseres Lebens im dritten Stock in Hamburg-Altona. Wie im Zeitraffer verschwanden die Sachen. Die Wohnung wurde immer leerer. Es hallte von den Wänden. Ein Möbelstück allerdings wollte Patrizia behalten. Das Bett. Weil es a) so teuer war und b) ihre Eltern ihr zum Auszug geschenkt hatten. Patrizia ist der Meinung, es sei eine Schlafstatt fürs Leben.

»Aber du bist doch erst 33.«

»Ich bin 32, du hirntoter Autor!«

»Jedenfalls hast du anscheinend die Bettenrevolution nicht mitbekommen. Inzwischen kriegt man die doch nachgeschmissen.«

»Mir egal. Ich werde in diesem Bett sterben!«

# 16

Der letzte Abend in unserer Wohnung. Es lag nur noch die Matratze auf dem Boden, die morgen ins Auto kommen würde. Patrizias Bett wurde zwischengelagert. Ein paar Kerzen brannten, ihr Licht flackerte über die weißen Wände. Geschafft, erledigt, fertig. Die Wohnung war besenrein, bereit für den nächsten Mieter.

Patrizia taxierte mich mit ihren unwiderstehlichen Augen und flüsterte:»Na, Kleiner, hast du Lust auf Schweinereien?«

Ein verlockendes Angebot alle Tage, alle Nächte. Aber ich war erschöpfter als ein Bauarbeiter nach Doppelschicht. Und ehe ich michs versah, entfuhr mir ein Seufzer.

»Wie wäre es stattdessen mit Choco Crossies und Netflix?«

»Aber ich habe Netflix doch schon längst gekündigt!«

»Dann nur Choco Crossies.«

Krachend kauend schauten wir an die Zimmerdecke und spekulierten über die Zukunft. Was würde das Leben im Auto mit unserer Beziehung machen? Was mit unserer Arbeit? War das die beste oder die schlechteste Idee, die ich je hatte?

# 17

Am Tag des Aufbruchs schüttete es. Ein gemeiner Wind peitschte den Regen bei 13 Grad schräg durch die Straße. Hamburger Schietwetter vom Feinsten.

Wir schmissen den Schlüssel wie vereinbart in den Briefkasten, die anderen hatten wir bereits beim Vermieter abgeliefert. Dann entfernten wir unsere Namen, taten das Gleiche am Klingelschild. Die Tür zu unserer sicheren und schönen Wohnung fiel unwiderruflich ins Schloss.

Patrizia und ich verstauten unsere Rucksäcke im Wagen, stiegen in die Fahrerkabine, spürten, wie sich das Leder der Sitze unserer Körperform anpasste.

Ich schaute noch mal hoch in den dritten Stock. Wir kamen, und wir gingen. Hatten gerade eine Wohnung aufgegeben, nach der Hunderte, wenn nicht Tausende zurzeit händeringend suchten. Hatten sie aufgegeben, ohne eine neue zu haben. Wieso hatten wir sie eigentlich nicht zwischenvermietet? Dann hätten wir die Option auf Rückkehr gehabt, falls alles in die Binsen ging.

Aber damit eine Tür aufgeht, muss eine andere geschlossen werden.

»Moment, Moment, Moment«, sagte ich zu Patrizia, die an ihrem Gurt rumfummelte.

»Was?«

»Noch nicht anschnallen. Ich hab was Kleines für dich.«

»O Gott, du bist ja süß!«

»Also, erst mal eine Kotztüte.«

»Haha, mir wird überhaupt nicht schlecht. Und Spielkarten? Bist du der Bube und ich die Dame? Und ein Brief dazu.«

»Ja, genau.«

»Uh, ein Riesenbrief!«

Sie zog ihn heraus. Las ihn. Sie las zehn Minuten.

Ich beobachtete sie, richtete den Rosenkranz am Rückspiegel. Sah, wie ein Mann in schweren Schuhen auf dem Bürgersteig direkt auf den Rollkoffer zuging, der vor der Tür stand und auf einen neuen Besitzer wartete. Er schaute ihn sich nicht lange an, fuhr das Gestell aus und trottete knatternd damit davon.

Patrizia faltete den Brief und steckte ihn wieder in seinen Umschlag. Sie war gerührt. Ich freute mich. »Danke, Süßer«, sagte sie, umarmte mich und küsste mich.

»Bereit?«, fragte ich meine Co-Pilotin.

Hinter uns auf der Ladefläche herrschte trotz der zwölf Bananenkisten noch das reinste Chaos. Aber wie gesagt, alles nur eine noch nicht verstandene Ordnung.

Patrizia antwortete mit einem wackeren »Aye, aye«.

Zündung. Der Motor sprang satt an, brummte ein Lied von Aufbruch und Freiheit.

Und dann ging er wieder aus.

# Teil II

# BASILIKUM
# BRAUCHT HEIMAT

# 1

Das letzte Auto, das ich mir gekauft hatte, war ein sowjetischer Militärjeep der Marke UAZ aus den Sechzigerjahren. Armeegrün, unzerstörbar, hundert Prozent Freude.

Sobald ich dem Eigentümer in Moskau das Geld ausgehändigt hatte und losfuhr, um Russland von West nach Ost zu durchqueren, begann der Jeep auseinanderzufallen. Er zerbröselte mir regelrecht unter dem Hintern und strafte die angebliche Unzerstörbarkeit Lügen. Erst fiel die Kühlung aus, dann das Licht, ein Reifen platzte, schließlich brach die Kardanwelle, und ich sah mich schon in einem großen Feuerball sterben. Der UAZ bereitete mir leider nur zehn Prozent Freude, dafür aber neunzig Prozent Kopfschmerzen. Am Ende wurde er mir auch noch geklaut.

Ich bin also etwas traumatisiert, was Autos angeht. Vielleicht hatte ich deswegen auf dem Balkon in Hamburg so gezögert. Und als der Chrysler – oder die Aubergine, wie meine Geliebte den Wagen inzwischen aufgrund der Farbe und der bauchigen, ausladenden Form nannte – nicht ansprang, befürchtete ich sofort ein ähnliches Desaster. Mein Kopf sank auf das Lenkrad. Dabei hatte ich in der Aufregung des Aufbruchs einfach vergessen, die Wegfahrsperre zu entriegeln.

Trotz dieser Erleichterung stellte sich bei der anschließenden Abfahrt nicht sofort das große Gefühl der Freiheit ein – auch wenn ich es gerne so schreiben würde. Wir tuckerten nicht laut singend diesem Abenteuer entgegen. Nach dem großen Ausmisten waren wir einfach nur erschöpft, und obendrein standen wir nach drei Kilometern bereits im Stau.

Die Elbbrücken waren dicht. Ebenso der Elbtunnel. Nichts ging mehr, und mitten in der Stadt stiegen die Leute aus ihren

Autos, gestikulierten, fluchten und steckten dann resigniert die Hände in die Hosentaschen.

Wir wichen aus, fuhren einen großen Bogen nach Osten, über Geesthacht und Lüneburg, durch die Heide. Auf der Landstraße war es angenehmer, Patrizia steckte den Kopf aus dem Fenster, atmete Landluft, schaute auf die gescheckten Pferde auf ihren Koppeln, die reetgedeckten Häuser, die sich unter alten, hohen Laubbäumen duckten.

Sie entdeckte den Autoatlas für sich, studierte Orts- und Gebietsnamen (»Hör mal, wir fahren gerade durch die Raubkammer!«), vergaß darüber glatt zu navigieren. Es dauerte eine ganze Weile, bis wir wieder auf der Autobahn Richtung Süden waren.

Für mich standen bald Lesungen in verschiedenen Städten auf dem Programm, für Patrizia ein paar aufwendige Recherchen. Doch zunächst waren wir unterwegs zur Hochzeit ihres Bruders. Florian ist Polizist, seine Frau Laura Anwältin. Mir schwante Übles. Nicht wegen der Hochzeit, sondern wegen der Eltern. Denn seit meine Freundin sie vor vollendete Tatsachen gestellt hatte, herrschte Aufregung im Staate Bayern.

Auf der A7 passierten wir Friedland in Niedersachsen. Im dortigen Grenzdurchgangslager war meine Familie einst aus der Sowjetunion angekommen. Damals in den Siebzigerjahren mit nicht mehr als einem Holzkoffer. Zuerst meine Großmutter, zwei Jahre später dann meine Mutter mit mir. Sie hatten alles im Osten zurückgelassen, sich auf zu neuen Ufern gemacht.

Ich wollte mit Patrizia ins Museum, doch es war Sonntag, und das Museum hatte bereits geschlossen. Im nächsten Moment spielte das auch keine Rolle mehr, denn ein rotes Lämpchen ging im Armaturenbrett an.

Patrizia blätterte in der Betriebsanleitung. »Aha, das ist die Ladekontrollleuchte.«

»Ja, und?«

»Wenn die dauerhaft leuchtet, soll man sofort in die Werkstatt.«

Die Ladekontrolle leuchtete dauerhaft.

Hatten wir wirklich erst vor ein paar Stunden die Schlüssel unserer schönen Wohnung gegen die zu dieser gottverdammten Schüssel getauscht?

Wenn man eine braucht, ist natürlich keine Tankstelle in der Nähe. Wir fuhren zwanzig oder dreißig Kilometer, dann kam endlich ein Autohof. Wir bogen ab und parkten an der Tankstelle. Dank jahrelanger Taxierfahrung kann ich Autos zwar sehr gut fahren, doch im umgekehrten Maße habe ich sehr wenig Ahnung von Reparaturen. Vielleicht würde aber ein simpler Trick helfen.

Ich schaltete den Motor aus, schaute auf den Rosenkranz am Rückspiegel, drehte den Schlüssel. Der Wagen sprang problemlos an. Die Ladekontrollleuchte war aus, blieb aus. Halleluja!

# 2

Gegen Abend fuhren wir von der Autobahn ab, bei einem dieser Orte, die man nur aus den Staumeldungen kennt: Hannoversch Münden, in der Nähe von Kassel. Eine Stadt, die am Zusammenfluss von Werra und Fulda liegt, mit einer so pittoresken Altstadt, dass Alexander von Humboldt sie einst als einen der schönsten Orte der Welt bezeichnet hat.

Wir ließen diese schöne Fachwerkstadt links liegen. Die Nacht senkte sich bereits vom Himmel. Wir mussten uns einen Schlafplatz suchen. Unseren ersten. Es war schlauer, das außerhalb von Menschenkonzentrationen zu erledigen.

Ich lenkte die Aubergine durch das Werratal. Unsere Augen waren weit aufgesperrt, beide waren wir noch unschlüssig, was ein guter, was ein schlechter Platz sein könnte.

Wo darf man sich überhaupt hinstellen? Zum Beispiel auf Wohnmobilstellplätze, klar. Aber schon mal so einen Platz gesehen? Die sind oft ziemlich traurig, ein Wohnmobil reibt sich am Hintern des anderen, alle dieselbe Farbe, das sieht aus, als wären die Vertreter von Alpina Weiß gemeinsam auf Reisen.

Aber dorthin mussten wir zum Glück gar nicht. Das Gute an unserer ausgedienten Familienkutsche war ja: Niemand denkt, dass da jemand drin wohnt.

Außerdem ist es in Deutschland im Gegensatz zu anderen Ländern wie Kroatien und den Niederlanden nicht verboten, im Auto zu übernachten. Wenn man allerdings Stühle rausstellt, einen Tisch noch dazu und gleich ein kleines Lager errichtet, sieht die Situation schon anders aus.

Wir parkten direkt an der Werra auf einem schönen Grünstreifen in der Nähe eines Landgasthofs. Im Zweifel würden wir einfach sagen: »Hey, was soll das? Kann man nicht mal mehr in Ruhe ein Schäferstündchen halten?«

Heckklappe auf, in die Landschaft geschaut: Der Fluss zog gemächlich durch das bewaldete Tal. Der erste Moment der Ruhe seit unserem Aufbruch, seit die Haustür ins Schloss gefallen war. Ein Schwarm Schwalben kreiste über dem Wasser, ebenso eine Wolke Insekten. Die einen sind die Jäger, die anderen die Beute.

»Auch Hunger?«, fragte ich Patrizia. Sie nickte. Sie hat sowieso immer Hunger. Nächste Frage: »Wo ist die Küche jetzt noch mal?«

Unser Auto war folgendermaßen strukturiert: Hinten, an der Heckklappe, befanden sich Bad, Küche, Küche. In der ersten Küche lagerten Lebensmittel, Gewürze und dergleichen. In der zweiten Pfanne, Gaskocher, Espressokanne. Ganz links alles, was man fürs Bad braucht. Die Dreierreihe Kisten davor beherbergte Bücher. Dann eine Reihe mit Automaterial (Öl, Kühlmittel) und Bürokram (Umschläge, Festplatten, Manuskripte). Die letzte Reihe, also an der Rückseite der Fahrersitze, bestand aus dem Waschsalon und dem Kleiderschrank. Was bei den Klamotten auch nicht fehlen durfte: ein dunkelblauer Anzug, das kleine Schwarze und die dazugehörigen Schuhe.

Die Frage nach dem Essen erübrigte sich allerdings schon bald. Patrizias Telefon klingelte, es war ihr Vater. Sie legte sich auf die Matratze in die Aubergine, schaltete sich eine unserer beiden Campinglaternen an und telefonierte. Mit der poetischen Ruhe im Werratal war es vorbei. Der Vater war nicht glücklich.

Vor Kurzem hatte der Deutschlandfunk mich interviewt. Das Buch über die Hobos war erst seit ein paar Monaten draußen, und der Moderator und ich sprachen über diese Gesellen auf der anderen Seite des Großen Teichs. Es war ein gutes Interview, ein langes. Wir kamen von den Hobos generell aufs Reisen, dann auf das Leben im Auto, und gegen Ende ging es um zukünftige Pläne. Das Schöne war, dass sich bald danach Hörer und Leser per Mail meldeten, die schrieben, sie fänden diese Sache mit dem Auto ganz toll, und uns eine Dusche anboten, einen Kaffee, Internet oder was auch immer, wenn Patrizia und ich mal in der Nähe sein sollten.

Auf der anderen Seite war unter den Zuhörern auch mein Schwiegervater in spe. Ich schaute Patrizia an, wie sie den Kopf auf das Kissen gebettet hatte, das Telefon am Ohr, und konnte gleichzeitig laut und deutlich die Stimme ihres Vaters hören: »DU GEHST NACH AFRIKA???«

Tatsächlich hatte ich wohl so was im Gespräch erwähnt. Ich träume ständig von abenteuerlichen Reisen, schmiede hundert Pläne, von denen viele unter »irgendwann« und »vielleicht« abgeheftet werden. War anscheinend etwas anders angekommen.

»Papa«, sagte Patrizia in den Hörer, »Fredy labert doch nur rum.«

Das aus dem Weg geräumt, ging es wieder um die Entscheidung, das Leben auf vier Räder zu verlegen, mit der sich die Familie noch nicht angefreundet hatte. »Nein, nur weil ich ins Auto gezogen bin, heißt es doch nicht, dass ich mein Talent und mein Leben in den Straßengraben schmeiße! Ich finde, diese Schlussfolgerung, die du ziehst, dass ich damit alles kaputtmache, stimmt einfach nicht, das hab ich überhaupt nicht vor. Und das passiert auch nicht. Ich bin jetzt erwachsen, da musst du mir auch einfach mal vertrauen, Papa, anstatt deprimiert zu sein, weil deine Tochter ihr Leben angeblich an den Nagel hängt.«

Das Gespräch ging ziemlich lang. Dann war es dunkel. Wir legten uns schlafen. Unsere erste Nacht hatte ich mir anders vorgestellt.

# 3

Der Edersee in Hessen lag wie eine Schieferplatte in seinem Becken, ein Fahrgastschiff quälte sich durch den Wind. Der Himmel war stahlgrau.

Nachdem wir uns morgens an der Werra auf dem Gaskocher einen Kaffee gemacht, eine Weile schweigend auf das behäbige Flusswasser geschaut hatten, rollten wir gemächlich über die leere Landstraße. Von der Werra wechselten wir an die Fulda, fuhren durch den Habichtswald und kamen gegen Mittag an Deutschlands größtem Stausee an. Wir hätten auch die Autobahn nehmen können auf dem Weg nach Süden, aber nach dem gestrigen Abend schien uns die gemächliche Tour genau richtig.

Außerdem hält dieser von Bergen eingerahmte See einen besonderen Platz in meiner Erinnerung.

Patrizia und ich parkten den Wagen direkt am Ufer, setzten uns auf eine Steintreppe am dagegenschwappenden, vom frischen Wind aufgewühlten Wasser. Den Gaskocher anzuschmeißen schien anstrengend. Vielleicht waren wir auch einfach faul. Vielleicht hatte sich alles noch nicht eingerüttelt. Wie auch in der Kürze der Zeit? Gerade am Anfang darf man von solchen Unternehmungen nicht zu viel erwarten.

Während wir eine einfache Brotzeit aus Gurken, Oliven, Ahle Worscht und Käse aßen, erzählte ich Patrizia vom Edersee. Hier war ich auf Klassenfahrt in der Sechsten gewesen. Das war eine große Reise für mich, gerade an der Schwelle zur Pubertät. Dementsprechend war ich ausgerüstet wie die meisten anderen Jungs auch, mit einer Packung Einwegrasierer. Wir alle wollten den noch nicht vorhandenen Bartwuchs auf unserer viel zu rosigen Gesichtshaut vorantreiben. Natürlich gab es da bereits ein, zwei Streber, die schon am Mittag mühelos einen blauen Schatten im Gesicht hatten und damit den Neid aller anderen Jungs auf sich zogen.

Es war eine unvergessliche Fahrt. Zumindest kann ich mich an die anderen danach viel schlechter erinnern, was auch mit dem im Teenageralter grassierenden Alkoholkonsum zu tun haben mag. Glaube ich aber nicht. Manche Dinge erlebt man einfach nur einmal.

Ich erzählte Patrizia von den ersten Discos und Einkaufstouren auf der Suche nach dem wohlriechendsten Duschgel (Cliff Atoll). Von Knutschereien, Eifersüchten, Schlägereien mit Schülern aus anderen Bundesländern (Berlin, scheiße, kam man sich gegen die provinziell vor). Von der gruseligen Vergangenheit des Schlosses Waldeck, das auf einem bewaldeten Hügel über dem See wacht. Dort gibt es einen Brunnen, den Gefangene ausgeschachtet haben. Sie brauchten so lange dafür, dass sie dabei blind wurden. So hat uns das damals zumindest der Führer erzählt. Zum Beweis ließ er ein Zehnpfennigstück in den Brunnen fallen und sagte, wir sollten auf den Aufprall lauschen. Wir spitzten die Ohren. Die Münze fiel und fiel. Sie schien direkt in die Hölle zu fallen.

Den Horror auf den Gesichtern meiner Klassenkameraden habe ich bis heute nicht vergessen. Allerdings bin ich mir inzwischen fast sicher, dass der Führer uns mit einem Taschenspielertrick veräppelt und überhaupt keine Münze in den Brunnen geworfen hat. Was auch immer er damit erreichen wollte, es funktionierte. Ich war zwölf Jahre jung. Ich hatte mittags noch keinen blauen Schatten im Gesicht. Aber ich schwor mir, niemals als Sklave zu enden.

# 4

Bei Friedberg, auf der A5, ging es den Berg hoch, der letzte nach über 150 Kilometern durch das Hessische Bergland, und auf dem Scheitel öffnete sich plötzlich die Welt, der Blick fiel in die Tiefebene und auf die Skyline der Frankfurter Wolkenkratzer. Die Glastürme funkelten im Nachmittagslicht. Ich steuerte die Aubergine an der Finanz- und Apfelweinmetropole vorbei, wechselte die Autobahn. Wir passierten den Flughafen, und ein paar Minuten später kamen wir in Rüsselsheim an, jener miefigen Arbeiterstadt, von der zu Beginn die Rede war.

Wir parkten die Aubergine unter einem jungen Walnussbaum bei einem Freund, der in einer Holzhütte im Wald wohnte und gerade seinen Jagdschein gemacht hatte. Zwei Eichhörnchen fauchten durch die Bäume. Licht und Schattenspiel in den hohen Kronen. In der Dämmerung schlich ein Fuchs um unser Auto herum.

Das Grundstück war etwa 2000 Quadratmeter groß, eine grüne Oase direkt in der Einflugschneise zum Frankfurter Flughafen. Während die Stahlvögel aus aller Herren Länder Richtung Landebahn donnerten, brannte schon die Holzkohle auf dem Grill, der Äppler floss, und weitere Freunde schauten vorbei. Die Geschichte mit der Aubergine ließ sie gegen die hohen Mieten in der Gegend wettern, manche zahlten fast fünfzig Prozent ihres Gehalts.

Auch meine Schwester kam, zwei Kinder im Schlepptau. Meine Nichte war sechs, mein Neffe zwölf. Ihr schenkte ich alten Schmuck aus Indien und Australien, den ich in den Schubladen des Grauens gefunden hatte, ihm ein Skateboard.

Meine Nichte kletterte in die Aubergine, turnte auf der Matratze herum. »Da wohnen Patrizia und ich jetzt drin, was sagst du dazu?« Sie schaute mich ungläubig an, dann schlug sie die Hände vors Gesicht. »Doch, wirklich«, bekräftigte ich. Sehr erwachsen entgegnete sie: »Das geht doch nicht!« Mein Neffe hingegen, vielleicht weil er schon sechs Jahre Schule hinter sich hatte, flehte mich an, ihn mitzunehmen.

Mit abnehmendem Licht und zunehmendem Einfluss des Apfelweins überschlugen sich meine Freunde mit Verbesserungsvorschlägen für unsere Autoeinrichtung. Der Jäger meinte, Katzenstreu sei doch bestimmt ideal, um die Feuchtigkeit zu bändigen. »Ich weiß nicht«, sagte ich, »am Ende liegt das Streu überall im Wagen verteilt, das sehe ich schon kommen.«

Aber wir waren offen für solch originelle Vorschläge, für alles, was das Leben etwas leichter machte. Schließlich hatten Patrizia und ich für unsere Schmutzwäsche schon die großartige Entdeckung der duftenden Mülltüten gemacht. Eine aufsehenerregende Entwicklung, die bislang komplett an mir vorbeigegangen war. Wie hatte ich es vorher nur ohne ausgehalten?

»Okay«, sagte mein Freund, »aber weißt du, was du unbedingt brauchst?«

»Was denn?«

»Einen Kackstuhl.«

»Einen Klappstuhl? Klar, immer eine gute Idee.«

»Nein, nein, nein. Ich meinte einen *Kackstuhl*.«

»Bitte was?«

»Ich hol dir so einen aus dem Baumarkt, die billigen, die schon diese Wölbung haben. Kennst du doch, oder? Die schneide ich raus, und drauf kommt dann eine Klobrille, die mache ich mit Kabelbinder fest. Dann kannst du überall in Ruhe kacken wie ein König. Am Ende klappst du ihn zusammen und stellst ihn wieder ins Auto. Wie geil ist das denn?«

»Ich weiß nicht.«

»Glaub mir, ich hab auch einen. Den nehm ich immer für die Jagd!«

# 5

Patrizia und ich standen vor ihrem elterlichen Haus in Mering, einem Ort zwischen Augsburg und München.

Ich war heilfroh, dass der Wagen bis auf den kleinen Aussetzer mit der Ladekontrollleuchte wie eine Eins fuhr, sonst hätte es eine große Portion »Ich hab's euch ja gesagt« gegeben. Und zwar mit Nachschlag.

Es ist ein wunderschönes Haus, das die beiden da haben. Drei Stockwerke, hintenraus ein bunter, sehr gepflegter Garten. Die Lage in der Nähe von Mais- und Weizenfeldern. Bayerische Gemütlichkeit.

Patrizias Mutter ist Krankenschwester und arbeitet in der ambulanten Pflege, sie liebt ihren Job, ihre Familie und legt bei allem eine Energie an den Tag, auf die ich neidisch bin.

Der Vater ist inzwischen in Pension, war früher Streifenpolizist in München, dann Aufstieg ins Wirtschaftskommissariat bis zum Hauptkommissar. Beim Olympia-Attentat von 1972 wollte man ihn ins Flugzeug schicken, das man den Geiselnehmern bereitgestellt hatte. Er grantelt gern, in schönstem Bayerisch. Ich könnte ihm den ganzen Tag zuhören. Leider hat er den tollen Dialekt nicht seiner Tochter vererbt.

Die Eltern waren zu Beginn, glaube ich, ganz angetan von mir. Rührten im Ort die Werbetrommel für meine Bücher, kamen auf meine Lesungen. Aber jetzt, nach Patrizias Erzählungen, fürchtete ich, dass ich auf einmal der böse Reiter aus der Steppe war, der ihnen die Tochter rauben wollte.

Patrizia klingelte. Sie war aufgeregt. Der Himmel war bewölkt, ab und zu ein Schauer. In den Händen hielten wir Orchideen und Eierlikör. Zur Besänftigung.

Ich schaute Patrizia an und versuchte zu lächeln, sah dabei aber wahrscheinlich leicht derangiert aus.

Drinnen bellte der Labradormischling. Die Tür ging auf.

Ich bin gern in diesem Haus. Diesmal wartete ich auf die Explosion.

Pustekuchen. Es war überraschend, fast schon erschreckend harmonisch. Wir tänzelten um das Thema herum wie eine problembelastete Familie zu Weihnachten. Keiner wollte sich die Aubergine anschauen. Also richteten wir uns her, dafür hatten wir schließlich die feinen Klamotten im Auto. Im Gästezimmer unter dem Dach bügelten wir Hemden, rollten Fussel von feinen Stoffen, putzten Schuhe.

»Ganz schön ruhig, deine Eltern«, sagte ich.

Patrizia nickte, schlüpfte in ihr Kleid, zog sich die Hochhackigen an. »Scheint eine Übereinkunft zu sein, dass es an diesem Wochenende nur um die Hochzeit meines Bruders geht.«

Das war vollkommen in Ordnung für mich. Für Patrizia ebenfalls. Andererseits fühlte sie sich absichtsvoll übergangen.

Vielleicht würden wir diese Tage ohne die gewittrige gemeinsame Diskussion überstehen, die schon seit einer Weile am Horizont heraufzog.

Um die Mittagszeit setzten wir uns in den Kombi der Eltern – Erinnerungen an die Hochzeit im Allgäu wurden wach – und

fuhren los zum Standesamt. Im Zentrum von Mering lief der örtliche Obdachlose über die Straße, eine leere Chiantiflasche baumelte an einer Schnur von seinem Rucksack.

Da brach es aus der Mutter heraus: »Oje, so wird es mit euch
auch enden.«

# 6

Nach dem Jawort gab es im Standesamt noch einen
Sektempfang, und wir stießen auf das bezaubernde und über-
glückliche Paar an. Dann spazierte die Hochzeitsgesellschaft
durch den Ort, man wollte noch woandershin, um dort zu früh-
stücken. Wir kamen an einem Supermarkt vorbei. Am Eingang
standen Basilikumbüsche zum Verkauf.

»Oh, schau mal«, sagte Patrizia in gelöster Stimmung, »das
wäre doch ganz gut gegen diesen Automuff, oder?«

»Ach«, antwortete ihre Mutter, »das kannst du vergessen. Basilikum braucht Heimat.«

Danach war der Damm gebrochen. Es wurde gestichelt, Sprüche
wurden gerissen. Man nannte uns »Outlaws«, »Hippies« und
noch vieles mehr.

Wir ließen das alles an uns abtropfen, oder wir versuchten es
zumindest. Schließlich war es ja auch verständlich. Vielleicht sah
es von außen tatsächlich so aus, als würde Patrizia ihr Leben in
den Straßengraben schmeißen. Als würde sie fahrlässig einen
Job gefährden, nach dem sich die meisten Journalisten die Finger
leckten. Dabei hatte sie das gar nicht vor.

Möglicherweise fragten sich die Eltern, ob wir noch ganz dicht
sind.

Was heißt möglicherweise? 120 Prozent.

Aber ist das am Ende nicht eine Generationenfrage? Nur weil
unsere Eltern ein Leben lang denselben Job gehabt haben, sogar
eine ordentliche Rente bekommen, heißt das noch lange nicht,
dass das Gleiche für uns gilt und gelten wird. In zwanzig Jahren

wird es meiner Freundin und mir mit Sicherheit genauso gehen, und wir werden die »jungen Leute von heute« nicht mehr verstehen, was fällt denen überhaupt ein, Sachen nicht so zu machen, wie wir sie gemacht haben!

Wirklich, ich konnte es Patrizias Eltern nicht verdenken. Tagein, tagaus haben sie sich abgerackert. Die Kinder erzogen, ein Haus gebaut, die Ausbildung finanziert. Hatten das Bild des langsamen, aber stetigen Aufstiegs vor Augen. Und nun, während der eine heiratete, mussten sie sich anhören, dass die andere einfach alles stehen und liegen ließ, um in ein Auto zu ziehen und wie ein Vagabund durch die Gegend zu streunen.

Wie dem auch sei. Wir gaben uns kämpferisch, vereint in einer gemeinsamen Sache. Auch wenn sich die gemeinsame Sache für uns momentan noch wie ein kleiner Campingtrip anfühlte.

Meine Mutter hingegen war da wesentlich abgebrühter, rein aus Erfahrung. Ich erzählte es ihr am Telefon auch eher nebenbei, einer der Sätze, die mit dem Wort »übrigens« anfangen. »Na ja … was soll ich machen?«, sagte sie. »Ist zur Kenntnis genommen, hoffen wir mal, dass es glattgeht, mehr kann man da nicht machen.«

Natürlich tat es mir etwas leid, ich wusste ja, dass sie sich insgeheim wünscht, dass ich mal wieder in die Gegend um Frankfurt ziehen werde, damit sie alle Kinder um sich herum hat. Aber sie ist es durchaus gewohnt, dass ich nicht den normalsten Lebensweg eingeschlagen habe.

»Und«, fragte sie abschließend, »wann kommt ihr wieder mal zum Essen?«

# 7

Am Abend feierte das Brautpaar seine Vermählung in der Augsburger Innenstadt. Eine Lounge mit Dachterrasse. Die Luft war lau, und Patrizia und ich tranken Gin Tonics, aber nicht zu viele, weil wir mit der Aubergine von Mering herübergekommen waren. Außerdem spürte ich ein unwillkommenes Kratzen im Hals.

Trotzdem alberten wir herum, in besserer Stimmung jetzt, da wir dieses Kapitel bald gelesen hätten. Da ahnten wir allerdings noch nicht, dass wir uns in der nächsten Woche in Hamburg zerfleischen würden.

Ein Polizistenkollege des frisch getrauten Ehemanns erzählte von seinen Ermittlungen in der linken Szene, berichtete von einem »Krawallführer«, den die Linken im Hinblick auf den AfD-Parteitag in Augsburg herausgegeben hatten. Unter anderem sollten Autos in Brand gesetzt werden.

»Habt ihr gewusst, dass es dafür nur einen Grillanzünder auf dem Reifen braucht? In zwei Minuten steht alles in Flammen.«

Patrizia und ich schauten uns an. Die Aubergine stand direkt vor dem Lokal. Wir empfahlen uns rasch dem Brautpaar und verließen fluchtartig die Party.

Zum ersten Mal wurde uns unwiderruflich klar, dass unser Auto nun unser Zuhause war.

# 8

Am nächsten Tag verabschiedeten wir uns von Patrizias Eltern. Obwohl die beiden offensichtlich Magenschmerzen bei der ganzen Geschichte hatten, wurde der Epilog doch versöhnlich, irgendwie.

Der Vater schaute sich endlich die Aubergine an. Ich öffnete die Heckklappe, Patrizia erklärte die Einrichtung. Er kletterte sogar rein, legte sich auf die Matratze und testete die Federung. Nicht schlecht, befand er.

Reminiszenzen an die beiden großen Reisen mit einem Wohnmobil, die die Familie einst durch die USA gemacht hatte. Von denen schwärmt der Vater immer noch regelmäßig: die Weite, die Diner am Wegesrand, die Nationalparks.

Auch Patrizias Mutter war nun ruhiger. Wer weiß, was die beiden oben in ihrem Schlafzimmer geredet hatten. Vielleicht hatten sie sich darauf geeinigt, dass das Ganze nur eine Phase der Tochter sei.

»Patrizia«, sagte sie. »Ich habe noch mal nachgedacht.« Ich war sehr gespannt, was jetzt kommen würde. »Ihr braucht einen Rosmarin, der ist viel besser gegen den Käsegeruch. Da kannst du mit den Füßen einfach drüberstreichen.«

# 9

Patrizias Flug ging um drei Uhr nachmittags vom Münchener Flughafen. Wir verließen Mering, brachten die zwanzig Kilometer Landstraße hinter uns und fuhren dann auf die Autobahn. Die Stimmung in der Aubergine war nicht die beste. Die Sprüche und Sticheleien abzuwehren und auszuhalten hatte überraschend viel Kraft gekostet. Patrizia wirkte mitgenommen, und deswegen war ich auch mitgenommen. Schweigend fuhren wir über die Autobahn, der Verkehr war lau, der Flughafen kam näher.

Na, so ist das halt, dachte ich. Wer sich aus dem Fenster lehnt, muss damit rechnen, dass ihm der Wind ins Gesicht klatscht. Das liegt in der Natur der Dinge.

Schöne, schlaue Sprüche. Gleichzeitig wurde mein Hals immer dicker. Patrizia meinte, ihr selbst gehe es auch nicht so gut. Heute Morgen habe sie eine Zwischenblutung bekommen.

Ich nahm die Ausfahrt zum Flughafen, steuerte den Wagen Richtung Terminal 1, fuhr durch die Schranke auf den Kurzzeitparkplatz. Die Türen zum Terminal gingen auf und zu, auf und zu.

»Wäre es nicht vielleicht einfacher«, fragte Patrizia, »so einen regelmäßigen, sicheren Job wie Flo und Laura zu haben und dann einfach in den Urlaub zu fahren? Nicht zu viel zu wollen?«

Ich wusste nicht, was ich darauf antworten sollte. Das hörte sich überhaupt nicht nach Patrizia an. Ein paar Augenblicke später hatte sie ihr Gepäck in der Hand, eine Reisetasche, und verschwand durch die Tür, um ihren Flieger nach Athen zu erwischen.

# 10

Der Chrysler war ein Auto, in dem es Spaß machte, langsam zu fahren. Der Motor brummte gleichmäßig wie ein schnarchender Bär, immer bereit, sprungartig auf achtzig Stundenkilometer zu beschleunigen. Mein Sitz wie der eines Kapitäns; noch nie war ich so gemütlich durch Kurven gefahren.

Inzwischen war der Sommer mit voller Wucht ausgebrochen, Temperaturen um die 30 Grad, blauer Himmel, ein anderes Land. Während Patrizia in Griechenland zum Thema Combat 18 recherchierte, nach Verbindungen zwischen deutschen und griechischen Neonazis suchte, begab ich mich gemächlich zurück in Richtung Hamburg. In ein paar Tagen würden wir uns dort wiedersehen. Dann würde es ernst werden.

Noch ernster.

Patrizia musste ins Büro, zwar zeitlich begrenzt, aber immerhin doch zehn Tage. Wir würden wohnungslos in der Stadt sein, in der wir vorher so komfortabel gelebt hatten.

Kurz hinter Würzburg fuhr ich von der Autobahn ab. Ich wollte den Main sehen. Folgte seinen Schleifen von Wertheim über Faulbach nach Freudenberg. Satt und träge lag er in seinem Bett. Ab und zu hielt ich für ein Glas Wein und ein Glas Wasser, sonnte mich in der Provinz, und weiter durch Orte wie Miltenberg, kleine, unbekannte Perlen, die ich zwar geografisch verorten konnte, aber noch nie besucht hatte. Wundervoll schläfrige Orte, enge Straßen, Fachwerkhäuser und immer wieder Lichtblitze von der auf dem Main reflektierenden Sonne.

Es tat gut, alleine durch die Gegend zu gondeln, am Flussufer zu schlafen, morgens mit der Sonne aufzuwachen, die durch die Autofenster schien.

Sosehr ich meine Freundin liebe, ich stelle mir trotzdem oft vor, wie es wäre, ganz allein auf der Welt zu sein. Ein Huckleberry Finn nur mit einer Angel in der Hand und einer Tabakpfeife im Mund.

Doch nun dachte ich daran, was Patrizia kurz vor ihrem Abflug so einfach in den Raum gestellt hatte, die Frage, ob wir nicht zu viel wollten. Ein merkwürdiger Satz, der immer merkwürdiger wurde, je länger ich darüber nachdachte. Denn eigentlich wollten wir ja weniger. Weniger Materielles. Dafür wollten wir aber mehr Erfahrungen, mehr Erlebnisse, mehr persönliches Wachstum. Rausfinden, ob sich das eine mit dem anderen vereinbaren lässt.

Ja, vielleicht hatte sie recht. Ich steckte mir eine Zigarette an und schaute, im Heck liegend, auf den Main. Ab und zu fuhr eines dieser neuen Flusskreuzfahrtschiffe vorbei, und die Wellen, die es verursachte, schlugen ein paar Sekunden später ans Ufer.

# 11

Noch eine Weile Wald, Wasser und Wiesen, dann spuckte mich die Landstraße bei Aschaffenburg wieder auf die Autobahn mit Richtung Frankfurter Kreuz, diesem gigantischen Verkehrsknotenpunkt meiner Heimat.

Alle Zeichen auf Bewegung.

Tausende Autos rauschten über die A5, Tausende über die A3.

Vom Fernbahnhof des Flughafens fahren jeden Tag Hunderte Züge ab.

In der Luft über mir das Gewirr aus Landung und Abflug. Sich kreuzende Kondensstreifen vor blauem Himmel.

Die selbstverständliche Bewegung der Moderne, die Mitte des 19. Jahrhunderts in England ihren Anfang nahm, als zum ersten Mal mehr Menschen in Städten als auf dem Land wohnten. Bildung für die Massen, Krankenhäuser für die Massen, Gefängnisse für die Massen, Reisen für die Massen.

Schwer vorstellbar, dass es noch vor hundert Jahren hier nichts davon gab. Keine Autobahnen, kein Kreuz, keinen Flughafen, keinen Fernbahnhof.

Jetzt steht diese Gegend zu keiner Sekunde still, und der Asphalt flüstert nie.

# 12

Ich verbrachte ein paar Tage in meiner heimischen Gegend, diesmal allerdings, ohne jemandem Bescheid zu sagen. Ich weiß nicht genau, warum. Irgendwie fühlte ich mich in diesen Tagen sehr sentimental. Wellen der Erinnerung überspülten mich, trieben mich an die Orte, an denen ich meine Jugend verbracht hatte. Kelsterbach, Raunheim, Rüsselsheim; der Bauersee, der Ostpark, Dicker Busch. Mich überkam so ein merkwürdiges Gefühl, als würde ich Abschied nehmen, als würde ich das alles zum letzten Mal sehen.

Eigentlich fast wie beim Ausmisten in Hamburg.

Ich spann eine Geschichte zusammen: Ein Mann wacht auf und stellt fest, dass er plötzlich absolut allein ist. Es muss etwas passiert sein, die Welt liegt zerstört zu seinen Füßen. Anscheinend hat er die Apokalypse verschlafen. Er freut sich. Er hat die Menschen schon immer gehasst. Er begibt sich auf Reisen, sieht die ganzen Länder und Landschaften, die er schon immer sehen wollte. Doch nach ein paar Monaten, er ist noch nicht mal aus Europa raus, bricht er ab und kehrt in seine hässliche Heimatstadt zurück, weil er nirgends sonst Erinnerungen an andere Menschen hat. Und jetzt in der Einsamkeit der Welt braucht er zumindest die.

# 13

Friedland ist ein unscheinbarer Ort. Er liegt an der A7 in der Nähe der Universitätsstadt Göttingen. Und trotzdem hat er so eine große Bedeutung. Nicht nur für meine Familie, sondern für vier Millionen Menschen, die durch das »Grenzdurchgangslager« geschleust wurden.

Vier Millionen. Und die Welt steht immer noch.

Da Patrizia erst in zwei Tagen in Hamburg landen würde, nahm ich mir diesmal die Zeit und hielt an. Auf den Feldern war der Weizen bereits abgeerntet, die Kirschbäume bogen sich unter dem Gewicht ihrer Früchte.

Im ehemaligen Bahnhof wurde inzwischen ein gutes, informatives Museum eingerichtet. Ich war darin fast alleine unterwegs. Suchte an den Wänden mit den Fotografien der Flüchtlinge nach dem Gesicht meiner Mutter. Vergeblich.

Ich setzte mich draußen auf eine Bank an den Gleisen. Ein Güterzug fuhr vorbei. Dann die Regionalbahn.

Der nächste Zug kam nur vor meinem geistigen Auge an. Die Türen gingen auf, und ich stieg mit meiner Mutter aus dem Waggon, mit nichts als einem Holzkoffer. Wir wurden registriert, untergebracht, dann auf das Leben im Westen vorbereitet. Was war das Leben im Westen? Meine Mutter träumte von Freiheit von Unterdrückung, Freiheit von Rechtlosigkeit. Sie träumte von Heimat, die sie nur aus Erzählungen kannte. War sie vorbereitet auf die Ideologie des Konsums, die im Westen herrscht? Ich glaube nicht.

Davon hatte ich als junger Bub natürlich keine Ahnung, erst später, als ich mich mit der Familiengeschichte beschäftigte, kamen mir diese Gedanken, und jetzt entbehrte es natürlich nicht einer feinen Ironie, dass ich ausgerechnet hier war, nachdem ich beschlossen hatte, mein Hab und Gut aufzugeben.

Von der Ortsmitte Friedlands führt ein Weg auf einen Hügel zu einem riesigen, aber leeren Parkplatz. Von dort geht ein steiler Fußweg noch höher, bis man am Heimkehrerdenkmal angelangt ist.

Ich fragte mich, wie die ganzen alten Russlanddeutschen es hier hoch schaffen sollten, ich war ja selbst schon aus der Puste, als ich bei der Anlage aus gemähten Wiesen und Eichen ankam, in deren Mitte vier Betonstehlen in den Himmel ragen. Sie sollen die vier Winde symbolisieren, aus denen einst die Menschen nach Deutschland kamen. Ich ging zwischen den Stehlen, dieser brutalen Architektur, hin und her und las die Inschriften auf den zwölf Tafeln. In der Ferne brandete der Lärm der A7. Tafel fünf behandelte die Vertreibung aus dem Osten, Tafel sechs die Verschleppung dorthin. Hin und her und wieder zurück. Wie soll man Millionen Schicksale in Worte fassen? Ich beschloss, demnächst mit

Patrizia meine Tante Lisa zu besuchen, die konnte davon ein Lied singen.

Als die Sonne unterging, lief ich den Hügel wieder halb hinab und legte mich auf dem Parkplatz ins Auto. Noch immer war das Gelände leer. Ich öffnete mir eine Dose Sardinen und aß sie mit etwas Brot, zum Nachtisch hatte ich einen Apfel. Ich nahm das »Alphabet der Fremde« von Lan Samantha Chang zur Hand, konnte mich aber nicht konzentrieren. Ich dachte über dieses Wort »Heimkehrer« nach, ein merkwürdiges Wort, wie ich fand. Ich hatte mich schon als Aussiedler bezeichnet, als Russland-deutscher, aber noch nie als Heimkehrer. Wie viele sind trotz des Empfangs, der Umarmungen, der Verlautbarung, sie seien nun in der Heimat, dennoch nie angekommen?

Die Geschichte ..., dachte ich, während mir langsam die Augen zufielen und ich sehr alleine auf dem Parkplatz unterhalb des Denkmals war, die Geschichte wiederholt sich doch. Sie passiert immer nur anderen Menschen.

# 14

Es war Sonntag und der Himmel strahlend blau. Ganz Hamburg war auf den Beinen. Alle mussten sie an die frische Luft, verstopften die Straßen mit ihren Hunden, Kinderwagen und Autos.

Patrizia wartete in der Wohnung von Freunden auf mich, die im Urlaub waren. Ihre Recherchereise war, na ja ... Sie hatte sich mit einer griechischen Journalistin getroffen, die vorgab, Expertin in Sachen Combat 18 zu sein, es aber doch nicht war. Trotzdem ging es ihr gut, sie war besserer Dinge als noch vor ein paar Tagen. Die Zweifel schienen sich fürs Erste erledigt zu haben.

Die besagte Wohnung befand sich direkt in St. Pauli, war groß und geräumig, mit Blick auf den Hein-Köllisch-Platz. Hunderte Bücher in schönen Regalen, Dutzende lesbarer Zeitschriften, Liegelandschaft im Wohnzimmer.

»Wann kommen die beiden wieder zurück?«, fragte ich Patrizia.

Aber das war ja nicht Sinn der Sache.

Wir waren nun mal ins Auto gezogen, und wir mussten damit klarkommen, wollten damit klarkommen, auch wenn wir nicht die geringste Ahnung hatten, wo genau wir denn jetzt mit unserer Aubergine das Lager aufschlagen sollten.

Planlos fuhren Patrizia und ich durch die Stadt, in der wir noch vor zwei Wochen gewohnt hatten. Alle Routine dahin, das Koordinatensystem des Alltags total verschoben. Die Bude als Rückzugsort, das war einmal.

Wo schlafen? Wo arbeiten? Wo essen?

Nach dem Ausflug nach Bayern nun der erste Härtetest im Großstadtdschungel. Ganze zehn Tage auch noch. Patrizia musste in den Schnitt und diesen Film über die Nazigruppe Combat 18 fertigstellen. Sie wollte gerne einen Platz, der nah bei der Arbeit war und dennoch schön. Eine Eier legende Wollmilchsau also.

Wir warfen einen Blick in den Jenischpark. Eine ansprechende große Grünanlage mit altem Baumbestand.

»Wir könnten uns hier an den Rand stellen«, schlug ich vor.

»Weiß nicht«, sagte Patrizia. »Sind wir nicht schon in Elbnähe?«

»Ja, wieso?«

»Na, dann können wir auch gleich da hinfahren.«

Ich gab ihr recht. Am Falkensteiner Ufer könnte man doch bestimmt mit dem Auto rumstehen. Wieso waren wir nicht gleich darauf gekommen? Schön, mit Blick auf die Fahrrinne der großen Containerschiffe, Ankunft und Abfahrt der Industrie- und Konsumgüter aus aller Herren Länder. Das hörte sich gut an, und eine Viertelstunde später waren wir in der Nähe.

Wie gesagt, es war Sonntag.

Wir kamen kaum durch die Mengen an Autos, deren Insassen alle das Gleiche im Sinn hatten. Die Straßen wurden immer kleiner, enger, und dann ging es nicht mehr weiter. Vor uns ein Wohnmobil, das in zehn Zügen wendete. Der Fahrer lehnte sich aus dem Fenster und rief uns zu: »Könnt ihr vergessen, die reinste Hölle da unten!«

Lagebesprechung im Schatten eines Ahorns am Rande einer der großen Verkehrsachsen. »Das habe ich mir anders vorgestellt«, sagte ich.

»Und was jetzt?«

»Fragen wir mal das Internet.« Kurze Recherche auf dem Telefon. Wie machen das die anderen?

»Ach, schau an, es gibt ein Wohnmobil-Forum, hätten wir auch gleich draufkommen können.« So ist das, wenn man ohne Vorbereitung einfach losfährt.

Einer schrieb, er stelle sich immer ans Tom Tailor Outlet Center in Niendorf. Wir schauten uns das Ganze auf der Karte an. Vielleicht ein guter Ort für das Wochenende, aber morgen würden ja wieder die ganzen Einkaufslustigen kommen.

Fischmarkt, empfahl ein anderer. Doch das ist ein Platz, für den man zahlen muss, und das war ja für uns eigentlich nicht Sinn der Sache.

Wie die größten Idioten tippten wir auf unseren Handys rum. Schließlich fanden wir einen kleinen See, der uns zuvor noch nie aufgefallen war. Kein Wunder. Wenn man in der Stadtmitte wohnt, beschäftigt man sich eher selten mit der Peripherie.

# 15

Der Krupunder See liegt in Halstenbek, direkt an der westlichen Stadtgrenze zu Hamburg. Er ist eingefasst von Wald, dahinter befinden sich Wohngebiete. Ein paar Baumschulen sind hier ansässig, das Hotel Krupunder an der Straße nach Eidelstedt, an einem Feld in der Nähe baute der Circus Europa auf. Während wir vorhatten, wie die Prinzessin und der Prinz auf der Erbse auf unserer nun bescheidenen Habe zu schlafen, befand sich nur wenige Hundert Meter Luftlinie entfernt die sogenannte Hamburger Wohnmeile, wo zwei Dutzend Geschäfte alle Produkte zwischen Kübelpflanzen und Kronleuchter anbieten.

Laut einer Sage hat der See seinen Namen von einem bösartigen Wirt. Dessen Lokal lag direkt am Ufer, doch die Einnahmen waren ihm nicht genug. In seiner Gier brachte er den einen oder anderen Übernachtungsgast um, schnappte sich dessen Habe und schmiss die Leiche in den See. Dabei soll er immer »Kupp rünner!« gerufen haben. Irgendwann erwischte man den Wirt und hängte ihn auf dem örtlichen Galgenhügel. Unklar bleibt, wer denn nachts seinen häufigen Ruf mitbekommen hat, aber daraus soll schließlich über die Jahre der Name Krupunder geworden sein. Um 1924 wandelte sich der See mit seiner morbiden Geschichte zu einer öffentlichen Badeanstalt. Die alten Kassenhäuschen stehen noch am Eingang. Auch das ist allerdings vorbei, und heute ist der See Naturschutzgebiet, Baden verboten.

Wir parkten den Wagen in einer Sackgasse in der Nähe, stiegen aus und begutachteten das Gelände, wollten uns einen Überblick verschaffen. Jogger liefen um das Wasserauge, Hunde wurden Gassi geführt. Es gab zahlreiche Bänke, auf denen man sich niederlassen konnte. Der See war schön anzuschauen. Jede Bank war besetzt. Überall saßen Teenager und knutschten mit fest geschlossenen Augen.

»Tja«, sagte ich.

»Tja«, antwortete Patrizia ebenso eloquent. »Nicht so ideal, oder?«

»Mir egal.«

»Aber wie soll ich denn hier tagsüber pinkeln?«

»Du bist doch sowieso im Büro.«

Ein paar Schritte weiter, etwas ab vom Weg, der den See umrundete, befand sich ein Grillplatz. Laut Aushang wurde er für Jugendliche geschaffen. Der Sinn stand uns aber nach etwas zu essen, also holten wir Utensilien aus dem Auto, sprich Gaskocher und die gesamte Küche in ihren zwei Bananenkisten. Nicht wirklich praktisch, dazu mussten wir feststellen, dass wir immer noch zu viel Zeug hatten.

Wir kochten Reis. Ich habe keine Ahnung mehr, warum. Ich glaube, es war Patrizias fixe Idee, die Vorräte aufzubrauchen, die wir noch aus der Wohnungsküche mitgenommen hatten. Aber ja, eigentlich auch völlig in Ordnung.

Natürlich kam just dann eine Gruppe Jugendlicher an. Nicht zum Grillen, sondern zum Kiffen. Sie stellten sich neben ein paar Bäume, zündeten einen Joint an und schauten immer wieder zu uns rüber, bis ich schließlich eine leichte Aggression in mir aufsteigen fühlte.

»Alles klar bei euch?«, rief ich ihnen zu, während ich in meinem Teller herumstocherte.

»Schon. Was gibt's denn?«

Damit hatten sie mich entwaffnet. Es gab Reis mit Rosinen, verdammt noch mal! Das war unser Abendessen. Ich kam mir unglaublich blöd vor. Ich hatte eine schöne Wohnung hier in dieser Stadt aufgegeben, lebte jetzt mit meiner Freundin im Auto, und wir aßen Reis mit Rosinen. Ich legte meine Gabel zur Seite. Ich hatte genug für heute. Der Topf war noch halb voll.

# 16

Kurz vor Mitternacht in jener Sackgasse neben jenem See. Auf der einen Seite der Wald, auf der anderen ein Haus, bei dem die Rollläden unten waren. Dahinter eine der Baumschulen.

Die Heckklappe war zu, zwei Belüftungsschlitze standen offen. Ich wollte den Tag zu den Akten legen. Die Zähne hatten wir bereits geputzt, waren schon in Schlafklamotten. Patrizia war allerdings noch nicht so weit, schaute mich an und stellte eine dieser tödlichen Fragen.

»Wie geht es dir so?«

»Warum?«

»Na ja, ist doch eine große Umstellung, oder?«

»Umstellung? Ja, schon.«

»O Mann, bist du mal wieder schmallippig.«

»Es war ein anstrengender Tag.«

»Machen wir das Richtige?«

»Morgen wird es besser.«

# 17

Morgen regnete es. Wir konnten uns noch nicht mal einen Kaffee kochen. Es war zwanzig nach sechs. Wir dachten, wir hätten uns gut hingestellt, aber es liefen bereits lauter Jogger an uns vorbei und schauten misstrauisch auf unser Auto.

Doch nicht nur der Rückzugsort vor der Welt war weg, sondern auch der vor uns selbst. Im Grand Voyager bekamen wir alles millimetergenau vom anderen mit. Während ich noch dahindämmerte, kruschte Patrizia in den frühen Stunden im Auto rum, zog das Bad unter meinem Kopf weg, machte eine Katzenwäsche mit feuchten Babytüchern. Ich beobachtete sie mit einem halb offenen Auge.

»Das ist demütigend«, sagte sie, als sie mich bemerkte, »ich will einen Eimer!«

»Wir haben keinen Platz für einen Eimer.«

»Ich kann so nicht leben!«

Das eskalierte schnell. Wir einigten uns auf einen Waffenstillstand, indem wir beide eisig schwiegen. Davor besprachen wir nur noch in den absolut notwendigsten Worten, ins Hotel Krupunder zu gehen, da gebe es bestimmt einen Kaffee.

Patrizia schminkte sich. Ich zog mir ein weißes Hemd an. Der Trick, nicht für einen Vagabunden gehalten zu werden, ist, nicht wie einer auszusehen.

Im WC des Hotels putzten wir Zähne, schmissen uns Wasser ins Gesicht, rollten Deo unter die Achseln. Dann setzten wir uns in eine Stube mit viel altem Holz und Kachelofen, bestellten eine Kanne Kaffee. Patrizia klappte ihren Rechner auf und legte sofort los. Ich starrte in die Luft, wie das morgens so meine Gewohnheit um die Uhrzeit ist. In der Wohnung hatte sie das nie mitbekommen, weil sie da immer schon in der Küche gesessen hatte. Jetzt sah sie diese Seite an mir und fand es unheimlich.

Dabei formulierte ich im Kopf lediglich böse E-Mails an diverse Menschen, die mir in meinem Leben unrecht getan hatten.

# 18

Patrizia verabschiedete sich und ging zur Arbeit. Jetzt klappte ich meinen Rechner auf. Eigentlich sollte ich an dem Roman schreiben, den ich vor einiger Zeit angefangen hatte, aber leider war meine Konzentration so stabil wie eine Seifenblase.

An den Wänden hingen Bilder und Zeitungsartikel aus alter Zeit. Einer handelte vom ehemaligen Europameister im Halbschwergewicht Willi Hoepner, der hier 1958 ein dreiwöchiges Trainingslager absolvierte, im großen Saal Gymnastik machte und jeden Tag um den See lief, während die Ehefrau die Leitung der Tankstelle in der Osterstraße übernahm. Ein Tankwart als Box-Europameister.

Ich prokrastinierte.

Immerhin mit einer Kurzgeschichte. Ich schrieb über den Mann, der alleine auf der Welt war. Doch die Finger waren schwer, der Kopf müde, und ich kam irgendwie nicht weiter.

Ich packte zusammen und legte mich ins Auto, das nun gegenüber vom Hotel auf dem Hauptparkplatz des Krupunder Sees stand. Ich richtete mir ein Kissen, lehnte mich an die Rückseite des Fahrersitzes und tippte weiter. Durch das Heckfenster konnte ich die Leute beobachten, die zum Joggen, zum Schuleschwänzen, zum Gassigehen kamen. Es ging mir ganz gut in meiner kleinen Höhle. Recht gemütlich mit den Daunenkissen, der Daunendecke. An den Seiten lagen Bücher gestapelt und darauf der gelbe Reisewecker von Patrizia.

Mein Telefon klingelte. Es war mein Freund Sebastian. Der war – aus Miami zu Besuch in Hamburg – gerade bei seinem Cousin, einem Schiffsreeder. Erzählte davon, dass der sich ein neues Haus gekauft hatte, davor standen Porsche und E-Roller.

»Und wie geht's dir?«, fragte er mich schließlich.

Ich schaute mich auf den vier Quadratmetern um. Draußen hatte es nach einer kurzen Pause wieder angefangen zu regnen. »Ging mir nie besser.«

# 19

Als Patrizia von der Arbeit kam, monierte sie, dass ich keine Kühltasche gekauft hatte. Und warum keinen Eimer? Hätten wir so was doch mal vorher besorgt. Aber nein, wir wollten ja so schnell wie möglich einfach los, und jetzt fehlte für solche Dinge die Zeit, weil Arbeit Priorität hatte. Außerdem wollte sie gleich schon wieder einen anderen Schlafplatz finden.

Dankend lehnte ich ab.

»Komm«, sagte sie, »lass uns doch wenigstens mal zu diesem Zirkus am Feld, das sind doch nur ein paar Meter. Da gibt es sogar eine Bahnlinie.«

Damit kriegte sie mich natürlich. Zirkus und auch noch eine Bahnlinie. Verflixt! Also schmiss ich den Motor an, und wir fuhren den halben Kilometer rüber, stellten uns in eine Kurve hinter ein paar Zirkuswagen.

»Nicht schlecht«, sagte Patrizia, »hier können wir morgens locker Kaffee trinken.«

Wieder klingelte das Telefon. Diesmal Patrizias. Ihr Vater war dran, fragte, wo wir seien. Als er hörte, wo genau, meinte er: »Oh, da würde ich aufpassen. Beim Zirkus arbeiten immer ein paar Gratler.« Das ist bayerisch für Kleinkriminelle.

»Ach, Papa!«

Nach einer Weile legte Patrizia auf. Wir nahmen Bücher zur Hand. Ich las »Tolldreiste Geschichten« von Balzac, Patrizia »Die neuen Seidenstraßen«. Wir waren ganz zufrieden mit dem Platz.

Eine halbe Stunde später kamen ein paar merkwürdige Gestalten den Weg entlang, trugen große Plastiktüten in den Händen. Sie verlangsamten ihren Schritt und schauten mit sehr prüfenden Augen in die Aubergine. Ein beunruhigender Blick, wie ich fand. Unsere Rucksäcke lagen auf den Vordersitzen, und in unseren Rucksäcken war eigentlich alles drin, was von Wert war. Rechner, Kameras und so weiter. Irgendwo hatten wir auch noch eine Drohne, aber die war in einer der Kisten verstaut. Die Kerle gingen schließlich weiter, drehten sich dann aber noch mal um, warfen einen letzten Blick über die Schulter. Diesmal so ein speichernder Blick, möchte ich sagen, als würden sie den Weiterverkaufswert schätzen. Uns im Heck konnten sie ja dank der getönten Scheiben nicht sehen.

»Das war dann wohl das«, sagte Patrizia. Ich stimmte ihr zu.

Wir räumten unsere Rucksäcke von den Vordersitzen, nahmen selbst diese Plätze ein und fuhren erst mal zum Griechen um die Ecke. Das Essen war schlecht. Hinterher gab es noch nicht mal einen Ouzo. Was eigentlich ohnehin eine Unart ist, gibt es so in Griechenland nicht, aber ich verzichte dennoch ungern darauf.

Dann wollte Patrizia auch noch andere Plätze erkunden, ich nicht. Wir stritten uns wieder. Ich jammerte rum, war neidisch auf ihren Arbeitsplatz. »Wie zum Teufel«, klagte ich, »soll mich die Muse denn finden, wenn ich jeden Tag woanders bin?«

Als es dämmerte, waren wir wieder in unserer Sackgasse am See. Das Haus nebenan hatte immer noch die Rollläden unten. Aber diesmal schien Licht durch die Ritzen.

»Gott, bin ich müde«, sagte ich.

»Warum?«

»So viele Entscheidungen, so viele Möglichkeiten.«

»Aber dann sagst du einfach ›müde‹ und redest nicht mehr.«

»Kein Bock, so viel zu reden.«

»Aber wir sind doch ein Team, das darf uns doch nicht entzweien.«

»Sei nicht so melodramatisch.«

»Jetzt stehen wir seit zwei Tagen an so einem blöden See mit scheiß Joggern herum, und ich finde es total deprimierend.«

»Was hast du denn erwartet in der Großstadt?«

»Ich hab erwartet, dass wir einen schönen Ort finden, auch in Hamburg, der nah genug an meiner Arbeit ist. Das macht mich echt fertig.«

»Am besten noch mit Sandstrand.«

»Jetzt bist du lustig, aber seit zwei Tagen muss ich dich quasi wieder aufbauen, damit du nicht so dermaßen niedergeschlagen bist, weil du hier mit mir rumhängen musst.«

»Ha, und jetzt bist *du* deprimiert.«

»Ich verlier ein bisschen den Bezug, warum wir die Idee mal geil fanden, im Auto zu wohnen. Ich hab seit sechs Tagen nicht geduscht, okay, stimmt nicht, seit fünf.«

»Wir haben doch gesagt, einmal die Woche ist Badetag.«

»Meine Füße sind echt schmutzig, ich hab das Gefühl, die Matratze ist schmutzig.«

Ich hätte sie in den Arm nehmen und sagen sollen, hey, das sind alles Geburtswehen, alles wird gut. Aber für einen Mann, der von Worten lebt, fehlen sie mir ziemlich oft.

# 20

Übellaunig wachte ich auf. Die ganze Nacht hatten mich Knoblauchträume geplagt. Noch dazu waren wir gegen drei Uhr morgens aufgeschreckt, weil die Scheibenwischer einfach angegangen waren. Wollte uns der Geist in der Maschine etwas sagen? Wollte er schlichten? Oder entwickelte die Aubergine wie so viele alte Autos einfach ein Eigenleben?

Es regnete schon wieder. Im Pendlerstau fuhr ich Patrizia zur Arbeit, obwohl ich nicht die geringste Lust darauf hatte. Ich fühlte mich gerädert. Patrizia sagte, ich sehe aus, als würde ich sie gleich zerfleischen.

Ich antwortete nicht. Mein Kopf war neblig, und ich glaube, ich war einfach etwas sauer auf die Liebe meines Lebens, weil wir ihretwegen in dieser Stadt rumstehen mussten – was nicht fair war, aber so war es nun mal morgens um sieben bei mir. Das ist wirklich nicht meine Zeit.

Beim NDR in Lokstedt setzte ich sie ab. Später würde sie mir erzählen, dass sie sich noch nie so auf das Büro gefreut hatte. Hier kannte sie sich aus, da war ihr Schreibtisch. In ihrem Privatleben kannte sie sich hingegen gar nicht mehr aus, fühlte sich verloren, fürchtete, dass einer von uns den anderen aus dem Auto schmeißen würde.

# 21

Auf der Suche nach einem Ort zum Arbeiten lenkte ich die Aubergine durch die Stadt. Ketten à la Starbucks mag ich gar nicht, normale Cafés ebenso wenig. Da kann ich ja gleich ins Büro gehen. Macht mich ganz depressiv, all diese Menschen an ihren silbernen Laptops, weiße Kopfhörer in den Ohren.

Wohin bloß?

An jeder dritten Mauer, an der ich vorbeikam, hingen Plakate gegen Mietenwahnsinn und Wohnungsnot. Sie erinnerten mich an die Kündigung unserer Wohnung. Als es so weit gewesen war, hatte ich die Nummer der Hausverwaltung an eine Freundin weitergegeben, die dringend eine Bleibe suchte. Sie hatte auch umgehend angerufen, aber ihr war gesagt worden, die Wohnung sei schon vergeben. Offenbar war sie überhaupt nicht auf den Markt gekommen, unter der Hand weggegangen.

Auf meinem Telefon traf eine Nachricht von Patrizia ein, ein Zitat von Simone de Beauvoir: »Literatur tritt dann in Erscheinung, wenn irgendwas im Leben aus den Fugen gerät.«

# 22

Ich ging durch das Restaurant, setzte mich ganz hinten an einen Tisch, von dem aus ich einen guten Überblick hatte, und klappte meinen Rechner auf. Die Family Card spendierte mir kostenlosen Kaffee, Internet gab es auch, dazu eine große Raucherterrasse.

Da saß ich nun. Im Ikea. In diesem Kreuzfahrtschiff, das nie ablegt.

Ich dachte an die Worte, die Patrizia mir geschickt hatte. Eine ganze Weile dachte ich daran. Dann wieder: Ich sitze im Ikea. In Hamburg-Schnelsen.

Es war genau der richtige Ort.

Die Menschen im Restaurant fanden gleich Eingang in mein Notizbuch: diejenigen, die wie in Zeitlupe gehen, weil sie die

Becher zu voll gemacht haben; die Rentner, die sich zwar frische Brötchen kaufen, aber ihren eigenen Belag in Tupperware mitbringen; die beiden Freundinnen, die bereits am Morgen Sekt trinken und ausgiebig über die Liebe reden, darüber, ob es nur den einen Richtigen gebe oder mehrere. Natürlich hoffen beide auf Letzteres.

Etwas weiter vorne saß eine Frau in mittleren Jahren und studierte zu ihrem Pott Kaffee etwa eine Stunde lang fast schon aufreizend konzentriert den aktuellen Katalog des Einrichtungshauses.

Es gefiel mir hier. Die Tinte floss mir aus dem Stift, und ich schrieb Seite um Seite. Als würde mich das ganze Chaos dieses Restaurants auf eigentümliche Weise beruhigen. Alles ging mir leicht von der Hand, und ich spürte, wie sich meine Laune deutlich aufhellte.

Mein Telefon klingelte. Ein Redakteur des *Playboy*.

»Wo erreiche ich dich?«, fragte er.

»Beim Ikea.«

»Oh, das tut mir leid.« Und ich konnte tatsächlich das Mitgefühl in seiner Stimme hören.

»Was kann ich für dich tun?«

Da saß ich dann an meinem Bürotisch im Ikea und verhandelte die Konditionen für eine Reportage über die Hobos, die der *Playboy* gerne hätte. Der Tag wurde immer besser.

Irgendwann, nach zehn Seiten, wurde ich zufrieden und müde. Ich verstaute mein Zeug und ging rüber in die Möbelausstellung. Gleich der erste Raum war sehr ansprechend, wie für mich gemacht: gedämpftes Licht, ein grüner Ohrenbackensessel mit Fußstütze, daneben ein Beistelltisch mit einer Flasche Wein. Die war natürlich leer, leider.

Ich setzte mich, legte die Füße auf den Ottomanen. Die Hauslautsprecher meldeten sich: »Na, auch mehr Ideen als Platz?« Ich nickte weg.

Gegen siebzehn Uhr verließ ich den Ikea, erfrischt und guter Dinge. Die Sonne brach durch die Wolken, als ich in die Aubergine stieg. Ich machte einen kurzen Halt beim Baumarkt, kaufte ein paar Sachen ein, holte dann Patrizia an der Pforte in Lokstedt ab.

»Du bist aber gut drauf«, sagte sie.

»Schau mal, was ich alles besorgt habe.«

Patrizia flippte schier aus über die Neuanschaffungen: Wasserkanister, Kühltasche. »Und ein Basilikum auch!«, rief sie und freute sich wie ein kleines Kind.

»Falls deine Mutter recht behalten sollte – du weißt schon, Basilikum braucht Heimat und alles –, habe ich auch gleich noch einen Rosmarin mitgenommen.«

Wir fuhren wieder Richtung Krupunder See, dann aber daran vorbei, auf die andere Seite der Autobahn. Ich hatte beim Ikea auch auf Google Maps nach einem neuen Platz für die Nacht gestöbert. Denn man sollte nicht zu lange an einem Ort stehen, egal, wie gut man dabei aussieht.

Wir fuhren durch die Hamburger Wohnmeile, die uns schon vor ein paar Tagen aufgefallen war. Verrückt, diese ganzen Einrichtungsgeschäfte mit ihren überfüllten Parkplätzen und den bis Oberkante vollgestapelten Einkaufswagen.

Inzwischen hatte sich unser Blick verändert. Wir schauten nicht mehr nach einer neuen Bar oder einem neuen Restaurant, sondern wir prüften alle Ecken dieser Stadt auf Stehtauglichkeit, auf Schatten, Sichtschutz und Ruhe.

Wieder landeten wir in einer Sackgasse. Diesmal in einer von der guten Sorte. Hinter Küchen Aktuell tat sich ein Feld von der Größe eines Fußballplatzes auf. Zwischen dem Konglomerat aus Einrichtungsläden und dem äußeren Ring aus Einfamilienhäusern wirkte es wie aus der Zeit gefallen. Wem gehörte dieses Feld? Warum war es nicht bestellt? Warum war es nicht bebaut wie der ganze Rest?

Die Fragen gerieten beim Anblick des brusthohen Grases und der Wildblumen rasch in den Hintergrund.

Wir parkten die Aubergine, öffneten die Hecklappe. Pinselstrichwolken, Frischluft. Über uns kreischte ein Schwarm Möwen. Patrizia lief sofort in dieses Feld hinein, ließ ihre Hände über die

Gräser streichen. Ich freute mich, dass sie sich freute. Die letzten Tage waren plötzlich vergessen. Wir breiteten eine Plane aus, packten die neue, bereits gefüllte Kühltasche drauf und gaben uns den Freuden des Gaumens hin.

Wieso fühlt sich dieser Fleck so abgeschieden an, dachte ich. Wieso macht er uns so glücklich? Weil wir unser ganz persönliches Stück Wildnis in der Großstadt gefunden haben?

»Na?«, fragte ich Patrizia, köpfte eine Flasche Vinho Verde und schenkte uns beiden ein. »Wohnst du noch, oder lebst du schon?«

# 23

Auf der Landstraße nach Mecklenburg-Vorpommern. Durch Baumspaliere und vorbei an verfallenden Gutshäusern. Patrizias Füße mit den rot lackierten Zehen hingen aus dem Fenster, der Fahrtwind zerzauste ihr das Haar.

Das ist das Lied der Straße, dachte ich, wo Orte Gottesgabe, Gnade und Ungnade heißen.

Ich war auf fast allen Kontinenten, aber ein Großteil Deutschlands war für mich Terra incognita. Ich hätte ewig so weiterfahren können, wie man sich das eben manchmal wünscht. Einfach immer weiter, alles hinter sich lassen, Ländergrenzen überqueren, bis Zeit keine Rolle mehr spielt.

Aber das war für ein anderes Mal. Wir hatten einen Rahmen, und der hieß Deutschland. Das machte gar nichts. Wir waren entspannt, fröhlich, auch wenn wir uns vor Kurzem noch fast zerfleischt hätten.

Es war klar, dass es anstrengend werden würde. Vor allem in der Stadt, vor allem am Anfang. In den Hamburger Tagen wirkte die Enge von vier Quadratmetern erstickend, die Abläufe waren chaotisch, und die tausend Entscheidungen, die uns die neue Lebenssituation abverlangte, waren wie Vampire, die uns leer saugen wollten. Doch die Sache war erst mal ausgestanden. Es war ein Erdbeben gewesen, ja, aber wir hatten ein vernünftiges Fundament.

Nach einer Woche an dem Feld bei Küchen Aktuell sah die Lage schon anders aus. Es rüttelte sich ein. Kanister und Kühltasche waren ein Qualitätszuwachs, Basilikum und Rosmarin sorgten stets für guten Duft. Wir mussten auch nicht immer ewig nach Sachen suchen, es lief nun wesentlich geschmeidiger. Einziges Problemchen war, dass Patrizias Film in dieser Zeit rauskam. Aufgrund der doch oft bedrohlichen Einstellung, die Nazis gegenüber Journalisten hegen, wurde sie leicht paranoid. Jeden Tag nahmen wir einen anderen Weg von ihrem Büro zum Feld.

Nun aber steuerten wir die Aubergine durch eine wilde und weite Natur, eine Gegend, die im Gegensatz zu Hamburg menschenleer war.

Patrizia eilte bereits zur nächsten Recherche, deswegen waren wir in dieser Ecke des Landes. Am Bahnhof in Demmin holten wir ihren Kameramann ab. Der setzte sich zu mir nach vorne, Patrizia legte sich nach hinten auf die Matratze. Mehr Sitze hatten wir ja nicht mehr. Die beiden wollten auf einem Festival in Tutow filmen, das war ganz in der Nähe. Es ging um eine sehr schmutzige Angelegenheit. Patrizia war der Sache schon länger auf der Spur.

Bald würde die Sonne untergehen. Wir mussten einen Schlafplatz suchen. Das konnte gerne mal zwei Stunden dauern, bis wir beide damit zufrieden waren. Es war ein radikaler Abschied von der Bequemlichkeit, die Wohnungstür zu- und sich selbst ins Bett schmeißen zu können, alles immer an seinem Platz zu haben.

Kurz hinter Demmin stand die Polizei mit vier Streifenwagen am Straßenrand und winkte uns raus. Ich musste an die Prophezeiung von Patrizias Bruder denken, als er sie gewarnt hatte, dass die Polizei gerne »Penner« wie uns anhalte. Wahrscheinlich waren sie auf der Suche nach Drogen, verständlich bei den ganzen Elektrojüngern, die zum Festival anreisten, das auf einem ehemaligen Flugplatz der Sowjets stattfand.

Ich machte mir allerdings weniger Gedanken um Drogen als um Patrizia. War das legal, während der Fahrt auf der Matratze rumzufläzen?

Ich folgte den Anweisungen der Polizisten, hielt an, schaltete den Motor aus. Während ein Beamter nach meinen Papieren fragte, schlüpfte Patrizia schnell und elegant aus der Seitentür.

»Haben Sie was getrunken?«

»Nein, natürlich nicht!«

»Auch nicht in den letzten 24 Stunden?«

»Nee.«

»Ganz sicher?«, fragte er mit diesem durchdringenden Polizistenblick.

Vor drei Stunden hatte ich ein Bier getrunken, aber so viel habe ich im Leben gelernt: hart leugnen, nicht in die Falle tappen.

»Ganz sicher.«

»Aussteigen, bitte!«

Er verschwand mit meinen Papieren, ein Kollege dirigierte mich vom Auto weg, damit ich ein paar Übungen absolvierte. Augen zu, mit den Fingern die Nasenspitze treffen und dann noch ein paar andere, bei denen man eigentlich nicht *nicht* besoffen rüberkommen kann.

Schließlich kehrte der Polizist mit meinen Papieren zurück, händigte sie mir aber noch nicht aus. »Haben Sie schon mal Erfahrung mit der Polizei gemacht?«

»O ja, jede Menge.«

Ah, jetzt leuchtete sein Gesicht auf. »Und aus welchem Grund, wenn ich fragen darf?«

»Sie dürfen.« Ich zückte meinen Presseausweis.

»Oh«, sagte er enttäuscht, und das Leuchten auf seinem Gesicht erlosch.

Grummelig wünschten die Polizisten uns gute Fahrt, Patrizia schlüpfte wieder durch die seitliche Schiebetür auf die Matratze.

Getönte Scheiben, kann ich wirklich nur jedermann empfehlen.

# 24

Unser Plan sah vor, auf dem Festivalgelände im Auto zu schlafen. Für den Kameramann hatten wir ein Zelt dabei. Doch als wir am Eingang ankamen, hatte sich bereits eine Schlange mit vier Stunden Wartezeit gebildet.

Im Dunkeln machten wir uns auf die Suche nach einem anderen Platz und fanden eine kleine Parkanlage. Doch gerade als wir das Zelt für den Kollegen aufbauten, hielt ein Auto in der Nähe. Die Scheinwerfer waren auf uns gerichtet. Sie blendeten ab. Dann wieder auf.

Unwichtig, vielleicht. Aber ich erinnerte mich an einen Grundsatz von Hobo Shoestring. Der sagte immer: »Leute sollten nicht wissen, wo ich schlafe.«

Verärgert über diese Verzögerung, packten wir das Zelt wieder ein und stellten uns vor den Festivaleingang. Der Kameramann versuchte, es sich vorne auf den Sitzen in der Fahrerkabine bequem zu machen, sah dabei aus wie einer dieser Schlangenmenschen des Cirque de Soleil. Während die Bässe des Festivals die Aubergine durchrüttelten, kotzten neben uns bereits die ersten Besucher in die Wiesen.

Am nächsten Morgen waren wir Lebende unter Toten.

Patrizia und ihr Kollege gingen auf das Festival und begannen mit ihrer Recherche. Es ging um Spannervideos. Heimliche Aufnahmen von Frauen auf der Toilette. Ein Spanner stellte sie nicht nur ins Internet, sondern verkaufte sie auch noch an andere Spanner.

Da war meine Aufgabe etwas appetitlicher. Ich wollte mir eine Kneipe oder ein Restaurant zum Schreiben suchen. In Tutow fand ich nichts. Also fuhr ich auf die Landstraße. Da fand ich natürlich erst recht nichts. Egal. Das Wetter war hervorragend. Ich hörte laut Musik, das Fenster war unten, die Klimaanlage ging sowieso nicht.

Dann fuhr ich wieder in den Ort. Ein mobiler Bäckerwagen bezog Stellung auf der Tutower Hauptstraße. Aus den umliegenden Wohnblocks kamen Leute hervor, stellten sich an den Wagen und nutzten die Gelegenheit für ein Schwätzchen.

Ein älterer Herr in Cargoweste klärte mich sehr redefreudig über die 5000 Bomben auf, die angeblich noch auf dem Gelände hier liegen würden. Die Russen halt. Das war noch lange kein Grund, nicht von der Vergangenheit zu schwärmen. Im Gegenteil. »Ach, was war hier mal Leben in der Bude! 6000 Soldaten, Kampfjäger, wurden hier ausgebildet. Mensch, waren die schneidig! Es gab eine Uni, ein Casino...«

»Nicht zu vergessen die ganzen Blumenläden«, mischte sich eine 77-jährige, hier geborene Frau ein. »Heute können wir ja froh sein, dass überhaupt ein Supermarkt da ist. Den gibt es aber auch erst seit ein paar Monaten.«

Tutow selbst entstand in den Dreißigerjahren als Siedlung beim Bau des Flugplatzes, der einst eine der größten Kampffliegerschulen des Deutschen Reiches beherbergte. Danach kamen die Sowjets, rissen ein paar Gebäude ab, bauten dafür neue, darunter Wohnungen und eine Schule, und dann waren die Sowjets auch schon wieder weg. Die letzten Soldaten verließen die Garnison 1994. Die Gemeinde übernahm die Plattenbauten von der Treuhand und bot sie günstig an. Tatsächlich stieg die Bevölkerungszahl zunächst um etwa fünfzig Prozent, um darauf fast ins Bodenlose zu fallen. Das Einzige, was hier noch steigt, ist die Arbeitslosigkeit. Inzwischen hat Tutow nur noch knapp über tausend Einwohner.

Auf der holprigen Straße fuhren ein paar männliche Festivaljünger auf Skateboards vorbei. Sie trugen große Sonnenbrillen und Leopardenleggings.

»Vorwärts, Kameraden!«, rief die Frau ihnen zu.

Der Mann in der Cargoweste schüttelte den Kopf. »Was ist bloß mit der Jugend von heute los? Keine Disziplin mehr, keinen Schneid. Leopardenleggings...«

Das ganze Gerede machte mich hungrig. In der Vitrine des Bäckerwagens lachten mich ein paar frische Waffeln an. Weil ich nett bin, ließ ich der Frau hinter mir den Vortritt, woraufhin sie ALLE restlichen Waffeln kaufte.

»Da geht mein Frühstück dahin«, klagte ich.

Ohne mit der Wimper zu zucken, antwortete sie: »Tja, so ist das, wer zu spät kommt, den bestraft das Leben.«

Wütend über meine Zurückhaltung dieser Waffeldiebin gegenüber fuhr ich zum relativ neuen Supermarkt, parkte direkt vor dem Eingang. Auf ein paar Bänken lungerten Jugendliche herum. Ich stieg aus. Einer aus der Gruppe sagte: »Boah ey, voll das FBI-Auto.«

Ich schaute grimmig. Öffnete die Schiebetür, holte das Basilikum heraus und stellte es auf den Boden neben die Aubergine, gab ihm Wasser, das es durstig aussoff. Etwas Sonne würde ihm auch nicht schaden.

# 25

Gegen achtzehn Uhr meldete sich Patrizia und bat um Abholung. Auf der Zufahrtsstraße zum Festival dachte ich über den Spruch des Jugendlichen nach. Ich schlich dahin, so bequem geht das nur mit einem Automatikgetriebe. Den Festivalteilnehmern am Wegesrand, die auf dem Grünstreifen auf Decken lagen, muss diese Langsamkeit nicht nur verdächtig, sondern geradezu bedrohlich vorgekommen sein. In Windeseile packten sie zusammen und suchten in den überwucherten Ausläufern des Flugplatzes das Weite.

»Und?«, fragte ich Patrizia und ihren Kollegen. Sie verzogen das Gesicht, rollten mit den Augen und schmissen ihr Zeug hinten ins Auto.

»Ich glaube, ich habe heute neunzig Dixi-Toiletten von innen gesehen«, sagte meine Freundin.

»Wie schön.«

»In der Tat. Gott, Frauen können auch ganz schöne Schweine sein.«

»Das ist dir neu?«

»Vorsicht, ich hatte einen anstrengenden Tag.«

»Habt ihr was gefunden?«

»Leider nicht, morgen geht's weiter. Lass uns lieber über was Schönes reden. Wo schlafen wir überhaupt heute Nacht?«

Laut unserem Straßenatlas befand sich ein See in der Nähe, und dort fuhren wir hin. Natürlich hätten wir auch Google fragen können oder ein sonstiges Empfehlungsportal; wir hätten die App Park4Night nutzen können, wo andere, die ebenfalls mit dem Auto unterwegs sind, ihren Standplatz für die Nacht veröffentlichen.

Doch wo bleibt da der Spaß am Entdecken? Was ich hören will, ist die Musik des Zufalls.

Der See war eine Badeanstalt – Eintritt frei –, und eine Horde Jugendlicher malträtierte die Metallrutsche. Ihr Gejohle verteilte sich über das blaue Wasser, eine ehemalige Kiesgrube. Der Bademeister stand auf einem Hügel neben seinem Wohnwagen, Kappe auf dem Kopf, Trillerpfeife um den Hals.

Auch nichts für uns, dachte ich, aber dann kam ich mit dem Bademeister ins Gespräch. Er beklagte sich, wie schwer es sei, diese Rasselbande im Zaum zu halten, und um den Zeltplatz müsse er sich ja auch kümmern.

»Was für ein Zeltplatz?«

»Na, da hinten bei dem Birkenhain«, antwortete er und zeigte mit der Zigarette in der Hand auf eine schattige Landzunge in hundert Metern Entfernung.

# 26

»Guten Morgen«, flüsterte meine Freundin, da war der Boden noch feucht, und der See lag starr wie blaues Glas in seinem Becken.

Nachts waren wir kurz aufgewacht durch Geräusche im Schilf. Ein Blick in den Sternenhimmel, dann weitergeschlafen in unserem Auto, in dem man sich durch die Rundumverglasung wie in einer Raumkapsel fühlte.

Nun sprangen wir in den See, kochten Kaffee, wieder in den See, Spiegeleier zum Frühstück. Beobachteten Haubentaucher und Seeschlangen. Nach einem weiteren Sprung ins Wasser mussten Patrizia und der Kameramann wieder zur Recherche, und sie rümpfte bereits die Nase.

Ich widmete mich einem praktischen und durch und durch deutschen Thema: dem Einwohnermeldeamt. Ein paar Meter weiter spielten ein paar Jungs enthusiastisch fluchend Fußball.

»Moin«, sagte ich vergnügt, denn es gibt keinen besseren Moment, beim Amt anzurufen, als wenn man am See sitzt und die Beamtin eben nicht. »Ich habe da mal eine Frage in Sachen Meldegesetz, da ich ja im Auto lebe.«

»Aha.«

»Ich ficke deine Ehre.«

»WIE BITTE?«

»Ich lebe im Auto, sagte ich.«

»Das ist doch kein Grund, mich zu beschimpfen!«

»Ach das, das sind nur ein paar pubertierende Assis hier.«

Zurück zu meiner Frage. Die Beamtin überlegte einen Moment, dann sagte sie trocken: »Ich empfehle Ihnen, sich an eine Obdachlosenstelle zu wenden.«

Ich weiß nicht mehr genau, was ich mir vorgestellt hatte, aber sicherlich nicht das. Der Moment der Verblüffung ging vorüber, und ich beschloss, ihr die Lage etwas genauer zu erklären. Dass wir nicht auf Sozialleistungen aus waren, sondern vorhatten, unterwegs zu arbeiten, in Deutschland und so weiter. Schließlich sagte sie, ich hätte zwei Optionen: entweder »ohne festen Wohnsitz« im Ausweis eintragen lassen oder mich an einer anderen Adresse melden. Ersteres hörte sich verlockend an, aber Letzteres war wesentlich einfacher. Keiner von uns beiden hatte Lust, noch mal aufs Amt zu latschen.

Die Post ging also per Nachsendeauftrag an die Eltern. Über die Zeit wurde es immer weniger. Keine Ankündigungen über Mieterhöhungen mehr, keine Betriebskostenabrechnungen. Die Krankenversicherungen behielten wir. Zahlten auch weiterhin Steuern – falls das Finanzamt hier mitliest –, allerdings mussten wir nun wesentlich weniger Geld ranschaffen, da unsere Kosten gesunken waren.

Ich blies eine Isomatte auf, rückte sie ans Auto und nutzte den Reifen als Rückenstütze. Eigentlich konnte ich es gar nicht leiden, auf dem Boden zu hocken, aber die Stellung war überraschend bequem. Es müssten trotzdem bald ein paar Campingstühle her.

Ich machte mich an die Arbeit. Ein paar Kurzgeschichten wollten redigiert, eine Lesung vorbereitet, die Reportage für den *Playboy* geschrieben werden.

Schon mal versucht, jemandem beizubringen, dass man am See arbeitet? Immer die gleiche Reaktion: »Ja genau, wie soll man bei so viel Ablenkung ›arbeiten‹?«

Für mich verhielt sich die Sache genau andersrum. Während ich in der Stadtwohnung immer unruhig gewesen war, bis zum frühen Nachmittag nicht in die Gänge gekommen war und ständig geschaut hatte, ob es was Neues im Kühlschrank gab, fand ich die Ablenkungen, die die Natur bietet, sehr anregend: Zitronenfalter, die balzend durch die Luft tanzten; der durchs Schilf raschelnde Wind; die quakenden Frösche; die zielstrebig durch die Gegend fliegenden Hornissen.

Und ich mittendrin.

Wenn die Sinne dermaßen befriedigt sind, wird Zeit elastisch, und der Tag hat plötzlich 36 Stunden. Mittag war noch nicht mal durch, da hatte ich mein tägliches Pensum erledigt, sprang in den See, machte mir etwas zu essen, las hundert Seiten in Victor Hugos »Die Elenden« und suchte dann im Netz nach Gleichgesinnten. Denn die Welle aus den USA schwappte schon längst an unsere Ufer, und so wurde ich unter dem Hashtag Vanlife auch in Deutschland schnell fündig. Ich nahm Kontakt mit ein paar Leuten auf. Wie verhält sich die Situation in unserer Heimat? Gibt es hier auch Leute, die tatsächlich im Auto leben und arbeiten, oder hat es eher Reise- beziehungsweise Lifestyle-Charakter?

# 27

Da wir nun schon eine Weile unterwegs waren, ich auch noch eine Kolumne an die *Zeit* verkauft hatte, trudelten Reaktionen von anderen Personen als nur Freunden und Familie ein. Eine schrieb mir, das sei eine »first world fantasy von Freiheit«, ein anderer meinte, es sei zynisch, freiwillig so arm zu leben. Beides verstand ich nicht. Nur weil wir keine Wohnung hatten, waren wir doch nicht arm. Und was wäre denn der Umkehrschluss? Einfach weitermachen in unserem Korsett aus Konsum, Bequemlichkeit und einem halben Dutzend Versicherungen? Zynisch wäre es, sich in die Fußgängerzone zu setzen und zu betteln. Oder mit dem Rucksack in andere Länder zu reisen und sich dort von Ort zu Ort zu schnorren.

Ein anderer Leser warf uns Selbstbetrug vor. Einige fühlten sich anscheinend persönlich in der Wahl ihrer Lebensform angegriffen. Das war mir herzhaft egal. Ich war 43 Jahre alt, und ich kannte inzwischen zu viele Menschen, die in Jobs steckten, auf die sie keine Lust hatten, deren Träume über die Jahre schal geworden waren und denen die Traurigkeit über verpasste Chancen tiefe Furchen ins Gesicht gezogen hatte.

Ein weiterer Vorwurf, der tatsächlich nicht ganz abwegig war: dass ich mit einem Buchvertrag an die Sache herangegangen sei. War ich nicht, das ergab sich erst später. Ich arbeitete vielmehr an einem Roman. Keinen Cent bekommt man da vorher, und das Ergebnis ist so unsicher wie der Fortbestand der Menschheit.

# 28

Wir nutzten die Zeit am See, um uns noch weiter zu reduzieren. Wir waren immer noch nicht fertig damit. Erst unterwegs merkt man genau, was zu viel ist, was zu wenig. Was man zu Beginn als essenziell erachtet, entpuppt sich oft als überflüssig.

Wir fingen mit der Küche an, die beherbergte immer noch zu viele Utensilien: zu viele Messer, Teller, Tassen, Töpfe.

Dann nahm ich mir mein »Büro« vor. Das war ein kleiner, drei-stöckiger Turm mit Schubladen, vollgepackt mit Visitenkarten, Rechnungen, Manuskriptanfängen. Das Büro musste immer auf den Vordersitz geräumt werden, bevor wir uns hinten schla-fen legen konnten. Das war am Anfang okay gewesen, aber jetzt ging es ernsthaft daran, das Auto wohnlich, bequem, gemütlich zu machen. Ich sortierte, übertrug Notizen in den Rechner, fasste zusammen.

Zwischen alldem fand ich einen Brief für Patrizia. »Erinnerst du dich«, sagte ich zu ihr, »den habe ich dir geschrieben, als ich in die USA gefahren bin, für den Fall, dass ich unter einen Güterzug gerate. Alle Passwörter, alle Kontozugänge und so weiter.«

»Musste ich zum Glück nie anschauen.«

»Wir sollten das trotzdem mal regeln.«

»Ja, müssen wir irgendwann.«

Wir waren gut beschäftigt mit unserem Krimskrams. Ich frage mich, wie das für die anderen Besucher am See ausgesehen haben muss.

»Jetzt sind wir mit dem Auto unterwegs«, monierte Patrizia, »und misten immer noch aus.«

»Tja, so ist das, wenn man mit einem Messie unterwegs ist.«


Eine Woche blieben wir am See. Das Wasser Dusche und Spiel-wiese zugleich. Die Stadt und ihr Beton eine ferne Erinnerung. Wir mussten keinen Gedanken daran verschwenden, morgen oder übermorgen wieder nach Hause zu fahren, zu sagen, schön war's, um dann weiter in der Mühle zu strampeln. War das das Leben, das wir wollten? Unser Alltag war zu einem Abenteuer geworden, und es liegt in der Natur des Abenteuers, dass man einen Schritt nach dem anderen macht. Man weilt im Moment. Was einen auch daran hindert, sich hektisch wie ein Eichhörn-chen Gedanken über den nahenden Winter zu machen.

»Wir verwildern«, sagte Patrizia, während sie aus dem Wasser stieg, »und das finde ich großartig. Das ist das Leben, oder?« Sie trocknete sich mit einem Handtuch ab, schaute mich an.

Ich stimmte ihr zu.

Ich konnte ihr regelrecht dabei zusehen, wie Verbindungen gekappt und neue geschaffen wurden. Wie sie Gedanken fasste und Argumente formulierte, die halfen, die Welt neu zu sehen.

In diesen Tagen entwickelte sie ihre eigene Philosophie der Existenz. Immer wieder sah ich sie wild in ihr Notizbuch kritzeln und schaute ihr dabei über die Schulter. Ich versuchte zu entziffern, was da stand, aber sie hat eine noch schlimmere Sauklaue als ich.

# 29

Vor dem Abendessen machte sich Patrizia daran, unser rollendes Heim zu verschönern. Sie zog Kopfhörer auf, hörte sich ein Buch dabei an, »Das Café der Existenzialisten«. Das macht sie unheimlich gern, kann so stundenlang rumpuzzeln. Manchmal kommt sie mir vor wie Wall-E, der Roboter in dem Pixar-Film, der alleine die Erde aufräumt, sich dabei aber immer wieder glitzernde Kleinigkeiten unter den Nagel reißt und sie in seiner Unterkunft hortet. Ungefähr so ist auch Patrizia dann in die Aufgabe vertieft, ihre kleinen Schätze an die richtige Stelle zu platzieren.

An den Himmel über unserem Bett heftete sie Bilder aus Sri Lanka. Das war unsere erste gemeinsame Fernreise gewesen, bei der wir auch gleich ausprobiert hatten, wie es ist, nicht einfach in den Urlaub zu fahren, sondern dabei zu arbeiten. Die Bilder sahen toll aus an der Decke und riefen viele Erinnerungen wach. Später sorgten sie dann eher für Schmerzen, als einige der Reißzwecken unbemerkt runterfielen und ich mich mit meinem Hintern draufsetzte. Patrizia, als hätte sie das geplant, kommentierte das nur mit einem belustigten »Upsi!!«.

Ich stellte die Pfanne auf den Gaskocher, drehte ihn auf und gab ein Glas Letscho in die Pfanne. Letscho ist ein Schmorgericht der ungarischen Küche, das grundsätzlich aus gelber Spitzpaprika, Tomaten und Zwiebeln besteht. Hier in der Gegend konnte man Letscho in jedem Supermarkt im Glas kaufen. Mit einem Löffel machte ich zwei Dellen in die Masse und schlug zwei Eier in sie hinein. Hernach muss man das nur noch etwas in der Pfanne backen lassen und hat eine regionale Variante des israelischen Schakschuka. Dazu schnitt ich Brot auf zum Tunken. Inzwischen aßen wir abends fast nur noch Pfannengerichte: Omeletts, Pfannkuchen, Bohnen mit Speck, Grillgemüse. Die sind lecker, und hinterher ist es ein Vergnügen, sauber zu machen. Mit einem Wisch ist alles weg. Eine Nomadenküche, auf das Nötigste zusammengeschrumpft. Nicht mehr die Küche, die für alle Eventualitäten vorbereitet ist.

Ich gab Patrizia zu verstehen, dass das Essen fertig sei. Sie setzte ihre Kopfhörer ab, und wir aßen und blickten auf den See. Es war acht Uhr abends und die Sonne noch weit davon entfernt unterzugehen. Jetzt waren nur noch wenige Menschen da, das Geschrei wich der Ruhe, samtige Sommerluft und weiter Himmel.

Halb ausgehungert wie so oft, schnappte sich Patrizia ein Stück Brot und zog es stürmisch durch das Schakschuka, aß mit Genuss, philosophierte dabei vor sich hin. »Manchmal stelle ich mir ja vor, wie es wäre, auf der Landstraße einfach das Lenkrad herumzureißen.«

»Bitte nicht«, sagte ich.

»Weißt du nicht, was ich meine?«

»Woher soll ich das wissen?«

»Na ja, der Schwindel der Freiheit. Als wenn man auf dem Balkon stehen und sich denken würde, wie leicht es wäre, sich runterzustürzen. Die Macht darüber zu haben, mit einer winzigen Bewegung über sein Schicksal zu entscheiden.«

»Denkst du das oft? Muss ich mir da Sorgen machen?«

»Es geht doch nicht darum, dass ich mich umbringen will, sondern wie schnell das einfach gehen kann. Dass man da Macht drüber hat. Es läuft ja alles in so geregelten Bahnen wie auf der Autobahn, alle halten sich an die Regeln, aber wenn nur ein Einziger rüberziehen würde, wäre alles vorbei, die ganze Ordnung. Das ist doch verrückt. Noch verrückter, dass eigentlich nicht mehr passiert. In dem Buch kam das als Beispiel vor, als Symbolbild, wie viel man selbst in der Hand hat. Der Schwindel ist positiv und gleichzeitig beängstigend, weil man vieles mit einem Finger-schnippen ändern könnte.«

»Nicht sehr schön.«

»Krasser kannst du über dein Schicksal nicht entscheiden. Es fasziniert mich, wie nah Chaos und Unordnung beieinanderliegen. Kierkegaard sagt, je größer die Bewegungsfreiheit, desto größer wird die Angst. Es ist leichter, jeden Tag um sechs aufzustehen, als jeden Tag neu entscheiden zu müssen. Freiheit ist nicht so wie in der Zigarettenwerbung.«

»Du meinst, sie ist anstrengend.«

»Ja, im Alltag halten wir uns an ein ganzes Arsenal von Regeln, um besser mit der Freiheit umgehen zu können. Ein Korsett, das uns davor bewahrt, jeden Moment entscheiden zu müssen. Aber aus Entscheidungen werden oft Zwänge. Doch das sind immer nur Projektionen unserer Entscheidungen, wir haben immer die Wahl.«

»Ich hab die Tage passenderweise mal wieder im ›Großinquisitor‹ gelesen, kennst du die Geschichte?«

»Ich glaube nicht.«

»Die ist von Dostojewski, es ist ein Teil seines Jahrhundertromans ›Die Brüder Karamasow‹. Also Folgendes, Spanien im 15. Jahrhundert, die Hochzeit der Inquisition, und wer kommt zurück auf die Erde? Jesus. Wandelt unter den Menschen, vollbringt ein paar Wunder. Der Großinquisitor hört davon und steckt ihn kurzerhand ins Gefängnis. Die restlichen neunzig Seiten sind sein Monolog darüber, was er Jesus vorwirft.«

»Und das wäre?«

»Dass er den Menschen die Freiheit versprochen habe. Aber die Menschen seien einfältig und schlecht, und die Freiheit flöße ihnen Schrecken ein. Nichts sei für die menschliche Gesellschaft unerträglicher gewesen als Freiheit.«

»Ah.«

»Der Großinquisitor nimmt sich Jesus richtig zur Brust, lässt kein gutes Haar an der Menschheit, meint, dass die Kirche alles auswetzen musste, was Jesus mit seinen hohlen Versprechen angerichtet hat. Er sagt zu ihm: ›Keine Wissenschaft wird ihnen

Brot geben, solange sie frei sind, aber es wird damit enden, dass sie uns ihre Freiheit zu Füßen legen und zu uns sagen, knechtet uns lieber, aber macht uns satt.‹«

»Sicherheit vor Freiheit.«

»So ungefähr. Ich habe dieses Buch schon zigmal gelesen. Da sind Sätze für die Ewigkeit drin. Zum Beispiel sagt der Inquisitor noch, dass es für den Menschen, wenn er frei geworden ist, keine quälendere Sorge gibt, als möglichst rasch jemanden zu finden, den er anbeten kann.«

»Der Mensch ist ein Vieh …«

»Exakt. Wenn man sich nur genau genug umschaut, sieht man, wie erschreckend wahr es ist.«

Patrizia dachte ein paar Momente lang nach. Nickte. »Ich habe mich gefragt, was passiert, wenn ich einen fundamentalen Zwang beseitige, der nichts weiter ist als eine getroffene Entscheidung, zum Beispiel eben die, in einer Wohnung zu leben? Was passiert, wenn ich stattdessen beschließe, auch ganz anders leben zu können, nämlich in einem Auto? Damit setze ich mich dem Schwindel der Freiheit aus, muss immer wieder entscheiden, wo stelle ich mich hin, wo schlafe ich. Kierkegaard hat recht: Damit habe ich zwar das Ausmaß meiner Freiheit vergrößert, aber auch das Ausmaß meiner Angst.«

# 30

Die Sonne brachte die Augen meiner Freundin zum Leuchten. Die Spannung der vergangenen Woche hatte sich gelöst. Kein Funken Streit zwischen uns. Gut, vielleicht ein Funken, höchstens zwei. Nichts Dramatisches. Der abgeworfene Ballast beflügelte uns.

Wir mussten weiter. Über die Landstraße fuhren wir zurück Richtung Hamburg, wo sich unsere Wege trennen würden, weil ich zu einer Lesung nach Süddeutschland musste, danach wollte ich noch ein paar Tage mit Freunden Kanu fahren. Patrizia graute jetzt schon davor, alleine mit dem Auto zu sein.

In Schwerin hielten wir an einem Waschsalon, es war wieder mal Zeit. Er lag neben einem Möbelladen und einer Bäckerei. Der Asphalt auf dem Parkplatz kochte, die Luft flirrte, das Land schien vor Hitze stillzustehen. Wir füllten eine Maschine und schmissen sie an.

Mein Telefon klingelte. Ich ging raus und unterhielt mich mit der *Zeit* über die Kolumne. Man wollte Änderungen, ziemlich viele, wenn ich mich recht erinnere, zu viele für meinen Geschmack. Gut, gut, sagte ich, legte wieder auf und ging rein. Patrizia saß auf einem Plastikstuhl. Es waren nur noch zwei andere Leute bei diesem Wetter im Salon, ein Paar in den hohen Sechzigern, das Zeitung lesend auf das Ende seiner Maschine wartete.

»Und?«

»Die meinen, ich hätte dich comichaft überzeichnet.«

»Schade, ich fand das lustig.«

»Dabei hab ich ja noch untertrieben, was deine Quadratlatschen angeht.«

Patrizia ließ ihre Füße baumeln.

»Und beim Geruch dergleichen«, fügte ich hinzu.

Blitzschnell hatte ich ihr Gesicht ganz, ganz nah vor Augen. »*Das* hast du nicht geschrieben!«

»Nein. Hab ich nicht. Wofür hältst du mich?«

»Was haben sie noch gesagt?«

»Ich soll dich nicht meine Geliebte nennen, das würde mich alt machen.«

»O Mann!«

Ich zuckte mit den Schultern. Patrizia fragte, wie ich sie stattdessen nennen würde, und ich sagte: »Meine kleine Saubohne.«

Das folgende Gelächter ließ die beiden anderen Kunden hochschrecken. Es dauerte eine Weile, bis wir uns beruhigt hatten. Das Paar widmete sich wieder dem Kreuzworträtsel in der Zeitung.

Patrizia lehnte sich zu mir rüber und flüsterte: »Meinst du, wir enden auch mal so?«

»Gibt Schlimmeres«, antwortete ich.

Eine halbe Stunde später war die Wäsche fertig, und Patrizia setzte sich hinters Steuer, lenkte die Aubergine zurück auf die Landstraße. Sie hatte immer noch Rückenwind vom See, sah gar nicht so verkrampft aus, während sie den Chrysler durch eine lang gezogene Kurve zwischen zwei dichten Baumreihen steuerte. Sie sagte, sie fühle sich schon wie ein Trucker. »Fehlt nur noch das Bier«, fügte sie lachend hinzu.

Dann wurde sie schlagartig blass. »Scheiße«, rief sie, »SCHEISSE!«

# 31

Ein paar hohe Thujen trennten den Platz leidlich von den angrenzenden Häuserblocks. Kein Fitzel Schatten, die Sonne brannte erbarmungslos auf die Aubergine und mich herunter. Camping Buchholz in Hamburg, direkt an der viel befahrenen Kieler Straße in Altona. Das Grundstück war nicht größer als ein Perserteppich und jeder Platz belegt. Das stand auch groß auf einem Schild am Eingang. Trotzdem fuhr alle paar Minuten ein neuer Pkw mit Wohnwagen oder ein Wohnmobil auf das Gelände, um kurz darauf umständlich wieder rückwärts rauszufahren.

Eindeutig Patrizias Schuld, dass wir hier unseren Standplatz gewählt hatten. Aber am nächsten Tag musste ich für die Lesung nach Freiburg, und Patrizia wollte nicht alleine mit der Aubergine in der Wildnis bei Küchen Aktuell stehen. Wofür ich eigentlich großes Verständnis hatte aufbringen können, aber jetzt, da sich gegen sechzehn Uhr an einem Donnerstag der Pendlerverkehr auf der Kieler Straße staute, sah es schon wieder anders aus.

Die Autos zuckelten zurück in die Vororte, und ihre Fahrer, obwohl sie es jeden Tag so machten, kamen natürlich nicht ohne das obligatorische Hupkonzert aus.

Wahnsinn bedeutet, laut Albert Einstein, immer wieder das Gleiche zu tun, aber jedes Mal auf ein anderes Resultat zu hoffen.

Apropos Wahnsinn. Der Grund für Patrizias Schrei auf der Landstraße war die ausgefallene Bordelektronik. Bei hundert Stundenkilometern. Tacho, Drehzahlmesser, Temperaturanzeige – alles plötzlich auf null. Wir im Blindflug über die Landstraße. Schockmoment, sofort angehalten. Die Minuten auf dem Standstreifen schwerwiegender als die leckende Heizung in unserer alten Wohnung.

Wir fuhren an die nächste Tankstelle. Ich dachte an einen Wackelkontakt, schließlich fuhr die Aubergine noch ganz normal. Ich überprüfte alle Sicherungen, Patrizia schaute in der Betriebsanleitung nach, aber natürlich gab es da keinen Eintrag zum Thema *plötzlich ausfallende Bordelektronik*. Die Sicherungen waren auch in Ordnung. Wir zuckten mit den Schultern und machten uns wieder auf den Weg. Hielten bei der nächsten Werkstatt an, doch da wimmelte man uns ab, keine Zeit. Aber ein paar Kilometer weiter stießen wir auf ein Autohaus, das auch Chryslerprodukte anbot.

Patrizia und ich gingen rein, schilderten einer Angestellten das Problem. Sie nickte verständnisvoll, sagte, das höre sie nicht zum ersten Mal. »Da müssten wir ein Ersatzteil aus den USA bestellen, das dauert zwei Wochen und ist auch noch ziemlich teuer.« Allerdings, fuhr sie fort, wirke sich der Ausfall auch nicht auf die Fahrleistung aus, also…

Wir bedankten uns, stiegen wieder ein und kehrten zurück auf die Landstraße. So war das dann eben.

Eine halbe Stunde später erwachte die Bordelektronik wieder zum Leben, und die Aubergine schnurrte wie eine griechische Straßenkatze nach einem gefundenen Fressen.

Auf dem Campingplatz war neben der Rezeption ein kleines Zelt aufgebaut, in dem ein paar Bierbänke standen. Ein luftiger Aufenthaltsraum. Ich setzte mich, versuchte, den Lärm beiseitezuschieben, und wollte ein paar Zeilen schreiben. Ich fing an, zerknüllte das Papier, fing wieder von vorne an. Es wurde nicht besser. Ich schaute in die Gegend, beobachtete das Kommen und Gehen.

Eine Chinesin mit einem großen Sonnenhut und in Shorts erkundigte sich an der Rezeption nach den Stoßzeiten im Hamburger Straßenverkehr. Als würde man bereits im Regen stehen und nach dem Wetter fragen.

Der Eigentümer des Campingplatzes – oder vielleicht auch nur der Manager – setzte sich ein paar Minuten später auf eine Zigarette zu mir und begann einfach so zu reden. Ich hatte ihn nichts gefragt. Hatte nur weiter in die Gegend gestarrt, mentale Kameraaufnahmen gemacht. Er erzählte mir, dass es in China inzwischen ein großer Trend sei, Wohnmobil zu fahren. Allerdings nur für diejenigen, die es geschafft hätten. Er lobte die Chinesen, vor allem für ihre außergewöhnlichen Kochkünste. Die würden nicht wie die deutschen Rentner immer mit den gleichen ollen Brötchen mit Butter, Wurst und Käse um die Ecke kommen, sondern sich abenteuerliche Fische in ihren Woks braten. Herrlich sei das. Aber Gott schütze uns, wenn es mit den Wohnmobilen und den Chinesen so weitergehe, dann seien die Straßen hier bald sehr, sehr verstopft. Die Infrastruktur könne ja jetzt schon kaum mithalten.

Tatsächlich eilt die Branche von Rekord zu Rekord. Der Trip im rollenden eigenen Wohnzimmer hat Hochkonjunktur. Allein in Deutschland gibt es fast eine halbe Million zugelassener Wohnmobile.

Ich überlegte derweil, ob ich nicht vielleicht zum Ikea fahren sollte. Da könnte ich noch ein paar Stunden Arbeit unterbringen, ein kleines Nickerchen in diesem bequemen Ohrenbackensessel obendrauf, und würde erfrischt wieder zurückkommen. Ja, das sollte ich tun.

Der Eigentümer riet mir allerdings davon ab, es könne gut möglich sein, dass sich dann jemand auf unsere Parzelle stelle. »Tut mir leid. Aber so kurz vorm Wochenende ist hier immer Chaos.«

Famos, ganz famos. Irgendjemand da oben wollte mich wohl testen. Ich holte mir ein Bier und trank es in ein paar Schlucken aus. Sah den Franzosen, Schweden und Schweizern zu, die über den Asphalt schlappten, sich in die Stadt begaben, Kinder im Schlepptau.

Überall die weißen Wohnmobile. Dazwischen die Aubergine. Und daneben ein Fall, der wohl sonderbarer als unserer war. Ein Zweimannzelt. Ohne dazugehöriges Auto. Und auch eher in eine Ecke gequetscht. Ich fragte mich, wer darin übernachtete, und tippte auf jugendliche Rucksackreisende.

Doch dann krabbelte aus diesem Zelt ein älterer Mann. Er streckte sich kurz, machte ein paar Dehnübungen und ging dann zwischen den gestauten Autos auf die andere Straßenseite in einen Supermarkt.

Zehn Minuten später war er wieder da. Zwei Sachen hatte er eingekauft, und damit setzte er sich auf eine der Bierbänke und aß zu Abend. Die ganze Zeit versuchte ich, nicht zu starren, doch es war fast unmöglich. Noch nie hatte ich jemanden etwas Merkwürdigeres zu Abend essen sehen.

# 32

»Wie war's auf der Arbeit?«, fragte ich Patrizia, als sie endlich aus dem Büro kam.

»So lala. Und bei dir?«

»Ich habe einen Kerl eine ganze Packung Calippo-Eis essen sehen. Dazu hat er einen Liter Milch getrunken.«

»Immerhin.«

Geistreicher wurden wir nach diesem Tag nicht. Wenigstens waren wir keine Touristen in einer neuen Stadt, die sich, gegen die Müdigkeit ankämpfend, noch mal aufrafften, weil man ja nichts verpassen darf. Wir konnten guten Gewissens in die Aubergine fallen. Irgendwann war der Lärm der Straße weniger geworden, alle Pendler zu Hause, satt nach dem Abendessen auf der Couch. Wir lasen noch ein paar Seiten, dann fielen uns schon die Augen zu.

Im nächsten Moment war es mit der Ruhe vorbei. Schreie vom angrenzenden Häuserblock. Sehr laute, alarmierende Schreie.

Ich kletterte aus der Aubergine.

»Was hast du vor?«

»Weiß auch nicht. Schauen, ob jemand Hilfe braucht. Polizei rufen.«

»Pass auf.«

Andere Camper kamen aus ihren Wohnmobilen.

Ich lief dem Platzwart über den Weg, der hatte bereits die Polizei am Apparat. Er legte auf und sagte: »Scheiße, was willste machen? Lauter Anderthalbzimmerwohnungen, fast alles Hartz IV.«

Die Polizei kam mit vier Streifenwagen, und die grauen Häuserzeilen wurden in blaues Licht getaucht. Ein paar Bewohner schlenderten auf den Gehsteig, sahen zu, wie auch noch ein fünfter Wagen herbeifuhr und zwei Beamte einen silbernen Rammbock aus dem Kofferraum holten.

Meine Aufgabe, wenn es denn je eine gegeben hatte, war somit beendet, und ich wollte schon wieder zurück, als zwei Typen sich neben mich stellten und eine Unterhaltung über die Vorgänge anfingen. Sie waren schmal, schlank und steckten in weißen Achselshirts. Der eine 25 vielleicht, der andere Anfang dreißig. Silberketten um den Hals, Tätowierungen auf den Oberarmen.

»Was ist denn da schon wieder?«

»Die sind beim Cem.«

»Ach du Scheiße! Haben die auch schon Hunde gebracht?«

»Jo.«

»Dann ist der am Arsch. Der hat da sechzig Pflanzen drin, LSD bis zum Abwinken und Amphe. Jetzt versucht er vielleicht, alles im Klo loszuwerden, aber das wär natürlich Völkermord.«

»Warum geht der so steil?«

»Manchmal trinkt er einfach zehn Stunden in der Schanze, und dann dreht er halt 'n bisschen durch.«

»Vielleicht hat er auch was von der Amphe genommen...«

»Nee, dann würd er doch den Alkohol gar nicht spüren, da biste stocknüchtern, kannste saufen wie ein Loch.«

»Dein Bruder ist übrigens auch da.«

»Was?«

»Ja, der steht auf dem Balkon, wollte schlichten oder so was.«

»O Mann, der steht doch mit einem Bein im Knast. Nächste Woche hat er Anhörung.«

»Ich sollte hier echt wegziehen.«

Etwas später kamen zwei Polizisten mit dem Übeltäter zwischen sich um die Ecke. Cem hatten sie von beiden Seiten gegriffen, sein Oberkörper war nach vorne gebeugt. Er war ein schmaler, halb nackter Kerl in Jeans, der vor sich hin grölte: »Ich bin eure Höööölllle! Fickt mich! Los, fickt mich, dann fick ich euch!«

Die Polizisten: »LSD-Gefasel.«

Die beiden Typen neben mir: »Eieiei, hat er wohl doch was genommen. Mann, weiß doch jeder: *Don't get high on your own supply.*«

# 33

Am nächsten Tag verabschiedeten wir uns an der U-Bahn-Station Hagenbecks Tierpark. Patrizia war blass um die Nase. Es stand ihr ins Gesicht geschrieben, wie sehr sie sich darauf freute, mit dem Auto alleine zu sein.

»Mach dir nicht so viele Gedanken«, sagte ich zu ihr, nahm sie in den Arm. Mir kam diese Angst total unnatürlich vor, ich wusste, dass sie Auto fahren kann, und was soll bei einem Automatikwagen schon schiefgehen?

» Gott, ich hasse Autofahren. Warum beschließe ich, in ein Auto zu ziehen, wenn ich nicht gern Auto fahre?«

»Weil du hoffst, dass ich die ganze Zeit fahre? Fredy, der alte Taxifahrer, und so?«

»Nein, weil ich mich zwingen will, dass ich das auch lerne. Weiß auch nicht, warum ich mich so anstelle.«

Ich schaute auf die Uhr. »Ich muss los«, sagte ich und küsste sie. »Beherrsche den Raum mit der dicken Kiste.«

»Wie soll ich das denn machen?«

»Fahr einfach wie ein amerikanischer Rentner. Keiner kann dir was.«

# 34

Die Lesung in Freiburg fand unter freiem Himmel statt, in einem schönen Innenhof. Es gab gekühlten Weißwein, Bier, ein paar Snacks. Die Anlage war gut, der Beamer auch. Jeder Platz war besetzt. Doch ich hatte Probleme, das Publikum zu lesen. Hatte das Gefühl, dass die Zuhörer hochgradig interessiert waren, aber dennoch skeptisch blieben. Meine Pointen und Witze zündeten nicht wie sonst. Es war ein anstrengender Abend.

Zufällig traf ich danach einen Freund aus alten Tagen, den es nach Freiburg verschlagen hatte. Wir gingen auf ein Bier. Unterhielten uns darüber, wie merkwürdig die Dinge manchmal laufen. Als ich ihn das letzte Mal gesehen hatte, war noch nichts von alldem abzusehen gewesen. Jetzt lebte ich in einem Auto und war dennoch nach der Lesung in einem Schriftstellerhotel untergebracht, in der Nähe des Bahnhofs. Mein Zimmer nannte sich Karasek-Zimmer und lag neben dem Biolek-Zimmer.

Ich fragte mich, was ein Schriftstellerhotel ausmacht. Die Lobby war schön, die Fassade war schön, aber in meinem Zimmer stand noch nicht mal ein gescheiter Schreibtisch. Na ja, ich will hier nicht meckern, vielleicht gab es da auch eine Steigerung. Die anderen Zimmer habe ich nicht gesehen.

Bevor ich abreiste, sollte ich noch was Schlaues ins Gästebuch schreiben. Mir fiel nichts ein. Also schrieb ich: »Vielen Dank für den guten Service«, wickelte mir ein paar Brötchen für die Fahrt in Papier und stieg in den Zug nach Frankfurt.

Mit meinen guten Freunden Dieter, Thorsten und Andreas ging ich zwei Tage auf der Fulda paddeln. Andreas erzählte mir, dass er ein verwildertes Gartengrundstück habe, ich solle es mir bei Gelegenheit mal anschauen, vielleicht wäre es ideal für eine Schreiberhütte.

Es war schön, eine Atempause zu haben. Ich freute mich trotzdem darauf, wieder mit Patrizia durch die Gegend zu ziehen, einen Schritt vor den anderen zu setzen. Während wir irgendwo am Fluss beim Lagerfeuer campierten, musste ich mich allerdings auch beherrschen, nicht ständig bei ihr nachzufragen, wie es der Aubergine ging.

# 35

Es war ein herrlicher Tag, als ich wieder zurück in Hamburg war. 35 Grad, blauer, wolkenloser Himmel. Es machte mir nichts aus zu warten. Patrizia war sowieso immer unpünktlich.

Ich überquerte die Straße beim U-Bahnhof Hagenbeck und stellte mich gut sichtbar an eine große Haltebucht für Busse. Ich hielt Ausschau nach einer wunderschönen Frau, die langsam wie ein amerikanischer Rentner durch die Gegend schlich.

Wir würden heute noch aufbrechen, um zu einem Festival zu fahren. Dort unser Lager für ein paar Tage aufschlagen. Das Ganze kombiniert mit einer weiteren Lesung. Also kostenlose Unterkunft für uns. Ich freute mich, Hamburg wieder hinter uns zu lassen, sprich die Großstadt. Bei der Hitze schienen nämlich alle durchzudrehen. Die Studien sind noch uneins, aber die Erfahrung sagt eindeutig Ja.

Ich rauchte eine Zigarette, dann noch eine. Auf Textnachrichten reagierte sie nicht, und ich dachte, es sei besser, sie nicht mit einem Telefonanruf zu erschrecken.

Mit der nächsten Ampelschaltung kam sie auf einmal um die Ecke gedonnert. Ihre Haare wehten aus dem offenen Fenster. Musik laut bis zum Anschlag. Ein großes Lächeln auf dem Gesicht. Gesunde Farbe.

Mit quietschenden Reifen kam sie neben mir zum Stehen. »Na, wohin des Wegs, guter Mann?«

# 36

Wir machten einen kleinen Schlenker über einen See in der Nähe von Lüneburg.

Die paar Tage alleine hatten auch Patrizia gutgetan. Sie sagte, es habe ihr recht wunderbar gefallen, nur sie und die Aubergine, autark unterwegs, großes Gefühl der Unabhängigkeit. Auch wenn sie sich teilweise gefühlt habe, als würde sie eine einsame Katzenlady werden, die Sardinen aus der Dose löffle.

Wir kamen am See an, das Ufer war zugebaut mit drei Campingplätzen, alle direkt nebeneinander. Eine Armada von weißen Wohnmobilen. Kein Handtuch passte mehr dazwischen. Da begibt man sich aus der Stadt raus, rottet sich aber sofort wieder zusammen und imitiert den vorherigen Wohnzustand. Es war zum Heulen. Mir fehlten die Zeltplätze in den USA. Da hat jeder einen Parkplatz, eine Bank, eine eigene Feuerstelle, fertig. In Deutschland heißt Zeltplatz eigentlich immer noch, dass mehr verboten als erlaubt ist. Und die meisten sind sowieso mit Vorsicht zu genießen. Ich habe die Leute noch nie verstanden – ebenso wenig wie das Konzept der 11. Dimension oder der Tupperware-Partys –, die den Weg in die Walachei nicht scheuen, dann aber draußen am Wagen eine Satellitenschüssel gen Fernsehmekka gerichtet haben.

Ganz in der Nähe lernten wir Jürgen kennen.

Am Rand des großen Campingelends vermietete jemand Parkplätze auf einer Wiese. Keinerlei Infrastruktur außer einem Toilettenhäuschen. Der Platz kostete nur drei Euro die Nacht. Als wir auf der Wiese ankamen, war Jürgen mit seinem ausgebauten Mercedes Sprinter schon seit einer Woche da.

Die Hintertüren des Lieferwagens waren offen, die Bettdecke hing draußen zum Lüften. Jürgen saß auf der seitlichen Laderaumkante, beobachtete den Holzkohlegrill zu seinen Füßen. Ich fragte ihn, ob wir unsere Würstchen zu seinen Frikadellen legen könnten. Er nickte, sagte nichts. Wir setzten uns und sagten auch erst mal nichts.

Zehn Minuten später fing er an zu reden. Dass er keinen Bock mehr auf die Gesellschaft habe, den Lärm, die unfreundlichen Menschen, das Grau der Städte, Verbote an jeder Ecke, ständige Beschallung mit Werbung, seelenlose Scheiße. Jürgen wollte autark sein, dieses Wort benutzte er häufiger. Oben auf dem Dach hatte er eine Solaranlage, die ihm kostenlosen Strom lieferte und für warmes Wasser sorgte. Im Heck das große Bett mit grandiosem Blick, wenn beide Türen offen waren. Neben einer in Holz eingefassten Spüle stand eine Schüssel voller Äpfel, von einem Haken hing ein Netz Orangen. Ein Unterbaukühlschrank summte. Im Gegensatz zu unserer Küche in den Bananenkisten hatte Jürgen eine richtige.

Über einen Bluetooth-Lautsprecher ließ er Elektromusik laufen, steckte sich eine Zigarette in den Mund. Besonders gesprächig war er nicht, deswegen konnte ich leider nicht so viel in Erfahrung bringen, wie ich wollte. Ich schätzte ihn um die fünfzig. Er sagte, er sei in Frührente. Als wir ihn trafen, waren wir noch gar nicht so lange unterwegs, und unsere Aufgeregtheit als Anfänger knallte auf Jürgens Ernsthaftigkeit.

Patrizia meinte später, er habe die Aura eines Untergetauchten gehabt.

# 37

Luhmühlen ist ein kleiner Ort zwischen Lüneburg und der Heide, der bekannt für seine Vielseitigkeitsreiterei ist. Auf den ersten Blick erschien mir die Gegend ideal für eine deutsche Telenovela rund um zwei verfeindete Pferdezüchterfamilien. Das Festival fand etwas weiter draußen auf dem großen Turnierplatz statt. Morgen sollte ich dort einen Vortrag über die Hobos halten.

»Wie viel kriegst du eigentlich dafür?«, fragte Patrizia, während wir auf das Gelände fuhren und den Wagen an einem Bürocontainer parkten. »Künstler und VIP« stand draußen dran.

»150.«

»Oh.«

»Klar, nicht ganz angemessen für einen VIP wie mich. Aber dafür dürfen wir vier Tage auf dem Gelände bleiben. Könnte ganz nett sein.«

Wir holten unsere Bändchen ab und wurden zum Crew-Camping geleitet, was sich interessant anhörte (große Kühltaschen mit Bier, bequeme Liegestühle, Hängematten, ein Lagerfeuer, das nie ausgeht), dann aber als eine sehr, sehr große Wiese entpuppte, die mit Unmengen Zelten und Autos zugestellt war.

Eine Weile suchten wir zwischen alldem nach einem ruhigen Plätzchen. Es war unmöglich. Ich dachte an die Geschichte über den Mann, der alleine auf der Welt unterwegs war. »Nie im Leben schlafen wir hier«, sagte Patrizia.

Ich zuckte mit den Schultern. Schatten gab es auch keinen. Was ist bloß los mit den Leuten, dass sie das geil finden? Was ist bloß los mit *uns,* dass wir das nicht geil finden?

# 38

Der Supermarkt öffnete um acht Uhr morgens, und Viertel nach waren wir bereits drinnen.

Gestern Abend hatten wir im angrenzenden Salzhausen einen schönen, schattigen Parkplatz neben einem Freibad und ebendiesem Supermarkt gefunden. Wir konnten uns mit dem Hintern der Aubergine Richtung Wald stellen, es war herrlich ruhig.

Im Supermarkt gab es eine kleine Bäckerei mit ein paar Tischen. Wir bestellten uns Kaffee und arbeiteten drei Stunden vor uns hin. Patrizia setzte sich so, dass ihr niemand in den Computer schauen konnte, denn sie ging zu dieser Stunde schon der Aufgabe nach, das Pornoportal X-Hamster nach weiteren illegalen Spannervideos zu durchforsten. Ich bereitete mich derweil auf meinen Auftritt vor.

Kurz bevor wir uns zum Festival aufmachten, gingen wir ans Tiefkühlregal. Am Vorabend hatten wir noch ein paar 1,5-Liter-Wasserflaschen neben türkischer Eiscreme deponiert. Sie waren immer noch da, wir nahmen sie raus, bezahlten an der Kasse für das gefrorene Wasser und nutzten sie als kostengünstige Kühlakkus.

Der Vortrag sollte um zwölf Uhr stattfinden, in einer Art Zirkuszelt. Ich ging Viertel vor rein, und sofort lief mir der Schweiß am Rücken entlang.

Ich hoffte, dass niemand auftauchte. Was bei der Hitze gar nicht so unwahrscheinlich war. Sicherheitshalber richtete ich mich am Rednerpult ein. Irgendjemand stellte mir ein warmes Bier hin. Die Temperatur muss bei etwa 45 Grad gelegen haben, meine Achseln waren sehr nass, und das warme Bier machte Kopfschmerzen.

Punkt zwölf war es auf einmal so voll, dass sich das Publikum bis zum Eingang staute. Schockiert und erfreut fragte ich mich, ob die alle nichts Besseres zu tun hatten.

Ich fing an.

Doch die Hitze ließ mich die Sätze falsch rausbringen, und am Ende war ich erschöpft wie nach einer Wüstenwanderung, mein Mund trocken wie Watte. Das warme Bier machte alles nur noch schlimmer.

Nicht enden wollenden Applaus und zehn Verbeugungen hinter mir spazierten Patrizia und ich über das Gelände. Jede Menge junger Familien, Bühnen, Workshops. Auf diesem Festival hatten sehr viele Menschen ein Interesse an alternativen Lebensformen. Was ist möglich abseits der Religion des Konsums? Patrizia und ich stellten uns ja die gleichen Fragen, und deswegen lebten wir nun im Auto, fuhren durch die Gegend mit all unserer Habe und einem Basilikum und einem Rosmarin auf jeder Seite des Bettes.

Dennoch konnte ich mich hier für nichts so recht interessieren. Ich weiß nicht genau, woran es lag. Vielleicht daran, dass das Alternativsein so organisiert war, oder aber auch daran, dass es hier nach Szene roch. Wir holten uns auf der Fresswiese ein paar Fritten und setzten uns an einen der Tische. Vier Tage dauerte das Festival. Und ich hatte keine Ahnung, was ich vier Tage auf so einem Festival machen sollte.

»Hast du Lust, noch hierzubleiben?«, fragte ich Patrizia.

»Nicht im Geringsten«, antwortete sie.

Nach der Rückkehr auf unseren ruhigen, schattigen Parkplatz im Nachbarort öffneten wir alle Türen, legten uns auf die Matratze und tranken (endlich) ein eiskaltes Bier aus unserer Kühltasche.

Wir atmeten durch. Auf einem viel kleineren Fleck, aber wir atmeten durch. Vom Wald wehte eine ganz leichte grüne Feuchte herüber, und das Geschrei aus dem Freibad war weit genug entfernt, um heimelig zu wirken.

»Oh, schau mal«, sagte Patrizia. Anscheinend hatte sie etwas auf dem Vordersitz entdeckt. »Ich fass es nicht.« Sie stellte ihr Bier ab und nahm das Etwas in ihre Hände. »Eine Heuschrecke!« Das kleine Wesen war hellgrün, etwa fünf Zentimeter groß. »Wie süß.« Patrizia setzte sie neben die offene Tür.

Nach einer Weile fragte sie, wo wir als Nächstes Station machen sollten.

»Die Lesung in Paderborn ist in einer Woche. Wir können ja schon mal in die Richtung fahren. Lass mal schauen, was der Atlas sagt.«

Inzwischen war das eine unserer liebsten Tätigkeiten: einfach die Karte konsultieren. Wie ein Oujabrett, das einem bei den kniffligen Fragen des Lebens hilft. Atlanten und Karten sind eine wundervolle Erfindung der Menschheit. Bis auf die Tatsache, dass sie nicht handlich sind, sind sie in allen anderen Bereichen ihren digitalen Gegenstücken meilenweit überlegen. Um nur einen Grund zu nennen: Eine Karte bedeutet Übersicht. Man steht auf einem Hügel und hat einen Blick bis zum Horizont. Google Maps und alle anderen zweifellos praktischen Orientierungshilfen gleichen eher einem Standpunkt im dichten, dunklen Wald. Man kann immer nur ein paar Meter vorausschauen.

Mit den Fingern fuhren wir die Strecke nach Süden entlang. »Hier«, sagte ich und tippte auf einen Ort in der Nähe von Paderborn. »Wie wäre es damit?«

»Rinteln? Noch nie gehört.«

»Ich auch nicht. Aber es scheint dort ziemlich viele Seen zu geben.«

»Na, worauf warten wir dann noch?«

# 39

Kurz vor Soltau, in der Nähe des Deutschen Panzermuseums, fielen uns auf der Landstraße Wohnwagen auf, die einer nach dem anderen einfach am Waldrand standen.

»Merkwürdig«, sagte Patrizia.

Erst beim sechsten Wohnwagen kapierten wir, was hier los war. Manchmal sind wir anscheinend schwer von Begriff. Das Fenster war offen. Neben dem Wagen stand eine rote Laterne. Innen sah man eine nackte Frau, die sich eincremte.

»Krass«, entfuhr es Patrizia. »Darf man das denn?«

Man darf. Fast 200 solcher Wohnwagen und Wohnmobile sollen sich an den Ausfallstraßen in Niedersachsen befinden.

»Hm, schau mal, auf dem Schild da vorne steht, dass hier ein Truppenübungsplatz ist. Das erklärt so einiges.«

# 40

Entlang der Weser. Ewige Felder, weite Höfe. Überall konnte man Eier und Heidelbeeren kaufen, Wurst aus Automaten. Eine ruhige Gegend, genau das Richtige. Wir fuhren schweigend dahin, jeder hing seinen Gedanken nach. Die Musik lief, aber wir beachteten sie kaum. Die Fenster waren offen, Patrizias Haare wirbelten im Luftzug. Dann lehnte sie sich nach vorne und schaute auf eine Stelle unter dem Windschutz.

»Alles klar?«, fragte ich.

»Die Heuschrecke ist immer noch da!«

»Meinst du, es ist die gleiche?«

»Wäre schon ein komischer Zufall.«

»Ein kleiner Hobo, diese Heuschrecke. Wo, meinst du, will sie hin?«

## 41

Immer wieder hielten wir an und versuchten, Eis für die Kühlbox zu kaufen. Immer wieder vergeblich. Die Hitze hatte Deutschland so fest im Griff, dass es überall ausverkauft war. In den Supermärkten waren die Kühlanlagen überlastet und abgedeckt mit Folie. Die Kunden schwitzten wie Leistungssportler und waren noch drei Regalreihen weiter zu riechen.

Einige Seen waren bereits gekippt, und die große Schlagzeile am Zeitungsstand lautete: »Erster Eisbecher explodiert!« Die *Bild*-Zeitung, wer sonst? Die Angstschleuder schafft es tatsächlich, aus allem eine Katastrophe zu machen.

Danach kauften wir immer seltener Eis, weil wir uns darauf konzentrierten, Lebensmittel zu verwenden, die nicht unbedingt ständige Kühlung benötigten. Auch eine große Erleichterung: diese ganzen Sachen los zu sein, die früher im heimischen Kühlschrank ein untotes Dasein fristeten.

## 42

Wir brauchten immer noch zwei ordentliche Campingstühle. Das wäre ein Qualitätszuwachs. Patrizia konnte zwar überall auch lässig im Schneidersitz rumhocken, für mich allerdings war das auf Dauer nichts, aus diversen Gründen, auf die ich nicht näher eingehen will.

»Rentner, ne?«, neckte Patrizia mich.

»Leck mich.«

Kurz vor unserer Ankunft in Rinteln klapperten wir ein paar Baumärkte ab. Auch hier Panikkäufe. Bevor der nächste Halt ebenfalls wieder umsonst sein würde, rief ich sicherheitshalber an.

Die Frau am anderen Ende der Leitung meinte: »Jawohl, drei Stück haben wir noch.«

»Super.«

»Allerdings in Deutschlandoptik.«

»Was für eine Optik?«

»DEUTSCHLANDOPTIK. Die sind noch übrig von der WM.«

Ich schaute Patrizia an. Eigentlich hatte ich mir ein schönes Anglergrün vorgestellt. Oder Meeresblau. Außerdem wollte ich nicht unbedingt ständig an die miserable Leistung der Nationalmannschaft erinnert werden.

Ich zögerte. »Ich weiß nicht.«

»Jetzt habe ich nur noch zwei.«

»Okay, wir kommen sofort.«

# 43

Der Bordcomputer fiel mal wieder aus. Diesmal etwas heftiger. Die Anzeigen flackerten wie Discolichter.

Wir drei im Licht der untergehenden Sonne auf einem Feldweg neben dem Doktorsee in Rinteln. Die Aubergine sprang nicht mehr an, die Wegfahrsperre ließ sich nicht mehr entriegeln.

Der See war leider auch nichts. Zwar groß, aber sehr erschlossen. Ein Campingparadies mit mehreren Einfahrten beziehungsweise »Toren«.

»Ich nehme an, das Auto will uns was sagen.«

»Aber was?«

»Wenn ich das wüsste.« Ich drehte uns zwei Zigaretten.

Wir gönnten der Aubergine eine Pause. Pafften.

Könnte sein, dass wir trotz des entspannten Eindrucks etwas panisch waren. Schließlich war es nicht so, dass wir zurück in eine Wohnung konnten, falls es mit dem Wagen abrupt bergab gehen sollte.

Als wir mit den Zigaretten fertig waren, probierte ich es noch mal mit der Zündung. Der Chrysler sprang an. »Halleluja«, sagte Patrizia.

# 44

Wenn die Provinz unterschätzte Gegend ist, dann sind Bibliotheken unterschätzte Institutionen. Man kann sich dort in unserem digitalen Zeitalter den ganzen Tag aufhalten, kann sich vertiefen, lesen, nachdenken, arbeiten – alles ohne auch nur einen Cent zu zahlen. Leider sinkt die Zahl der Bibliotheken seit Jahren.

Eine Woche lang kamen wir fast jeden Tag in die Stadtbücherei Porta Westfalica. Es war eine kleine ebenerdige Bibliothek mit nur wenigen Arbeitstischen, dafür aber mit einer umso wärmeren Atmosphäre. Die Damen, die dort alle ehrenamtlich arbeiteten, rissen sich geradezu um uns. Je länger wir blieben, je mehr Fragen wir hatten, desto glücklicher waren sie. »Wissen Sie«, sagte eine von ihnen, »die Politik erzählt viel, wenn der Tag lang ist. Posaunt raus, wie wichtig Bildung sei. Aber wenn wir es nicht machen würden, gäbe es hier überhaupt keine Bibliothek.«

Patrizia recherchierte, ich schrieb, las meine E-Mails. Seit auch noch die wöchentliche Kolumne in der *Zeit* lief, bekam ich immer mehr Zuschriften: von Leuten, die über ihr eigenes Leben im Auto erzählten, und Leuten, die uns einen persönlichen Rastplatz anboten. Die Arbeitstische standen am Fenster, man hatte einen Blick auf die bewaldeten Hügel. Über einem thronte das Kaiser-Wilhelm-Denkmal. Die Bibliothekarinnen rieten uns, es unbedingt zu besuchen, es sei erst vor Kurzem nach langer Renovierung wieder eröffnet worden.

Während wir so vor uns hin puzzelten, fand am Tisch neben uns der Sommer-Leseklub statt. Er bestand nur aus zwei Teilnehmern. Einer blonden Frau und einem Mädchen, das offensichtlich nicht ihres war. Die beiden lasen gemeinsam eine Geschichte. Danach sprachen sie über den Inhalt. Ich fand es sehr berührend. Da draußen war so ein schöner Tag, wahrscheinlich waren alle Freunde des Mädchens im Freibad oder im Urlaub, und es saß hier an diesem Tisch und schien mir so ernst, bemüht und gleichzeitig sehr zufrieden zu sein.

Ich liebe Bibliotheken. Patrizia ebenso. Wäre sie nicht Journalistin geworden, dann vielleicht Bibliothekarin. Am liebsten auf einer Insel, die oft in Nebel getaucht ist. Lesen, dafür bezahlt werden und dabei kiloweise Erdnüsse futtern.

Ich träume schon lange davon, eine Reise zu den schönsten, ältesten, besten Bibliotheken der Welt zu machen. Neulich erst, 2018, wurde die neue Zentralbibliothek in Helsinki eröffnet. Ein grandioser Bau, halb Holz, halb Glas, der an ein Schiff erinnert, eine Arche. Der Direktor sagte dazu ein paar sehr interessante Worte, die mir in Erinnerung geblieben sind. Zum Beispiel, dass es gerade in einem Land mit nur 5,5 Millionen Einwohnern wichtig sei, dass jeder sein volles Potenzial ausschöpfe. Dass die Bibliothek ein Ort für Alteingesessene und Neubürger sei, um über die Welt zu lernen, die Stadt und sich selbst. Sie verpflichtet sich dazu, offen zu sein und alle ohne Urteil oder Unterschied willkommen zu heißen.

Büchereien sind soziale Infrastruktur, sie übernehmen eine hohe Gemeinschaftsaufgabe. Man darf sie nicht als etwas Selbstverständliches betrachten. Es sind Orte, an denen dir niemand etwas aufschwatzen will, an denen du nichts kaufen und auch sonst keine Transaktion machen musst. Radikal in ihrem Selbstverständnis des Teilens – und das ist ein Luxus in unserer immer mehr durchkommerzialisierten Welt.

# 45

Das Kaiser-Wilhelm-Denkmal steht auf dem Wittekindsberg oberhalb des Weserdurchbruchs. Es wurde Ende des 19. Jahrhunderts gebaut, im sogenannten Zyklopenstil des Spätwilhelminismus. Auf Deutsch: absoluter Steinbombast. Eines der letzten Großdenkmale, die den Kaiser in den Mittelpunkt stellten. Anlass war die Gründung des Deutschen Kaiserreichs nach dem Deutsch-Französischen Krieg.

Das Denkmal ist 88 Meter hoch und umgeben von einer Ringterrasse. Prunkstück ist die Bronze Wilhelms I., die sich in einem

Kuppelbau befindet. Der Kaiser trägt Uniform mit hohen Stiefeln und seinen Waffenrock. Von den Schultern wallt sein Krönungsmantel. Die linke Hand hat er auf den Pallasch gestützt, die rechte samt Arm erhoben. Wie man das halt macht, wenn man über allem thront.

Vor Kurzem hat jemand sich den Spaß erlaubt, an einem Finger der Kaiserhand ein Jo-Jo anzubringen. Die Stadt hat es wieder entfernt. Schade, dass die Verwaltung die Aktion nicht mit Humor nehmen konnte.

Seht her, ich habe die Franzosen mit einem Jo-Jo besiegt!

Patrizia und ich parkten die Aubergine auf dem Besucherparkplatz und schleppten unsere Kühltasche samt Picknickutensilien in Richtung der massiven Steintreppen zu Füßen Kaiser Willys.

Ich fragte mich, ob man mir auch irgendwann eine Statue irgendwo auf einen Hügel setzen würde. Und wenn ja, was müsste ich dafür getan haben? Kriege waren früher natürlich immer gut, aber das ist wirklich nicht mein Metier, höchstens fiktional. Vielleicht sollte ich eher auf die Benennung eines neuen Flughafens hoffen. Auch eher unwahrscheinlich. Dafür müsste man in Deutschland erst mal wieder in der Lage sein, erfolgreich einen zu bauen. Wie wäre es mit einer Bronze mitten in der Stadt, so wie die von Monaco Franze in München-Schwabing oder die von Hemingway in Pamplona? Das würde mir ganz gut gefallen. Am Ende wird vielleicht nur eine Straße nach mir benannt, ich kenn doch mein Glück. Irgendein obskurer Wendehammer oder, fieser noch, eine Sackgasse. Aber besser als nichts. Hauptsache, es passiert noch zu meinen Lebzeiten.

Wir setzten uns. Schnitten Salami und Käse auf, öffneten ein Glas Oliven, köpften wieder eine Flache Vinho Verde. Seit unserer ersten gemeinsamen Reise nach Portugal ist uns der frische Wein sehr ans Herz gewachsen, immer verbunden mit den Erinnerungen an die Zeit, als alles neu war.

Ein leichter Wind wehte uns um die Nase, der Blick schweifte ausschweifend. Nach Nordosten die Weser entlang ins norddeutsche Tiefland. Von dort waren wir gekommen. Jenseits des Flusses mehr nach Osten als nach Süden das Wesergebirge. Auf dem Jakobsberg war der Fernmeldeturm deutlich zu erkennen.

Ein paar Treppen weiter oben, direkt vor der Bronze, bildeten ein paar Christen einen Kreis und sangen Kirchenlieder. Während am Horizont die Sonne unterging und das Land in ein dem Auge gut schmeckendes Licht tauchte, stimmten sie »Ewiger Gott« an. In einiger Entfernung beobachtete eine muslimische Familie die Szene. Der Vater zückte die Kamera und schoss ein paar Fotos. Erst von den Sängern, dann von der Umgebung, den Höhenzügen, und ich fragte mich, ob er wusste, dass unser großer Feldherr Hitler, als die Luftangriffe der Alliierten 1944 immer stärker geworden waren und der Krieg sich dem Ende zuneigte, beschlossen hatte, seine unter Beschuss geratene Großindustrie in diesen so harmlos aussehenden Hügeln unter Tage legen zu lassen; ob er wusste, dass Göring über die Hügel stolziert war, um nach Stätten Ausschau zu halten, an denen man dem Germanenkult huldigen könnte.

Nach dem zweiten Becher Wein sagte Patrizia, sie würde gerne an den Wörthsee in Bayern fahren. »Da, wo alles mit uns angefangen hat.«

»Da hätte es auch enden sollen.«

»Du!«

»Schau uns doch an. Hätten wir das mal eine Sommerliebe sein lassen. Jetzt wohnen wir in einem Auto, und unser Leben liegt im Straßengraben.«

Patrizia schlug mir auf die Schulter, dann gab sie mir einen Leberhaken. Ich wehrte mit meinem Ellbogen ab. Sie lachte.

»Meinst du, wir haben damals schon gewusst, wo uns der Weg hinführen wird?«

»Ach wo, aber ich glaube, wir haben beide geahnt, dass uns der Weg *irgendwohin* führen wird, wo es nicht langweilig ist.«

Es wurde dunkel und die Weser zu einem schwarzen, langen Band. Die Christen stimmten ein Halleluja an.

# 46

Um 23 Uhr verwandelte sich der ruhige Besucher-parkplatz am Kaiser-Willy-Denkmal in eine Partyzone.

Nach der zweiten Flasche Wein hatten wir es für eine gute Idee gehalten, nicht mehr zu fahren. Wir können also auch vernünftig sein. Was aber nicht unbedingt mit klug gleichzusetzen ist.

Ein Wagen nach dem anderen röhrte an uns vorbei. Tiefergelegt, mit teuren Lautsprechersystemen, grell lackiert. Eine Horde Autofreunde kullerte aus den Karren, richtete sich auf dem Parkplatz ein mit Einweggrills, Bierkisten, Shishas und natürlich lauter Musik, die von den Felswänden widerhallte.

»Muss das denn sein?«, fragte Patrizia genervt. »Ich war schon fast eingeschlafen!«

Ich zuckte mit den Schultern. »Vielleicht sollten wir einfach mitfeiern? Mit den Wölfen heulen und so.«

Patrizia schaute mich an, als hätte ich gerade vorgeschlagen, zum Frühstück keinen Kaffee mehr zu trinken.

»Hast recht«, sagte ich. »Ich will auch schlafen.«

Wir verließen die Parkplatzfeier und fuhren den Berg hinab. Weiter unten hatte ich auf dem Hinweg einen Wanderparkplatz gesehen. Es war stockdunkel, unsere Scheinwerfer schnitten Kegel in die Nacht. Schließlich verlangsamte ich die Aubergine und bog auf den Parkplatz.

»O scheiße, was ist das denn?«, sagte Patrizia.

Er war nicht so leer, wie wir uns das vorgestellt hatten. Ich brachte den Wagen zum Stehen, und ein paar Gestalten hielten sich die Hände vors Gesicht. Zigaretten glimmten. Männer und Frauen standen zusammen in Anbahnung des ältesten Gewerbes der Welt.

Ich blendete ab. Wir wollten sie nicht stören.

# 47

Wenig später parkten wir unten an der Weserbiegung. Auf der anderen Flussseite lag einst das Hotel Großer Kurfürst. Dort residierte jene Abteilung, die für die Verlegung der Industrie in die hiesigen Berge zuständig war – die Sonderinspektion I der SS.

Dazu mussten Stollen gegraben werden. Dazu brauchte man Arbeitskräfte. Die bekam man unter anderem aus dem KZ Neuengamme bei Hamburg. Man verfrachtete die Häftlinge kurzerhand hierher und brachte sie in einem anderen Hotel in der Nähe unter, im Festsaal des Kaiserhofs. Hört sich gar nicht so schlecht an, könnte man meinen, besser zumindest als KZ. Tatsächlich pferchte man auf 375 Quadratmetern 1500 Menschen zusammen. Einer von ihnen hat in die Wand geritzt: »Hier leben die Toten.«

Die Arbeitssklaven mussten unter dem Jakobsberg, aber auch unter dem Kaiserdenkmal schuften, sprengen, abtransportieren, um Platz für neue Rüstungsanlagen zu schaffen. Etliche kamen dabei um, die Anlagen wurden nie in Betrieb genommen. Bei den Nazis firmierte das Unternehmen unter dem Namen Dachs 1, bei den Zwangsarbeitern als Hölle 1.

Das Kurfürst ist übrigens kein Hotel mehr. Sondern ein Laufhaus.

Wir schliefen ein zwischen dem strahlenden Neonpink des Puffs und dem hell angestrahlten Willy oben auf dem Berg. Mit seinem ausgestreckten Arm machte er den Eindruck, als wäre alles unter Kontrolle.

Geschichte. Man wird einfach nicht schlau aus ihr. Meiner Meinung nach gibt es ohnehin zu viel davon.

# 48

Seit der Beerdigung von Onkel Leo vor vier Jahren hatte ich Tante Lisa nicht mehr gesehen. Beide Russlanddeutsche. Ich hatte sie ausgiebig für »100 Gramm Wodka« interviewt, in dem ich mich mit meiner Familiengeschichte auseinandersetzte. In diesem Sinne war Lemgo für mich viel mehr als nur ein Zwischenstopp auf dem Weg nach Paderborn. Ich wollte Patrizia unbedingt diesen Teil meiner Familie, meiner Herkunft zeigen.

Wir waren bei Tante Lisa zum Essen eingeladen, hatten aber noch über eine Stunde Zeit. Tante Lisa legt Wert auf Pünktlichkeit. Nicht zu früh und nicht zu spät.

»In Lemgo gibt es ein Hexenbürgerhaus«, sagte ich zu Patrizia.

»Oha, das hört sich spannend an«, antwortete die ehemalige Klosterschülerin.

»Hast du Lust?«

»Muss leider noch was arbeiten.«

Ich ließ Patrizia im Café Schöne Aussicht zurück, wo sie zwischen Ausflüglern, die Bienenstich mit Schlagsahne verzehrten, fleißig auf ihrem Computer rumtippte.

Im Mittelalter lag Lemgo an der Kreuzung zweier wichtiger Handelswege. So beginnt oft die Geschichte des Aufstiegs. Tatsächlich gehörte die heutige Hochschulstadt mit 41 000 Einwohnern bald zur Hanse. Man handelte, man war erfolgreich, man wuchs. Der neue Reichtum drückte sich in vielen reich verzierten Steinbauten aus. Eines der schönsten Gebäude dieser Zeit ist ausgerechnet das Hexenbürgerhaus an der unteren Breiten Straße in der Stadtmitte, das an das dunkelste Kapitel in Lemgos Geschichte erinnert. In diesem Haus, heute ein Museum, wohnte Bürgermeister Hermann Cothmann, der im 17. Jahrhundert nichts lieber tat, als Hexen zu verfolgen.

Lemgo hatte damals als einzige lippische Stadt die Blutgerichtsbarkeit, was heißt, sie hatte das Recht, bei bestimmten Straftaten über Leben und Tod ihrer Bürger zu entscheiden. Schätzungsweise 250 Menschen fielen den Hexenprozessen zum Opfer, achtzig Prozent davon Frauen. Lemgo wurde deswegen weitläufig »das Hexennest« genannt.

Im Prinzip konnte jeder Einwohner angeklagt werden. Da genügte schon die Beschuldigung durch eine bei Cothmanns zu Haus herumsurrende Stubenfliege. Aber, lieber Himmel, wer sollte denn so etwas tun? Und warum? Nun, da gibt es Nachbarn, Bekannte, Freunde, Verwandte. Es gibt Ehebruch, Eifersucht, Neid, Missgunst, Habgier, Machtstreben – und das sind nur die Motive, die einem sofort in den Sinn kommen. Der Mensch war, ist und bleibt eben ein Vieh.

Allerdings durfte niemand ohne Geständnis verurteilt werden. Aus heutiger Perspektive ist das allerdings eher als Witz mit grausiger Pointe zu verstehen. Denn am Ende wurde unter der »peinlichen Befragung« natürlich von jedem ein Geständnis erzwungen. Im besten Falle wurden mithilfe der Folter auch noch »Mitwisser« rausgepresst, die man umgehend als Nächste drannahm. Danach wartete der Scheiterhaufen. Wer Glück hatte, wurde begnadigt. Also mit dem Schwert geköpft.

Den Hexenglauben gab es da eigentlich schon eine geraume Weile. Ein recht weitverbreiteter Aberglaube, dessen Wurzeln im vorchristlichen Götterglauben zu finden sind. Aber im Verlauf des 15. Jahrhunderts lief das Ganze etwas aus dem Ruder, wenn man das so sagen darf, und die Leute fingen an zu glauben, dass Hexen und Zauberer mit ihren unchristlichen Riten die Weltherrschaft an sich reißen wollten.

Hört sich irgendwie bekannt an.

Hauptelemente des Hexenglaubens waren in den Augen der Verfolger der Teufelspakt und die damit eng verbundene Teufelsbuhlschaft – der Geschlechtsverkehr zwischen Hexe und Teufel –, der Hexensabbat mit der ikonischen Besenfliegerei sowie der Schadenzauber.

Wie so oft leistete die Literatur dem Unheil Vorschub, indem sie der Verfolgung missliebiger Mitmenschen eine theoretische Rechtfertigung verlieh. Auch das hört sich unheimlich bekannt an.

Der Dominikaner Heinrich Institoris veröffentlichte 1487 ein Buch mit dem reißerischen Titel »Hexenhammer«. Im Groben eine Anleitung für die Verfolgung von Hexen und Zauberern. Und ein früher Bestseller. Ganze 29 Auflagen wurden gedruckt, auch ohne *Spiegel*-Liste und Lobpreis durch Denis Scheck. Eine Leistung, die *ich* bis heute nicht geschafft habe. Anscheinend schreibe ich die falschen Bücher.

Warum hatte Institoris seines geschrieben?

Zuvor war er mit einer eigenen Inquisition in Innsbruck gescheitert. Diese Niederlage wollte er nicht hinnehmen. Gekränktes Ego führte ihm also die Feder. Er schwurbelte sich allerlei zusammen, war auch der Fälschung nicht abgeneigt. Interessanterweise ging er damit sogar der spanischen Inquisition zu weit, die selbst nicht gerade dafür bekannt war, mit Samthandschuhen zu agieren. Institoris nervte nicht wegen der Hexenverfolgung an sich, sondern weil er sich zu weit aus dem Fenster lehnte und alle als Häretiker bezeichnete, die nicht an Hexen glaubten. Damit stellte er sich über Mutter Kirche, die sich die Deutungshoheit von keinem dahergelaufenen Dominikaner nehmen lassen wollte.

In Lemgo sah man das nicht so eng. Da kam der »Hexenhammer« gerade recht, um die Foltereisen zu schmieden, solange sie noch heiß waren.

Die Verhöre wurden von den sogenannten Hexendeputierten durchgeführt. Zu Beginn wurden die Angeklagten vollständig entkleidet und rasiert, damit sie auch ja kein Zaubermittel verstecken konnten. Sie wurden auf Hexenmale untersucht, und wenn eins gefunden wurde, unterzog man es einer Nadelprobe. Hexenmale konnten jede Art von Muttermalen sein, reine Formsache also. Ich bin mir sicher, dass die Hexendeputierten ein perverses Vergnügen an den Tag legten. Das Verhör wurde in drei Phasen aufgeteilt. Die gütliche Befragung (Verzeihung, sind Sie Hexe? Ja? Schön, dann ist ja alles klar, vielen Dank, links geht's zum Scheiterhaufen, und Vorsicht, das Reisig pikst), die Befragung mit gleichzeitigem Vorzeigen und Erklären der Folterinstrumente (und hier hätten wir eine wirklich schmerzhaft schöne Neunschwänzige Katze aus dem Atelier von Meister Anton), schließlich die peinliche Befragung, bei der gezeigte Instrumente auch zum Einsatz kamen. Daumenschrauben, Streckbank und viele weitere beliebte Werkzeuge aus den zeitgenössischen Baumärkten.

Als Hexen überführte Opfer des Wahns landeten wie gesagt auf dem Scheiterhaufen, denn ihre Seelen sollten so gereinigt werden. Meistens wurde er auf dem Lemgoer Marktplatz errichtet. Die »Hexen« wurden von den Knechten an einen Pfahl inmitten eines Reisighaufens gefesselt und lebendig verbrannt. Gestank, Geschrei – ungefähr so, wie man sich die Hölle vorstellte. Aber auch ein großes Spektakel für die Bevölkerung.

Bis es keines mehr war. Als wäre alles eine vorüberziehende Laune gewesen, erklärte man 1715 die Hexenprozesse für beendet, sammelte alle Anschuldigungen in einem schwarzen Buch und übergab dieses dem Feuer auf ebenjenem Marktplatz, auf dem vorher Menschen gebrannt hatten.

Im Stadtarchiv Lemgo kann man sich die rund 200 noch erhaltenen Prozessakten zu Gemüte führen. Ich empfehle starke Nerven.

»Und?«, fragte Patrizia. »Wie war's?«

Ich schaute sie an. »Vielleicht sollten wir doch auf eine abgelegene Hütte irgendwo in Kanada sparen.«

»Etwa wegen der Hexen?«

»Du hast übrigens ganz schön viele Muttermale im Gesicht. Ist mir noch nie aufgefallen.«

# 49

Seit sie damals aus der Sowjetunion nach Deutschland übergesiedelt war, lebte Tante Lisa in der gleichen Wohnung in einem Mehrfamilienhaus. Ich hatte in den letzten Jahren oft an sie gedacht. An sie und ihren Leo, der nun nicht mehr da war.

Obwohl Patrizia ständig nach der Uhr geschaut hatte, waren wir trotzdem zehn Minuten zu spät. Ich klingelte. Tante Lisa öffnete sofort die Tür, zog mich für einen dicken Schmatzer an sich und fiel danach freudig über Patrizia her. Dann schaute sie uns beide ernst an und sagte: »Jetzt ist das Essen natürlich schon hinüber.«

»Ach, Tante, hör doch auf. Sollen wir die Schuhe ausziehen?«

Sie schlug die Hände vor die Brust. »Bloß nicht. Nicht, nicht.« Sie zeigte auf den Boden, deutete auf den Teppich, die Schrankwand im Wohnzimmer, umfasste mit der Geste eigentlich die ganze Einrichtung der Zweizimmerwohnung. »Das kommt bald alles raus. Raus, raus.«

»Ziehst du um?«

»Umziehen? Bald bin ich tot. Na ja, das hoffe ich zumindest.« Sie sagte das gleichzeitig mit der ihr eigenen Schalkhaftigkeit, die ich so sehr mag, und einer Ernsthaftigkeit, Überdrüssigkeit, die mir zwar neu, aber nach dem Tod ihres geliebten Mannes nicht überraschend war.

Wir setzten uns auf die Couch am Wohnzimmertisch. Auf dem Fernseher stand immer noch dieser riesige Holzadler. Tante Lisa lief zwischen Küche und Wohnzimmer hin und her. Im Nu füllte sich der Tisch mit Kartoffeln aus dem Ofen, Fleisch, Gurken und Gemüse.

»Ach, das schmeckt alles nicht!«, klagte sie. »Aber esst nur, Kinder, esst.«

Es schmeckte köstlich.

Nach dem Essen zeigte Tante Lisa Patrizia ein Bild von Leo und sich. Eine Schwarz-Weiß-Aufnahme der beiden, als sie mit neunzehn Jahren nach Sibirien deportiert worden waren. Es waren junge Gesichter, natürlich, kein Hexenmal war darauf zu erkennen. Sie waren Deutsche, das war das Hexenmal. 150 Jahre zuvor war davon keine Rede gewesen. Da kamen sie in erwünschten Scharen, gründeten deutsche Dörfer in der weiten Wildnis, sicherten die Grenzen, machten das Land urbar. Mussten keinen Militärdienst leisten, zahlten nur geringe Steuern, durften frei jede Religion ausüben. So dreht sich das Rad der Geschichte.

Ein paar Generationen war es gut und besser, und als es am besten war, als die ganzen Probleme des Anfangs endlich ausgestanden waren, drehte sich das Rad weiter, und man zeigte mit dem Finger auf sie. Bei den Russen die Deutschen. Bei den Deutschen die Russen. Bauernopfer auf jeder Seite.

Tante Lisa war nie in dem Museum im Hexenbürgermeisterhaus, aber sie könnte sicherlich die eine oder andere Parallele erkennen. Wie sie damals als Deutsche in Russland bei den Bolschewiken unter den Generalverdacht fielen, Kulaken zu sein, Großbauern. Sie wurden enteignet. Dann fielen sie bei den Stalinisten unter den Generalverdacht, Nazis zu sein. Sie wurden deportiert. Dann repatriiert in Straflagern. Als wäre das noch nicht genug gewesen, reichte das Räuspern eines Nachbarn in Richtung Behörden, wenn die Zunge gegenüber dem »stählernen« Herrn Stalin mal locker saß. Zwar gab es keine peinliche Befragung, aber die Strafen waren nicht weniger schlimm. Man starb dann einfach in den Goldminen von Magadan oder beim Straßenbau.

Wir schauten uns sehr viele Fotos an. Tante Lisa zeigte uns Bilder vom Abschied aus Russland, damals, als man nach Deutschland gedurft hatte. Wie sie alles verkauft und verschenkt hatten.

»Mit nichts kommt man, mit nichts sollte man gehen.«

»Tante Lisa!«

»Stimmt doch. Wollt ihr vielleicht diesen Schrank haben?«

Wir lehnten höflich ab.

»Den Adler? So ein schöner Adler.«

Jetzt wurde mir klar, dass sie trotz unserer Erklärung immer noch dachte, das sei eine Spritztour. Dass wir keine Wohnung mehr hatten, kam erst vollständig bei ihr an, als ich ihr das Ganze etwas ausführlicher erklärte.

Tante Lisa schaute uns verdattert an. Sie überlegte eine Weile, dann sagte sie: »Hätte Leo mich so was gefragt, wäre ich mitgekommen. Ich wäre ihm überallhin gefolgt.«

Bis in den späten Abend saßen wir auf der Couch und hörten Tante Lisa zu, die immer wieder in die Vergangenheit zurückkehrte. Einige Geschichten kannte ich natürlich bereits, einige waren mir neu. Patrizia hörte gebannt zu. Tante Lisa erzählte vom Jahr 1938. Ihre Eltern wurden aus der Kolchose abgeholt, mit der Schwarzen Maria, der Stalinisten-Version der Grünen Minna.

»Tja, und dann musste gelost werden, wo wir Kinder jetzt im Dorf unterkommen sollten. Das war nicht einfach, denn keiner brauchte noch ein Mädchen.«

Nach der deutschen Niederlage dann im Güterzug nach Sibirien, nach Krasnojarsk. Umgeladen in einen anderen Zug, ab nach Aşgabat in Turkmenistan. Am Bahnhof nahm sie der Chef einer Ziegelei in Empfang. Er brauchte Arbeitskräfte, und sie hatten keine Wahl. Tante Lisa zeigte uns ein Bild aus dieser Ziegelei, ein Gruppenbild mit ihren Schicksalsgenossen.

»Fast alle tot. Nur ich und eine andere Arbeitskollegin sind noch da. Für mich ist es auch Zeit zu gehen.«

Man könnte meinen, sie sagte solche Worte mit Trauer im Gesicht, niedergedrückt vom Gewicht der Geschichte, aber Tante Lisa hatte bei ihren Erzählungen immer ein Funkeln in den Augen, als wüsste sie genau, was für eine Welt das ist, was für eine Welt das immer war. Was kann man schon machen, außer zu machen und zu sein und auf das Beste zu hoffen.

Mir hingegen, mir wurde es sehr schwer ums Herz, dunkel, schwarz. Vielleicht würde ich sie zum letzten Mal sehen, ich wusste es nicht. Sie war bereits 88.

Am Ende des Abends stopfte sie uns die Arme mit Fresspaketen voll. »Ach, jetzt tut ihr mir leid«, sagte sie und gab uns noch Obst obendrein. »Ach, Menschenskinder, ihr armen Kinder. Aber ihr habt ja euch.«

# 50

Es war gegen 23 Uhr, als wir auf den Parkplatz bei den Externsteinen im Teutoburger Wald rollten. Ein Mittelgebirge im Niedersächsischen Bergland. Stätte der Varusschlacht zwischen Römern und Germanen im Jahr 9 nach Christus. Damals hatten hier noch keine Schilder an den Baumstämmen herumgehangen. Jetzt sicherte eine Schranke den Platz, und eine Tafel warnte deutlich: »Übernachten verboten«.

Natürlich hatte uns Tante Lisa angeboten, bei ihr zu schlafen. Die Wohnung war die erste gewesen, in der wir uns seit einer ganzen Weile aufgehalten hatten. Sie hatte uns beengt, eingeschnürt.

Sie war so auf Abschied ausgelegt.

Trotz der späten Stunde waren wir dem Ruf des Waldes gefolgt und atmeten jetzt in der Dunkelheit eine Luft aus Laub und Erde. Die Schranke öffnete sich. Wir suchten nach einem Platz. Silhouetten von Autos, großen Autos, zeichneten sich in der Dunkelheit ab. Der Parkplatz kostete drei Euro am Tag. Wir parkten. Zwischen hohen Bäumen huschten ein paar Gestalten umher, ohne Taschenlampen, flüsternd. Ich schloss von innen ab. Kurz darauf schliefen wir ein.

## 51

Kindergeschrei weckte mich am nächsten Morgen. Ich öffnete die Augen und sah aus dem Auto. Eine Reihe bunt zusammengewürfelter Wohnmobile bildete eine Art Wagenburg. Kinder sprangen durch die Gegend, Spielsachen lagen wild verteilt auf dem Waldboden. Ein Pärchen zog sich die Batikklamotten aus und duschte mitten auf dem Parkplatz unter einem Kanister, der vom Dach seines schon in die Jahre gekommenen Wohnmobils hing.

Ich weckte Patrizia. »Schau mal«, sagte ich.

»Was denn?«

»Hippies.«

Wir krochen selbst aus unserem Wohnmobil, setzten Kaffee auf, stellten unsere noch recht neuen Campingstühle in die Gegend. Die Hippies hielten Sicherheitsabstand zu uns. Vielleicht lag das an der DEUTSCHLANDOPTIK. Es war mir recht, ich musste erst mal aufwachen. Las ein bisschen in Graham Greenes »Unser Mann in Havanna«, dann warf ich einen Blick in meine E-Mails. Mir fiel fast die Kaffeetasse aus der Hand.

»O mein Gott«, sagte ich zu Patrizia.

»Was ist denn los?«

»Ich glaube, mir wird schlecht. Die *Süddeutsche Zeitung* hat mich rezensiert.«

»Ja, und? Das ist doch super!«

Ich reichte ihr mein Telefon. »Hier, lies du. Ich trau mich nicht.«

Patrizia las. Und las. Es schien ein längerer Artikel zu sein. Ich versuchte, in ihrer Miene zu lesen. Aber da stand nichts. Vorsichtshalber holte ich die Whiskyflasche aus der Bar, die nun direkt neben der Küche zu finden war, und stellte sie mir neben den Stuhl.

»Ja, was denn jetzt?«

»Nicht frech werden, Freundchen!«

Ich hatte das Gefühl, dass sie extra langsam las.

Schließlich ließ sie das Gerät sinken und schaute mich an. Ich starb vor Spannung. Dann las sie mir laut den letzten Satz vor. Ich griff zur Flasche.

Just in diesem Moment kamen zwei der Hippies auf uns zu, nickten, schauten in unser Auto. Aber das war nicht der Grund, warum sie hier waren. Auch nicht die DEUTSCHLANDOPTIK. Auf dem Kocher blubberte inzwischen der zweite Kaffee vor sich hin.

»Ganz schön gefährlich«, sagten die beiden. Sie trugen ebenfalls Batikklamotten.

»Was ist gefährlich?«

»Na, diese Aluminiumkanne, aus der ihr Kaffee trinkt.«

»Wieso das denn?«

»Ja, ganz, ganz gefährlich. Alu zerfrisst einem über die Jahre das Hirn.«

Ich schaute von der Kanne auf Patrizia. Stimmt, jetzt, wo sie es so sagten. Ich hatte mich schon seit Längerem gewundert.

»An eurer Stelle«, fuhren sie fort, »würden wir mal an den Silberbach gehen, da gibt es eine Quelle, das Wasser hat heilende Wirkung. Vielleicht könnt ihr so den Scheiß ausgleichen, den ihr zu euch genommen habt.«

## 52

Eine märchenhafte Landschaft voller Moos und dunklem Wald.

»Als wären wir ins Mittelalter eingetaucht«, sagte Patrizia.

»Hm. Jetzt fehlt nur noch ein bisschen Gemetzel, um der Romantik ihren Kitsch zu nehmen, dann dürften wir bei der Wahrheit sein.«

Wir wanderten den Bach entlang. Gluckerndes Wasser, esoterische Stimmung, die durch eine uns plötzlich umgebende Weihrauchwolke gesteigert wurde.

Patrizia blieb stehen. »Glaubst du, wir haben gleich eine Erscheinung?«

»Könnte sein, bei unserem ganzen Aluminiumkonsum.«

Wir gingen weiter, kamen um eine Biegung. Trafen auf eine Gruppe von sechs Frauen, die im Schneidersitz am Bach saßen, Weihrauch abfackelten und Blüten ins Wasser schmissen. So ernsthaft bei der Sache, dass ich mich nicht traute zu fragen, was hier denn los sei.

An der Quelle stand eine ganze Reihe von Leuten Schlange. Manche, wie wir, hatten nur einen Kanister dabei, andere hatten mehrere Behälter mit Sackkarren rangeschafft, als würde hier flüssiges Silber fließen.

Die einen zapften sich Kaffeewasser, weil das heimische zu weich sei. Andere schworen auf die Heilkräfte, die im Wasser steckten. Und wieder andere hatten früher Regenwasser aufgefangen, das sei schön rund. Problematisch seien allerdings die ganzen Chemtrails, mit denen die Regierung erst die Luft und dann das Wasser verpeste. Nanopartikel, die einem nicht etwa wie Aluminium *nur* das Hirn zerfressen würden, sondern einen gleich zu einem gefügigen Sklaven der herrschenden Obrigkeit machten.

Verschwörungstheorie hin oder her, es war allemal interessanter, als Wasser im Supermarkt einzukaufen.

# 53

—————————— Patrizia musste für ein Interview nach Köln. Ich fuhr sie nach Bielefeld zum Bahnhof, dann wieder zurück zu den Externsteinen.

Die Hippies waren nicht mehr da. Der Parkplatz nun geradezu verwaist. Ich setzte mich in meinen Deutschlandstuhl, legte letzte Hand an die Reportage für den *Playboy* und schickte sie ab. Ich streckte mich, freute mich auf ein Nickerchen nach getaner Arbeit. Es lief doch alles wunderbar.

Ich legte mich in die Aubergine und musste nach einer Viertelstunde feststellen, dass ich viel zu aufgedreht war. Eine Weile wälzte ich mich hin und her, dann gab ich es auf. Ich stützte mich auf einen Ellbogen und schaute aus dem Heck. Dachte nach über den Wald. Über den Unterschied, wirklich im Wald zu sein und nicht nur in der Präsenz von ein paar Bäumen in einer Straße in einer zugebauten Stadt. Ein paar Ideen kamen mir, für Geschichten, für Bücher. Die meisten taugten nichts. Zwei oder drei schrieb ich in mein Notizheft. Dann schaute ich wieder raus.

Eine Parkplatzreihe weiter fiel mir dieser Kerl auf. Er saß auf einem Klappstuhl neben einem blauen Opel Corsa, trug einen schwarzen Mantel und einen schwarzen Hut.

Ich nahm mir die Whiskyflasche und ging zu ihm rüber. Stellte mich vor, hielt die Flasche hoch. In der anderen Hand hatte ich einen unserer Klappstühle. Der Typ nickte, und ich machte mich breit. Er hieß Eddie und war schon seit sieben Wochen auf diesem Parkplatz. Die Klamotten wusch er im Becken der Toilette. Damit er nicht dem Förster auffiel, wechselte er regelmäßig die Reihe und den Stellplatz. Auf der Hutablage des Corsa trocknete er Blüten für Tee. Seine Füße steckten in Sandalen. Lange, krumme Nägel. Um den Hals zwei Steine an einer Lederkette. Im Corsa größeres Chaos als zu Beginn der Welt.

Eddie war fünfzig Jahre alt und hatte erst in einer Zeche im Pott malocht, dann Verfahrenstechnik studiert. Das Studium brach er ab, arbeitete bei Müllers Mühle am Band und verpackte Reis. Inzwischen war er in Frührente.

»Bist du auch energetisch unterwegs?«, fragte er mich.

Der Wind ließ die Baumkronen hin- und herwogen. Ich wusste nicht, was ich darauf antworten sollte, ich hatte keine Ahnung, was er meinte. Ich vermutete es, aber ich wusste es nicht. Ich zog mich mit Marc Aurel aus der Affäre, sagte, wer alleine in einem Hain unterwegs sei, könne nicht an der Göttlichkeit zweifeln.

Eddie öffnete sich darauf ein wenig. Sicherlich half dabei auch der Whisky. »Das ist ein Kraftort hier«, sagte er. »Also, die Steine. Man kommuniziert mit ihnen. Aber mir ist das fast schon zu viel Kraft. Die Leute tatschen da rum wie die Blöden, braucht man aber gar nicht.«

Wir unterhielten uns eine ganze Weile. Eddie erzählte, dass er im Sommer immer von Kraftort zu Kraftort fahre, empfahl mir in der Eifel den Luftkurort Irrel, das Müllerthal und Bitburg sowie die alten Keltenorte Wildenburg im Hunsrück und den Donnersberg in der Nordpfalz.

Beim zweiten Whisky fing er an, über psychedelische Erfahrungen und Ufos zu reden. Sagte, er male auch. »Hast du vielleicht Interesse an ein paar Bildern?«, fragte er mich.

Ich zeigte auf unser Auto. »Schwierig bei dem Platz.« Er nickte.

Es fing an zu regnen. Ich klappte den Stuhl zusammen und ging zurück, legte mich wieder in die Aubergine. Eddie saß immer noch auf seinem Stuhl. Der Regen wurde stärker. Er tropfte von Eddies Hutkrempe auf seine Beine. Eddie blieb sitzen.

# 54

Vom Parkplatz aus erreicht man die Externsteine nach etwa einem Kilometer. Ausgeruht machte ich einen kleinen Spaziergang zu diesem Kraftort. In der ansonsten steinfreien Umgebung ragt die Sandsteinformation bis zu fünfzig Meter in die Höhe. Sie ist etwa hundert Meter lang und ähnelt den Meteorafelsen in Griechenland. Ein paar Leute saßen in den Grotten, die in den Stein gehauen sind, und spielten auf mittelalterlichen Instrumenten. Als wir hier frisch reingefahren waren, hatte ich lauter Wanderer erwartet. Inzwischen wagte ich zu behaupten, dass die in der Minderheit waren. Irgendwo hier im Wald sollte es laut Eddie auch ein Lager von Obdachlosen geben, aber das hob ich mir für ein anderes Mal auf.

Viele Geschichten ranken sich um diese Felsen. Germanisches Heiligtum, Sternwarte, Kultplatz. So richtig sicher ist sich keiner. Auch Ausgrabungen konnten keinen eindeutigen Nachweis erbringen. Aber die völkische Bewegung griff die Thesen nur zu gerne auf. Wahrscheinlich hat man damals sogar Besenstile auf ihre germanische Herkunft abgeklopft.

Mitte der 1920er glaubte der Ex-Pastor und selbst ernannte Germanenforscher Wilhelm Teudt, in den Externsteinen den Standort der Irminsul entdeckt zu haben, des vermuteten Hauptheiligtums der frühmittelalterlichen Sachsen. Die Irminsul galt in völkischen und gilt in neuheidnischen Kreisen als Symbol des letzten Widerstands der alten germanischen Religion, bevor sie von Karl dem Großen im Zuge der Christianisierung zerstört worden sei.

Teudt war Mitglied der NSDAP und schlug gleich nach der Machtergreifung vor, die Steine in einen »heiligen Hain« zur Erinnerung an die Ahnen umzugestalten. Der Reichsführer SS Heinrich Himmler fand das eine großartige Idee und gründete die Externsteine-Stiftung.

Beizeiten kann man das ganze Getummel hier als Karneval der Idioten bezeichnen, zu deren Idolen zum Beispiel die Anfang des 20. Jahrhunderts in Frankreich geborene Wahlinderin Savitri Devi zählt, die in einer Höhlung der Steine angeblich Tod und Wiedergeburt erlebte und bei Sonnenaufgang nicht nur die Namen von vedischen Göttern herabrief, sondern auch den Hitlers, in dem sie eine Verkörperung Vishnus sah. Die Jungen Konservativen kommen mir da auch in den Sinn, die 2004 unter dem Motto »Trauern um Deutschland« die deutsche Flagge, gentechnisch reine Getreidesorten, Lindenblätter und Exemplare der *Jungen Freiheit* vergruben. Dagegen nimmt sich die jährlich hier gefeierte Walpurgisnacht schon fast normal aus.

# 55

Ich schaute mir die Steine und die Menschen eine Weile an, dann lief ich doch in den Wald hinein. Es wurde ruhig, Bäume ersetzten Leute, das Rauschen der Blätter das der Wörter.

Ich war vielleicht gerade mal einen Kilometer unterwegs, als ich an einem Friedhof auf eine Gruppe von Leuten und Wohnmobilen stieß. Es waren die Hippies.

»Hey, was macht ihr denn hier?«, fragte ich Ina, mit der ich mich zuvor schon mal kurz unterhalten hatte.

»Der Förster hat uns vertrieben. Das ist unser Ausweichparkplatz.«

»Hat er euch Strafzettel verpasst?«

»Nein, er meinte, dass gleich wichtige Leute kommen würden, mit einem Fernsehteam im Schlepptau. Da haben wir die Biege gemacht.«

»Ich war die ganze Zeit da, da kam niemand.«

Schulterzucken. »Sicher ist sicher.«

Interessant, dachte ich. Dass die gleich Reißaus nehmen, wenn man mit Öffentlichkeit droht. Eine ähnliche Erfahrung hatte Patrizia bereits gemacht, als sie zart gefragt hatte, ob sich einer von ihnen vor der Kamera äußern wolle. Es war kategorisch abgelehnt worden.

Ich erinnerte mich an die Kinder. Vielleicht waren es Schulverweigerer. Bei meinen Recherchen zum Thema mobiles Leben war ich auf eine Truppe gestoßen, die sich dem »Unschooling« verschrieben hat, also dem Entschulen oder auch Freilernen. Es sind Menschen, die fürchten, dass die Schule ihre Kinder verdirbt, und sie deswegen aus dem Einflussbereich der Behörden bringen. In Rumänien zum Beispiel findet jedes Jahr ein mehrwöchiges Festival statt, das sich diesem Thema und diesen Menschen widmet.

Joints wurden geraucht, und der süßliche Geruch mischte sich mit dem erdigen des Waldes. Zwischen dem bunten Haufen von Wohnmobilen stand auch eine winzige feuerrote Ape Piaggio 25 mit sechs PS, im Prinzip ein Moped mit einem Kasten hintendrauf. Die Klappe war offen, auf der Ladefläche lag eine Matratze, und ein Junge von achtzehn Jahren erzählte mir, dass er damit seit zwei Wochen in Deutschland unterwegs sei. Er schlafe in Embryonalstellung. Platz sei in der kleinsten Hütte.

Ich schüttelte den Kopf und unterhielt mich weiter mit Ina, die davon redete, wie viel besser es sei, draußen zu leben. Wie der Körper sich dem Klima anpasse, wenn man ihn nur lasse. Wie viel lieber sie unterwegs sei, als sich stationär irgendwo zu verorten. Das sei auch besser für ihre Kinder. Sie träumte davon, eines Tages unterwegs selbst genähte Klamotten verkaufen zu können.

Aus dem angrenzenden Wohnmobil fielen ein paar in eine Kifferwolke gehüllte Typen.

»Ah«, sagte Ina, »der eine da kennt besonders viele Kraftorte.« Sie stellte mich kurz vor, und ehe ich michs versah, entspann sich eine wilde Diskussion mit dem Kerl.

»Ein Freund von mir ist Geomant, und hier gibt es ja ganz schön viel Energie.«

Geomantie ist, wie ich später lernte, eine Art Hellsehen, das sich am Gelände orientiert, eine Kunst, die aus Nordafrika nach Europa gelangte. Während der Renaissance war das eine beliebte Methode der Wahrsagung. Es gibt da eine madagassische Methode und eine europäische. Die erste fand ich sehr kompliziert, die zweite *zu* kompliziert. Grob gesagt versucht die Geomantie, die Identität eines Lebensraums, einer Landschaft oder eines Ortes zu erfassen. Sie geht davon aus, dass die Erde mit einem globalen Gitternetzwerk überzogen ist und die einzelnen Systeme der Gitternetze alle energetische Eigenschaften und biologische Wirkungen haben.

Ein Schwabe kam dazu, um die vierzig, lange, zusammengebundene Rastas, und grätschte in das Gespräch.

»Jaaa, aber hier gibt's auch sehr viele Nullpunkte.«

»Nullpunkte?«, fragte ich in absoluter Ahnungslosigkeit.

»Das sind Anomalien, da herrscht absolute Stille. Negative Energien!«

»Negative Energien?« Ich hatte noch nicht mal die positiven verstanden.

»Mensch, die Nazis waren ja hier, ist doch klar.«

Der Kiffer sinnierte: »Eigentlich ist das alles nicht außen, sondern in dir ...«

Der Rastamann sah das anders. »Du muscht hier scho aufpasse, sonscht kriegscht en Kabelbrand im Herzschrittmacher.«

Nach einer Weile spazierte ich durch den Wald zurück zum Parkplatz. Zweige knackten unter meinen Füßen, die Baumkronen ragten hoch über mir auf, und ich dachte über diese merkwürdigen Geschichten nach. Es wäre leicht, sich über diese Leute lustig zu machen.

Aber wieso sollte ich so was tun?

Weil es Spaß macht, klar.

Doch wenn man sich erst mal aus seinem Kokon schält, bekommt man relativ schnell Probleme. Überall andere Blickwinkel, andere Sichtweisen. Wer von uns hat die Weisheit mit Löffeln gefressen? Man muss gar nicht in wissenschaftlichen Laboren nach Paralleluniversen forschen, sie sind direkt vor unserer Nase.

Als ich an der Aubergine ankam, war Eddie verschwunden. Sein Auto stand noch da. Ich hoffte für ihn, dass er vorhin im Regen keinen Kurzschluss im Herzschrittmacher bekommen hatte.

Erst als ich das Auto aufschloss, mir einen Kaffee machte und mich damit auf den einen unserer wunderschönen Campingstühle setzte, fiel mir etwas Wichtiges auf: Ich hatte ganz vergessen zu fragen, wofür diese Spinner eigentlich die ganze Kraft benötigten.

# 56

Patrizia war zurück. Von Paderborn sahen wir nicht viel, es war trotzdem ein schöner Aufenthalt. Ich las vor einer Gruppe von Wirtschaftsjunioren in einer Bar. Eine Whiskyflasche wurde mir auf den Tisch gestellt, das Licht war gedimmt, das Publikum interessiert, die Stimmung ausgelassen, die Veranstaltung gut. Danach hatten wir kurz den Gedanken ans Ausgehen. Mal richtig auf den Putz hauen, durch die Gassen ziehen, nicht gleich mit der Dunkelheit ins Bett zu fallen.

Wir gingen ins vom Veranstalter bezahlte Hotel. Nach zwei Monaten auf der Straße wollten wir uns den Komfort nicht entgehen lassen. Wir schauten Fernsehen bis Mitternacht, das war's. Patrizia sagte, sie wolle morgen pünktlich um 6:30 Uhr am Frühstücksbüfett sein.

Wir waren pünktlich. Und wir blieben, bis der Frühstücksraum schloss. Patrizia hatte ein seliges Lächeln auf dem Gesicht. Während sie immer wieder zum Büfett ging, arbeitete ich an einer Kolumne, strich durch, fügte hinzu, ging raus, kam wieder rein.

»Wo tippelst du eigentlich die ganze Zeit hin?«, fragte sie mich.

»Da hinten gibt es einen Gästedrucker. Kostet nichts, den kann man einfach so benutzen. Unglaublich.«

Patrizia schlurfte wieder zum Büfett, ich wieder zum Drucker. Ich hatte großen Spaß. Das war wirklich etwas, was mir im Auto fehlte. Ich redigiere ungern am Computer. Überhaupt arbeite ich ungern am Computer. Wie Aluminium kann er einem das Hirn zerfressen. Ich mag das Kratzen eines Stiftes über Papier. Ich druckte, bis das Papierfach leer war. Dann hatte uns das Hotel nichts mehr zu geben. Wir freuten uns wieder auf die Aubergine. Das Zuhause zweier marodierender Vagabunden, die Taschen voller belegter Brötchen, die wir uns für die Fahrt ins Unbestimmte geschmiert hatten.

# 57

Über Delbrück und Rietberg auf die A2, dann ein Stück Autobahn Richtung Hamm. Ganz klein zwischen Hunderten von Lkw mit ihren planenbewehrten, beschrifteten Anhängern.

»Schreib das auf«, sagte ich zu Patrizia. »Vielleicht brauchen wir das noch mal.«

*Innovationen in Beton. Deutsche Seele. 10 000 Möbel sofort zum Mitnehmen. Seeing Possibilites in Potatoes.*

Etwa 10000 Dinge besitzt der Durchschnittseuropäer. Das Anschaffen ist
leicht, das Loswerden verdammt schwer.

Chrysler Grand Voyager, genannt die Aubergine: 21 Jahre alt,
300000 Kilometer, Automatik, 650 Euro. Was kann schon schief gehen?

Patrizia: »Das ist ja voll die Höllenmaschine! Wieso bin ich überhaupt in ein Auto gezogen, wenn ich nicht gerne Auto fahre?«

Der unkomplizierte und vor allem kostenlose Unterbau: Bananenkisten

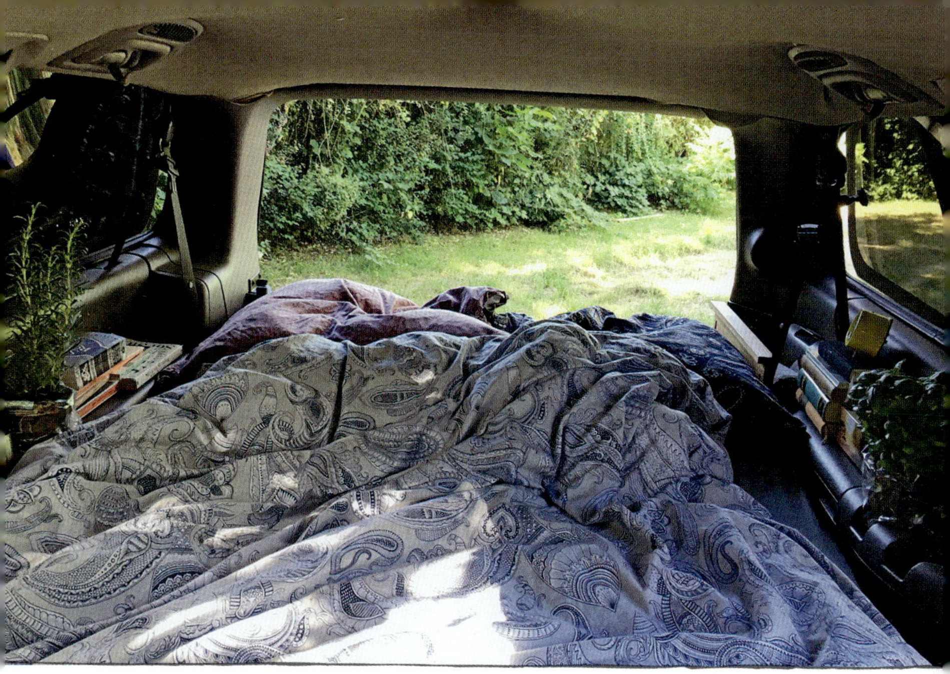

Rollendes Heim auf vier Quadratmetern. Rosmarin links, Basilikum rechts. Dazwischen schläft es sich hervorragend.

Eine Küche, die nicht mehr für alle Eventualitäten ausgerüstet, sondern auf das Nötigste zusammengeschrumpft ist.

Ein kleines Stück Wildnis in der Großstadt, ein unbebautes Feld neben Küchen Aktuell in Hamburg. Wohnst du noch oder lebst du schon?

Nicht nur Sicherheiten werden aufgegeben, sondern auch Komfort. Vermissen tun wir unsere ehemalige Wohnung dennoch nicht.

Arbeiten am See, geht das? Ja, das geht. Wir sind produktiver als zuvor. Effizienter. Freier. Draußen und unterwegs wird die Zeit elastisch.

Der Sommer meint es gut mit uns. Morgens in der Natur aufzuwachen, bei Vogelgezwitscher den ersten Kaffee zu trinken – besser wird's nicht.

Mit jedem Tag wird Deutschland für uns größer. Entdecken, staunen, speichern. So lesen wir uns durch die Landschaften der Republik.

Der Weserdurchbruch in Porta Westfalica. Wohin wird uns diese Reise führen?

Die Kunst, nicht für einen Vagabunden gehalten zu werden, ist nicht wie einer auszusehen.

Bei dem ganzen Geld, das wir sparen, können wir uns auch locker mal eine Nacht im Hotel Atlantic leisten.

Diese stillen Stunden am Abend: Man verarbeitet den Tag und freut sich auf den nächsten. Unser Leben ist einfacher geworden.

Nach drei Monaten: »Na, Schnauze voll?« Patrizia: »Ich glaube, ich bin jetzt so richtig auf den Geschmack gekommen.«

Bei Beckum fuhren wir kurz ab, um einen Kaffee zu holen. Ich rauchte eine Zigarette, Patrizia las ihre E-Mails.

»Fredy!«

»Was jetzt schon wieder?«

»Lass mich mal an der Zigarette ziehen.«

»Jetzt sag schon!«

Patrizia zog an der Zigarette. »Ich bin für den Deutschen Radiopreis nominiert.«

## 58

An der Rezeption hingen Bilder aus den Fünfzigerjahren, als der Großvater des heutigen Besitzers bereits die Nase in den Wind gesteckt und den zunehmenden Campingtourismus gewittert hatte. Kurzerhand verwandelte er seinen Bauernhof 1957 in einen Zeltplatz. Bis heute ein Familienbetrieb, der bekannt ist für das außergewöhnliche Panorama. Mit Stolz in der Stimme sagte der Besitzer: »Was Mekka für die Moslems ist, ist Uentrop für die Camper. Einmal in seinem Leben muss man einfach hier gewesen sein.«

Wir waren auf dem Weg nach Bocholt, in der Nähe der niederländischen Grenze. Patrizia musste zu einem Interview, wir hatten noch ein bisschen Zeit. So landeten wir auf diesem Platz in Hamm-Uentrop, gerade mal ein paar Meter neben der viel befahrenen A2. Von Zufall kann man nicht sprechen. Vor ein paar Tagen hatten wir ein Bild des Geländes – und vor allem des Ausblicks – in einer Zeitung gesehen. Patrizia, die auf Entropie steht, war sofort Feuer und Flamme.

Der Besitzer wies uns eine Stelle direkt an der Lippe zu. Von unserem Grünflecken hatten wir einen herrlich unverbauten Blick auf die andere Seite des Flusses und damit auf die örtliche Attraktion: ein Kohlekraftwerk, das RWE-Kraftwerk Westfalen.

»Bisschen enttäuschend, dass das doch kein Atomkraftwerk ist«, sagte ich zu Patrizia.

»Ich hatte das auch anders abgespeichert.«

»Da war der Wunsch wohl Vater des Gedankens. Hast du gesehen, wie der Besitzer geschaut hat, als ich ›schade‹ gesagt habe?«

»Wird wohl nichts mit unserer Suche nach dreiäugigen Fischen.«

Wirklich nicht. Das Wasser der Lippe war glasklar, und auch die Kühe, die auf der anderen Seite grasten, sahen vollkommen normal aus. Zwei Augen, ein Schwanz. Dazu hoppelten auch noch hundert komplett herkömmliche Hasen über das 90 000 Quadratmeter große Gelände, auf dem Dauercamper, Durchgangscamper, Zelter, Wohnmobilisten und Monteure Unterkunft finden.

Der Tag neigte sich. Wir schmissen den Gaskocher an, bereiteten Milchreis mit Zimt zu. Eine Sauerei, das wieder sauber zu machen, aber der Geschmack war es wert.

Die Positionslichter der gedrungenen Meiler auf der anderen Seite blinkten in träger Regelmäßigkeit. Auf der A2 ewig rauschender Verkehr, die lärmende Brandung einer Industrienation. Als der Zeltplatz eröffnet wurde, waren es vielleicht zwanzig Autos am Tag. Jetzt sind es 220 000.

Der Zeltplatz ist sehr weitläufig, mit einer Mischung aus Wohnmobilen und Datschen. Laut Besitzer wohnen einige hier sogar, weil sie sich die Mieten in der Stadt nicht mehr leisten können oder wollen. Andere wiederum kommen in großen Gruppen, um zu feiern. Hinter der Autobahnbrücke kann man sich problemlos die Hälse heiser grölen, ohne dass es jemand mitbekommt.

Einerseits faszinierend. Andererseits auch beklemmend. Menschen, die diesen Zeltplatz als einen Ort der Ruhe empfinden, eine Oase. Die sich einrichten mit Spitzendecken, Keramikenten, Orchideen und Holztafeln, auf denen »Willkommen!« steht. Ist das ein Zeichen unserer Zeit? Ich weiß es nicht. Aber wenn wir so weiterwachsen, wird es übel ausgehen, und die nächste Generation wird davon schwärmen, dass man damals noch einen kleinen Flecken Grün hatte, da standen *nur* ein paar Meiler rum, da rauschten *nur* 100 000 Autos täglich über die Autobahn. Shifting-

Baseline-Syndrom nennt sich das. Wenn sich für einen die Orientierungspunkte der Welt rundherum immer weiter verschieben und verbiegen, ohne dass man das selbst richtig mitkriegt. Mehr Bevölkerung, mehr Wirtschaft. Ich dachte an die Hasen, die hier überall fröhlich rumhoppelten, und ich dachte an die Füchse, die sie jagen. Sitzen die jedes Jahr im Oktober in irgendeinem Bau zusammen und sagen sich, nächstes Jahr müssen wir drei Prozent mehr Hasen erwischen?

Es raschelte im Uferschilf. Patrizia und ich lagen auf unserer Matratze und schauten durch die offene Heckklappe in die Nacht.

»Was war das?«, fragte sie.

»Keine Ahnung, vielleicht einer von den Hasen.«

Es waren Ratten. Sie kamen aus dem Schilf und machten sich über die Reste unseres Essens her. Erst schüchtern, dann mutiger. Näherten sich dem Auto und ließen sich auch nicht vom Taschenlampenlicht stören. Faszinierende kleine Kreaturen. Unsere Abendunterhaltung war gesichert.

»Ach«, sagte Patrizia und gähnte, »irgendwie ganz idyllisch hier.«

Ruhrpottromantik.

Wir nickten ein. Als ich wieder hochschreckte, war eines der kleinen Biester schon fast im Auto. Ich machte die Heckklappe zu. Sicher ist sicher.

# 59

Duisburg ist eine Stadt der Schrägen und Krummen, eine Stadt der Restposten, eine Stadt der braunen und roten Töne, des Klinkers und des Rosts, eine Stadt der Dampfwolken, die in den Himmel steigen, eine Stadt der Rohre, kilometerweit nur Rohre.

Das Ruhrgebiet war bislang ein weißer Fleck auf unserer inneren Deutschlandkarte. Auf der tatsächlichen ist es schwer, überhaupt etwas zu erkennen. Die Städte gehen ohne Grenzen ineinander über. Herne, Bochum, Gelsenkirchen, Essen, Oberhausen,

Mühlheim, Duisburg. Das größte Ballungsgebiet Europas mit 5,1 Millionen Menschen. Das Revier.

Zwei Tage hatten wir noch, bis wir in Bocholt sein mussten. Wir wollten erkunden, erforschen, entdecken. Den weißen Fleck tilgen. Aus dem Los-Pott hatten wir Duisburg gezogen, die Stadt, bei der die Ruhr in den Rhein mündet, die Thyssen hervorgebracht hat, Schimanski und die malerische Wahlheimat von Torsten Toeller ist. Der Name des gebürtigen Kölners wird einem wahrscheinlich nichts sagen, steht aber auf der *Forbes*-Liste der Reichsten der Welt. Wie der tolle Toeller das geschafft hat? Er ist Gründer der Kette Fressnapf.

Eine Weile fuhren wir einfach so durch die Gegend, durch Schlickstraßen, Ölstraßen und Stahlstraßen. An dampfenden Schloten vorbei und an Industriebrachen. Alter Motor der deutschen Industrie, die jetzt so einen starken Wandel erfährt. Strukturwandel. Ein herrliches Wort, das man immer einsetzt, wenn man eigentlich sagen will, alles geht den Bach runter.

Noch in den Sechzigerjahren zählte die Stadt zu jenen mit den höchsten Pro-Kopf-Steuereinnahmen in der Bundesrepublik. Gab es damals noch fast 70 000 Stahlarbeiter, so sind heute davon lediglich 16 000 übrig geblieben. Dennoch ist Duisburg bis heute das bedeutendste Zentrum der Stahlindustrie in Mitteleuropa und verfügt über die größte Ausdehnung an Produktionsstätten dieser Branche weltweit. Mittlerweile stehen sämtliche der sieben im Ruhrgebiet betriebenen Hochöfen in Duisburg. Etwa die Hälfte des in Deutschland erzeugten Roheisens und ein Drittel des Rohstahls werden in Duisburg produziert.

Wie in einem großen Labyrinth versuchten wir, uns in dieser Gegend zurechtzufinden, fuhren mal hierhin und mal dahin. Verstanden langsam, was Ballungsgebiet wirklich heißt.

Am Rhein war es ganz schön, und wir ruhten uns dort eine Weile aus. Klappten unsere Stühle auf, lasen, spielten Fangen. Dann machten wir weiter. Eine morbide Stimmung hatte uns erfasst, aber das lag nicht am vertrockneten Laub auf dem Boden. Wir wollten mehr sehen von dieser Stadt, mehr vom Verfall, mehr davon, wie sehr sich das Rad der Geschichte dreht. Eben noch

Unterpfand für Kriege, eben noch Wirtschaftsmotor, von stolzen Arbeitern angetrieben, jetzt zum großen Teil eine Abrissimmobilie, die man nicht mal geschenkt haben will.

Patrizia war glücklich. Ich habe ja bereits erwähnt, dass sie eine Schwäche für Entropie hat. Vielleicht ist sie auch deswegen mit mir zusammen. So genau kann man ja nie in den Kopf eines anderen schauen.

# 60

Von der Alsumer Straße bogen wir nach Duisburg-Marxloh ein. Marxloh kommt oft in den Medien vor, allerdings nie auf positive Art.

Manche nennen den Stadtteil mit 20 000 Einwohnern einen sozialen Brennpunkt, andere gleich No-go-Area. Früher war Marxloh ein Stahlarbeiterhimmel. Seit Stahlkrise, seit Strukturwandel herrschen hier hohe Arbeitslosigkeit, Kriminalität und Armutszuwanderung.

Als Patrizia und ich auf Erkundung durch das Viertel fuhren, sahen wir ganze Häuserzeilen, die heruntergekommen waren. Schief, grau und schwarz. Als würde man immer noch im großen Stil Kohle verbrennen. In vielen Wohnungen hingen keine Gardinen, und man konnte reinschauen. Sie schienen frei von Möbeln zu sein, dafür aber voller Menschen. Immer wieder ist hier die Rede von sogenannten Schrottimmobilien: abrisswürdige Häuser, die trotzdem vermietet werden an Zuwanderer aus Rumänien und Bulgarien.

In vielen Straßen stapelte sich der Müll, teilweise einfach aus dem Fenster geschmissen. Ratten liefen durch die Gegend. Alte Matratzen, Lebensmittelabfälle, Metallschrott, Waschmaschinen, Autoreifen.

Wir kreuzten erst durch die kleinen Gassen, dann bogen wir auf die Hauptstraße, die Kaiser-Friedrich-Straße. An fast jeder Ecke lungerten große Männergruppen herum. Der Stadtteil ist geprägt von libanesischen Großfamilien, türkischstämmigen Einwohnern und eben Bulgaren und Rumänen. Der Ausländeranteil liegt bei über fünfzig, die Arbeitslosigkeit bei elf Prozent.

Misstrauische Blicke wurden uns zugeworfen. Patrizia und ich waren definitiv in der Minderheit. »Würdest du hier alleine durchlaufen wollen?«, fragte ich sie, und sie antwortete: »Nein.«

Eine halbe Stunde später hielten wir an einem Lidl in der Nähe und kauften für den Abend und die nächsten zwei Tage ein. Mehr kauften wir selten. Es war am späten Nachmittag, und es herrschte reger Betrieb. Der Parkplatz war voll, Einkaufswagen nicht mehr zu bekommen.

Vor dem Markt stand ein Kerl mit einer Bierdose in der Hand. Er trug einen Hut auf dem Kopf, hatte einen Stiernacken, eine Säufernase. Er wankte leicht, aber seine Stimme war fest, und mit der grölte er: »Was wir hier brauchen, ist mal wieder einer aus Braunau!«

Duisburg-Marxloh ist eine der wenigen Ecken in Deutschland, wo Immobilien an Wert verlieren. Die Stadt will angeblich fünfzig Millionen Euro in die Hand nehmen und aus dem Viertel ein Vorzeigeprojekt machen. Viel Glück.

# 61

Wir spazierten über das Gelände. Zwei Zwerge zwischen den Monumentalbauten der Industrie.

Eine merkwürdige Energie ging von diesem Ort aus. Vielleicht weil man so viel an Blut, Schweiß und Tränen reingesteckt hat, um die Erde auszubeuten. »Da bekomme ich sofort Gänsehaut«, sagte Patrizia. »Ich träume total oft von einer Zeitmaschine, und dann stehe ich plötzlich mit einer Spitzhacke unter Tage und weiß nicht, was ich tun soll.«

Das stillgelegte Hüttenwerk wurde um die vorletzte Jahrhundertwende gebaut. Fünf Hochöfen produzierten Roheisen für die Weiterverarbeitung. Die Produktion wurde 1985 eingestellt und an andere Orte verlegt. Allerdings ist hier der Strukturwandel geglückt: Aus dem Gelände hat man einen Landschaftspark gemacht. Der britische *Guardian* zählt ihn neben dem High Line Park in New York und Park Güell in Barcelona zu den zehn besten Stadtparks der Welt.

Es ist doch so absurd, wie schnell sich die Welt manchmal dreht, oder? Die Anlage wurde vor etwas mehr als hundert Jahren gebaut. Aus der umliegenden Bauerngegend wurde ein industrielles Arbeiterrevier. Millionen wurden gescheffelt. Und nun steht dieses Rad wieder still, und ein anderes dreht sich. Für deutsche Verhältnisse gut angezogene Menschen trinken hier jetzt Caipirinhas und Aperol Spritz, essen Schweinereien und schauen sich den neuen »Star Wars«-Film an, vor dessen Beginn die Stadt Duisburg mit 12 000 leeren und bezahlbaren Wohnungen wirbt. Im ehemaligen Gasometer wird getaucht, in der Erzbunkeranlage geklettert. Die Gießhalle hat man in eine überdachte Tribüne verwandelt. Draußen gibt es eine Strandbar mit aufgeschüttetem Sand und Open-Air-Kino. Auf dem Außengelände des alten Hüttenwerks stand unsere Aubergine auf einem riesigen Parkplatz, der den Eindruck machte, als könnte man hier Wochen verbringen.

Der Hochofen Nummer 5 ist bis zu seiner Spitze in siebzig Metern Höhe begehbar. Wir kletterten die Treppen und Leitern hoch. Eine Konstruktion, die nur aus Rohren zu bestehen schien. Oben angekommen, war es dunkel geworden. Aber wie jeden Tag wurde die Anlage mit einer bunten Lichtinstallation in Szene gesetzt. Patrizia und ich standen am Geländer und genossen den Rundumblick. In der Ferne war der Düsseldorfer Fernsehturm zu sehen. Neben uns knutschten Teenager, und auf den zahlreichen Warnschildern hatten sich gleichermaßen Rechte und Linke verewigt.

Ich legte meinen Arm um Patrizias Schultern. Ab und zu ist es gut und wichtig, von oben auf die Dinge zu schauen. Zu sehen, wo man herkommt, wo man hingeht.

»Wo gehen wir denn hin?«, fragte Patrizia.

Ich zuckte mit den Schultern. »Willst du noch weiter gehen?«

Jetzt zuckte sie mit den Schultern und sagte, sie wüsste nicht, was dagegen spreche.

Die Arbeit lief gut, bei jedem von uns. Die Aubergine war zu einem Familienmitglied geworden. Wir hatten sie ins Herz geschlossen. Ebenso wie das Unterwegssein, die Bewegung. Die Wohnung in Hamburg war schon längst im Rückspiegel verschwunden. Aber vor uns lag der Winter, und für ein Leben in der Kälte war unsere Aubergine nicht gemacht. Selbst wenn, weder Patrizia noch ich hatten was für die vierte Jahreszeit übrig, zumindest nicht so, wie sie in Deutschland stattfindet, nämlich hauptsächlich Grau in Grau.

Patrizias Mutter wollte ihren sechzigsten Geburtstag in New York feiern, im Oktober. Das brachte uns ins Grübeln. Falls wir bis dahin immer noch Spaß hätten am Leben auf vier Rädern, sollten wir es dann vielleicht einfach dort drüben weiterführen, irgendwo in der Wüste überwintern, in einem dieser Landstriche, die so weit sind, dass man problemlos vom Radar verschwinden kann? Wieso eigentlich nicht? Mit den USA hatte das ganze Gelöt ja schließlich auch angefangen.

# 62

Die Aubergine passte hervorragend in die Rot- und Brauntöne des Parkplatzes. Wir blieben zwei Nächte. Erkundeten die Gegend noch etwas weiter, gruben noch etwas tiefer, malochten in der Stadtbibliothek. Die war hervorragend sortiert, offen und hell. Aber es war anstrengend, dort zu arbeiten. Jedes Mal, wenn die Blase drückte, musste man seinen Personalausweis am Schalter hinterlegen, einen Schlüssel holen, dann das Ganze wieder zurücktauschen. Die Dame hinter dem Schalter meinte, anders sei es leider nicht möglich, da auf den Klos zu viele Drogendeals über die Bühne gingen.

Als Patrizia am zweiten Morgen auf dem Parkplatz den ersten Kaffee kochte, schaute die Polizei vorbei, hielt direkt neben uns. Eine Beamtin stieg aus. Ich blieb in der Aubergine liegen. Patrizia erhob sich von ihrem Deutschlandoptikstuhl.

»Na«, sprach die Polizistin sie an. »Hier übernachtet?«

»Ja, zu viel getrunken nach dem Kino«, antwortete meine Süße in ihrer Jogginghose. Sie sah wirklich gut aus darin, das Haar war noch vom Schlaf verstrubbelt.

»Aber ihr wart doch auch schon die Nacht zuvor hier.«

Geistesgegenwärtig antwortete Patrizia: »Ja, da hatten wir auch zu viel getrunken.«

Die Polizistin sagte eine Weile gar nichts, schaute sich Patrizia an, den Gaskocher, die Aubergine. »Na ja«, meinte sie schließlich, »ist ja nicht verboten.«

# 63

Damit klar war, dass Patrizia nicht alleine unterwegs war, ging ich bis zur Begrüßung des Interviewpartners mit. Ich setzte ein ernstes Gesicht auf und sagte nichts.

Die beiden trafen sich an einer Brücke in der Nähe der Bocholter Innenstadt. Die holländische Grenze war nicht weit entfernt.

Patrizia beschäftigte sich unter anderem mit den drei letzten untergetauchten RAF-Mitgliedern, der sogenannten dritten Generation, die inzwischen mit Panzerfaust und Kalaschnikow Geldtransporter überfallen. Seit 25 Jahren leben sie im Untergrund, die Polizei ist ihnen in all den Jahren nicht auf die Spur gekommen. Vor einiger Zeit hatte sich Patrizia mit ihrem Vater, dem Ex-Polizisten, auf die Suche nach den dreien begeben. Daraus entstand ein Podcast, und mit diesem war sie nun für den Deutschen Radiopreis nominiert.

Der Kerl in Bocholt behauptete, er habe Informationen. Ich fand, die Sache stank. Deswegen das ernste Gesicht. Die beiden verschwanden einen Fußweg an der Bocholter Aa entlang, und alles, was mir blieb, war ein mulmiges Gefühl.

Nach einer Stunde tauchte Patrizia wohlbehalten wieder auf, schüttelte sich aber.

Während wir die letzten Kilometer bis nach Gladbeck fuhren, erzählte sie mir die Details: »Der meinte, dass eine von den dreien einen Stock über ihm wohnt. Er hat deswegen auch schon die Polizei informiert.«

»Und?«

»Die hat ihn abgewimmelt. Was ihn zu der Überzeugung gebracht hat, dass die Polizei mit den Untergetauchten unter einer Decke steckt.«

# 64

Es mussten für uns nicht immer die schönsten Orte sein, oft zählte einfach das Prädikat »interessant« oder »obskur«. So fanden wir uns wieder in der ehemaligen Bergarbeitersiedlung Schlägel und Eisen in Gladbeck, einer Stadt mit ehemals fünf Zechen, von denen die letzte 1971 geschlossen wurde.

Patrizia verlieh gleich beide Attribute an die zur Geisterstadt gewordene Gartenstadt. Ein Ensemble von 29 Häusern, das man 1913 zwischen Bohnekampstraße, Eisenstraße und Schlägelstraße erbaut hatte. Zweigeschossige Putzbauten, die mit ihren Torbögen absichtlich malerisch wirkten, die Erinnerung an eine Kleinstadt-idylle hervorrufen sollten. Ein Rückgriff auf die gute alte Zeit, die im krassen Widerspruch zur harten industriellen Arbeit stand. Im Innenbereich hinter dem Torbogen war sogar Platz für Stallungen. Die Bewohner hielten Tauben, Hühner und Kaninchen.

Als die Zeche Zweckel 1963 eingestellt wurde, begann das große Zechensterben, und die Mieter zogen weg. Seit fünfzehn Jahren standen die Gebäude bei unserem Besuch leer. Die Presse beschrieb die Siedlung immer wieder als gruseligsten Ort des Ruhrgebiets. Tatsächlich, so fand ich, sah sie in ihrer Düsternis, ihrer Abgerissenheit aus, als wäre gerade erst der Krieg zu Ende gegangen. In der Luft hingen noch die Schmauchspuren der gefallenen Bomben. Zumindest für meine Nase.

Laut Berichterstattung sollen die Gemäuer auch regelmäßig Geisterjäger angezogen haben, die zwischen den alten Wänden nach Beweisen für paranormale Aktivitäten suchten, aber wenn man genau hinschaute, machten den größten Besucheranteil wohl planlose Jugendliche aus. Die Wände und Mauern waren mit Graffiti verziert, Müll lag im Innenhof, leere Wodkaflaschen, leere Zigarettenschachteln. Wahrscheinlich ein Spielplatz ohne Regeln. Mittlerweile ist diese Siedlung der Geister allerdings selbst zum Geist geworden, körperlos verschwunden, vom Antlitz der Erde getilgt. Die Stadt Gladbeck überlegt, so ist zu lesen, das frei gewordene Gelände mit einer Pflegeeinrichtung und neuen Wohnhäusern zu bebauen.

Ein paar Minuten standen wir dort, einige Monate vor ihrem endgültigen Untergang. Bereits in der Dämmerung trieben sich ein paar Gestalten herum. »Wer weiß, was hier nachts vor sich geht«, sagte ich, und Patrizia nickte, also weiter.

Wir hielten an einer Bäckerei, die noch offen hatte. Gerade waren Glück-auf-Wochen (»Wir sagen dem Bergbau Danke«). Zum Laib Brot gab es ein Lohnbuch dazu.

## 65

Der Parkplatz war groß, lag direkt an einer lärmenden Verkehrsader, wurde aber komplett von Bäumen eingerahmt. Laternen warfen ein fahles Licht in die Gegend. Wir machten uns bettfertig. Patrizia wusch sich das Gesicht, putzte die Zähne, dann schlüpfte sie ins Auto. In Unterwäsche – es war ein lauer Abend – schlug sie ein Buch auf.

Selbst die Zahnbürste im Mund, sah ich, wie am anderen Ende des Parkplatzes drei Typen auf Fahrrädern auftauchten. Sie kamen über den Platz gefahren. Patrizia war in ihr Buch vertieft. Durch Zahnpastaschaum rief ich, sie solle sich was überwerfen. »Was?« Ich spülte, wiederholte meine Warnung, Patrizia verstand.

Die drei kamen immer näher. Zogen einen immer engeren Kreis ums Auto, keine Regung im Gesicht. Ich schaute sie an. Sie schauten ins Auto. Alle um Mitte zwanzig, Herkunft ungewiss. Ihre Fahrräder klapperten. Ich fragte mich, wieso ich keinen Baseballschläger im Auto hatte. Die Hobos hatten mir doch eigentlich beigebracht, vorbereitet zu sein.

Aufreizend langsam klapperten die Kerle auf ihren Fahrrädern endlich wieder davon. Ich stieg ins Auto und schloss die Türen. Die Zentralverriegelung knackte laut. Hatte noch nie besser geklungen. Aber verdammt, der Fahrersitz war voller Zeug, das wir vor dem Zubettgehen nach vorne geräumt hatten: Klamotten, Rucksack, Schuhe. Der Fahrersitz sollte immer frei sein. Das wussten wir eigentlich. Wir schichteten alles auf den Beifahrersitz.

»Wo sind sie?«, fragte Patrizia.

»Ich kann sie nirgends mehr sehen.«

Dann sah ich sie doch wieder. Etwa hundert Meter von uns entfernt flammte bei den Bäumen ein Feuerzeug auf, eine Zigarette glühte. Ein Auto fuhr vor, stellte sich neben die drei. Man diskutierte kurz. Dann fuhr es wieder weg.

Neulich erst hatte ich im *ADAC Magazin* einen Text über Banden gelesen, die im Süden Europas nachts Gas in den Innenraum von Wohnmobilen leiten, um die Insassen bewusstlos zu machen und dann auszurauben. So was würde uns nicht passieren, dachte ich. Erstens fahren wir ja nur in Deutschland rum, und dann sieht unsere Aubergine auch nicht so aus, als wäre darin viel zu holen. Logik hat allerdings noch nie jemanden davon abgehalten, dumme Sachen zu machen.

Unter den Baumkronen wurde die Zigarette weggeworfen. Das wieder einsetzende Klappern zeigte an, dass die Kerle sich erneut in unsere Richtung bewegten. »Ooookay«, sagte Patrizia alarmiert, verunsichert. Wer konnte schon sagen, was die drei vorhatten. Vor Kurzem erst waren in Heilbronn zwei verkohlte Leichen in einem ausgebrannten Wohnmobil gefunden worden.

Die Musik des Zufalls hatte gerade einen sehr unangenehmen Klang.

Ich kletterte auf den Fahrersitz, startete den Wagen. Wir donnerten davon.

Schweigend fuhren wir durch die Stadt auf der Suche nach einem anderen Schlafplatz. Wir kannten uns nicht aus. Im gelben Licht der Straßenlaternen wirkte alles einschüchternd und gefährlich.

# 66

Es ging einfach nicht mehr. So viel war mir am nächsten Tag klar. Ich war der Meinung, dass es Patrizias Schuld war. Sie ist intelligent, mutig, hinreißend. Aber einen grünen Daumen hat sie nicht. Das Basilikum war durch. Es lag im Sterben. Vor zwei Wochen hatte sie es aktionistisch auf zwei Töpfe verteilt. »Basilikum braucht nicht Heimat, sondern Raum«, sagte sie selbstbewusst. Seitdem kroch es in armseligen Stängeln aus der Erde und hatte die Farbe eines Lungenkrebspatienten im Endstadium. Ein ganz klassischer Fall von »Operation gelungen, Patient tot«.

Als wir heute Morgen aufgewacht waren, hatten bereits ein paar Leute in der Dämmerung geangelt. Dunst stieg vom See auf, an einer Fischerhütte am Angelpark zur Grafenmühle wurde Kaffee ausgeschenkt.

Gestern war die Nacht der klappernden Fahrräder gewesen. Auf unserer Suche zogen wir erst den Krankenhausparkplatz in Betracht, dachten an die Mahner und Warner und all die anderen, die sich Sorgen um uns machten. Manchmal hatten sie leider recht. Wir waren exponiert und verletzlich. Das war die Kehrseite.

Schließlich fuhren wir hier raus ins Grüne, raus an den Alten Postweg in Bottrop-Kirchhellen, ehemals ein Erholungsgebiet für die Bergarbeiter, damit sie ihre staubigen Lungen wieder etwas freibekamen. Jetzt erholten wir uns hier. Schönheit, schreibt Helge Timmerberg, liegt immer hinter der Gefahr. Wir versicherten uns gegenseitig, gestern Abend alles richtig gemacht zu haben. Unser Leben hatte seinen Preis, natürlich. Vielleicht steckt deswegen das Wort »teuer« in »Abenteuer«.

Zähneknirschend topfte Patrizia das Basilikum aus. »Vielleicht hatte meine Mutter doch recht«, sagte sie. Es fand eine neue Heimat im Waldboden.

Ein paar Fischer liefen an uns vorbei. Sie warfen uns komische Blicke zu. Dem Rosmarin ging es übrigens hervorragend. Als wäre er für das Leben im Auto gemacht. Wir verwendeten ihn in Omeletts, zu Bratkartoffeln und natürlich gegen Patrizias Käsefüße.

## Teil III

# FREIHEIT UND ANDERE MÄRCHEN

# 1

Sonja ist so alt wie ich und wohnt in Köln. Vor 25 Jahren haben wir gemeinsam Abitur gemacht und sind dabei gute Freunde geworden. Kurz nach der Schule war ich mal eine Weile obdachlos – eine Verkettung unglücklicher Umstände –, und Sonja nahm mich bei sich auf. Ihrem Vater, wie der Zufall will auch ein Polizist, gefiel das überhaupt nicht. Er schaute mich im Polizeicomputer nach. Aber erst als ich aus Versehen die Zahnbürste der Schwester benutzte, musste ich mir eine neue Unterkunft suchen.

Unsere Wege trennten sich danach. Ich ging nach Indien, nach Kanada, streifte durch die Gegend. Sonja zog nach Köln, studierte Pädagogik, bekam ein Kind, wurde zu einer Sorte Lehrerin, von der es mehr an den Schulen geben sollte, und vor Kurzem hatte sie sich einen lang gehegten Traum erfüllt. Sie hatte sich ein Haus gekauft.

»Willkommen im Chaos«, sagte sie an einem schönen, heißen Samstag, an dem draußen so viele Wespen unterwegs waren, dass trotz des Wetters alle Cafés in der Gegend verwaist waren.

Das Haus war ein relativ alter Bau. Gedrungen, nicht allzu groß, und dennoch wuchs es Sonja über den Kopf. Denn Bedingung der Verkäuferin war gewesen, dass die ganze Einrichtung drinblieb. Die alte Dame war ins Altenheim gezogen, hatte alle Dinge abgestreift wie eine alte Haut, und Sonja musste sich jetzt damit beschäftigen, die Spuren eines ganzen Lebens zu beseitigen.

»Die Schrankwände müssen raus«, sagte sie und zeigte auf das schwere Holz aus den Fünfzigern. »Der ganze Keller muss geräumt werden. Die Küche muss ich ausmisten und neu machen.« Sie seufzte. Im Keller standen alte Schnapsflaschen, alte Waschmaschinen. Im Wohnzimmer standen selbst die Bücher noch in den Regalen. Sonja wusste nicht, wo sie anfangen sollte.

Patrizia und ich konnten nach unserem eigenen Ausmisten gut mit ihr mitfühlen. Auch wenn es bei uns im wesentlich kleineren Maßstab stattgefunden hatte. Allein diese schrecklichen Schrankwände. Was es hier gebraucht hätte, war ein konzentrierter Arbeitseinsatz mit zehn Freunden.

In Anbetracht der gewaltigen Aufgabe half ich Sonja ein wenig beim Büchersortieren. Wir saßen auf dem Boden und versuchten herauszufinden, welche wegkonnten und welche nicht. Jede Menge Bücher aus den Fünfzigern. Die meisten von ihnen kamen ohne Inhaltsangabe auf den Rückseiten aus. Dafür hatten einige schönere Umschläge als heute. Ich schlug die Autoren im Netz nach, ebenso die Titel.

Dazwischen fiel mir etwas in die Hände, das in die Reihe von Bänden mit harten Umschlägen nicht so recht reinpassen wollte. Es war im Format DIN-A5 und dunkelgrün. Der Aufdruck versprach Unterlagen der Nürnberger Versicherung.

»Hier, schau mal, vielleicht ist das wichtig.«

»Kann ich mir eigentlich nicht vorstellen. Die war wirklich sehr bestimmt, was die Sachen hier angeht. Und ich Idiot habe auch noch Ja gesagt.«

Ich öffnete die Versicherungsunterlagen, aber es waren gar keine Versicherungsunterlagen drin. Es war das Kamasutra. Das indische Lehrbuch über Erotik. Wir mussten lachen. Dann machten wir weiter. Aber als wir mit den Büchern fertig waren, fühlte es sich an, als hätten wir gar nichts geschafft.

Später, bei Milch und Keksen in der Küche, saß Sonja auf einem Holzstuhl und sagte, sie verstehe gar nicht, wie sie mal so besessen gewesen sein könne, ein Haus besitzen zu wollen. Sie lachte bitter. »Was habe ich mir nur dabei gedacht?«

# 2

Während wir wieder auf der Straße kreuzten, mit unserer inzwischen wirklich bescheidenen Habe, ließ mich das Bild von Sonja nicht los, wie sie da im Wohnzimmer auf dem Boden saß, unsicher, wo sie anfangen sollte, das ganze Haus auf ihren Schultern.

Ich hielt an einer Tankstelle und schaute nach Öl und Kühlwasser. Beides brauchte Nachschub. Ich öffnete die Schiebetür, hob die Matratze hoch und wühlte in der Bananenkiste, die alles fürs Auto beherbergte, fand, was ich brauchte, und begab mich damit wieder nach vorne.

»Hast du eigentlich schon mal von einem Haus geträumt?«, fragte ich Patrizia.

»Ich träum eher von den Orten, wo das stehen sollte, nicht von einem Haus an sich«, antwortete sie und öffnete den Tankdeckel, zog die Pistole von der Zapfsäule und steckte sie rein.

»Zum Beispiel?«

»Entweder in einer tollen Landschaft, also an einem See oder am Meer, oder über einem Café in einer tollen Stadt.«

»Über einem Café oder über einer Bäckerei?« Ich goss einen Liter Öl nach, dann das Kühlwasser. Ich kleckerte ein bisschen und musste Tücher holen, um die Tropfen aufzuwischen.

»Café, dann kann ich mich immer reinsetzen.«

»Aber da war nie eine fixe Idee, wie schon bei manchen in der Schule? Ausbildung, heiraten, Haus bauen?«

»Nee, ich wollte höchstens ein Haus am Meer für meinen Papa.«

»Wieso das denn?«

»Das hab ich ihm mal versprochen.«

»Dein Vater hat doch schon ein Haus, ein großes noch dazu.«

»Das ist eher was für Kinder und Familie. Aber das Haus am Meer soll ein Ruhesitz sein, wo er richtig schön das Leben genießen kann.«

»Vielleicht war er ja deshalb so angefressen wegen des Umzugs ins Auto, weil er seine Felle davonschwimmen sieht.«

»Nein, daran hat er doch nie geglaubt, aber ich mach's trotzdem, und dann sag ich: Ha!«

»An welchem Meer?«

»Das haben wir zum Glück ungeklärt gelassen, deswegen kann es auch Somalia werden, ohne dass er sich beschweren darf.« Patrizia grinste.

Der Tank war voll, und sie steckte die Pistole wieder in die Zapfsäule. Dann ging sie rein und zahlte, kam mit der Quittung und einem Eis wieder raus. Ich verstaute Öl und Kühlwasser, wir stiegen ein und fuhren wieder los.

Wo kommt unsere Sehnsucht nach Häusern und Grundstücken her? Die Idee hört sich zweifellos gut an, doch dann muss die Sesshaftigkeit auch verwaltet werden, nicht nur finanziell, sondern auch mental.

»Ein Kollege von mir«, sagte Patrizia, während Köln im Rückspiegel verschwand, »baut auch gerade ein Haus. Der ist so enthusiastisch rangegangen, hat die ganzen Hürden der Bürokratie überwunden, aber jetzt ist er nur noch am Jammern und meint, wenn er gewusst hätte, was das alles für Kosten sind und was für ein Aufwand das ist, wären sie vielleicht auch in ein Auto gezogen.«

Gut, so radikal brauchen es natürlich die wenigsten. Aber vielleicht waren die Nomaden mit ihren Sommer- und Winterlagern schon auf der richtigen Spur.

# 3

Die Vulkaneifel war mir vor allem ein Begriff dank jahrelanger Indoktrination durch die Werbung. Traurig. Aber da bin ich wohl nicht der Einzige. Jeder kennt wahrscheinlich diese bezaubernden Wasseraugen zwischen bewaldeten Hügeln und die Biere, die man aus diesem hervorragenden Nass macht.

Dabei hatte mich der Name Vulkaneifel immer fasziniert. Weil er sich nach einem wilden Deutschland anhört. Nicht nach einem so dicht bevölkerten, einem so zersiedelten. Und laut Eddie, den ich im Teutoburger Wald getroffen hatte, war die Eifel ja voller Kraftorte.

Wir fuhren über dieses Marketingkonstrukt, das man 2008 ins Leben gerufen hat: die »Vulkanstraße«, die 39 touristisch interessante Stationen auf 280 Kilometern zwischen Rhein und Eifel verbindet. Darunter die Abtei Maria Laach. Vielleicht könnten das Kloster und der angrenzende See ein Kraftort für uns sein.

# 4

Die Abtei mit ihrer sechstürmigen Klosterkirche wurde zwischen dem 10. und dem 12. Jahrhundert erbaut und zählt zu den schönsten Denkmälern der romanischen Baukunst aus der Salierzeit. Sie folgt der Tradition der großen rheinischen Kaiserdome in Speyer, Mainz und Worms, liegt etwa vier Kilometer nördlich von Mendig und gehört dem Benediktinerorden. Gegründet wurde sie aber damals vom ersten Herrscher der Kurpfalz, Heinrich II., für das eigene Seelenheil und als Mitgift für die Kirche, da er und seine Frau kinderlos waren. So, wie man das früher mit passendem Geldbeutel machte, wenn man schlecht schlief, weil man sich sorgte, ob drüben auf der anderen Seite wirklich das ewige Leben auf einen wartete.

Nach einer wechselhaften Klostergeschichte durch die Jahrhunderte stellt man sich hinter den Mauern heutzutage hingegen die Frage, ob man sich mehr oder weniger dem Tourismus öffnen solle. Erstaunlich, dass man sich darüber wirklich Gedanken machen muss, denn als wir ankamen, es war Sonntag, schien sie uns sofort geklärt.

Seit unserem Umzug ins Auto mochte ich Sonntage überhaupt nicht mehr. Denn dann ist bei schönem Wetter ganz Deutschland auf der Gasse, die Leute wollen an die frische Luft und ersticken sich dabei gegenseitig.

Die Zufahrtswege waren schon kilometerweit zugeparkt. Der Parkplatz am Kloster kostete zwei Euro. Dann reihten wir uns ein in eine Ameisenstraße, die erst zum und dann um den See herumführte. Samt Fischfang, Bootsverleih und Campingplatz gehört er zur Abtei. Und die großartige Bibliothek hinter den Klostermauern darf man leider nicht ohne Anmeldung besuchen.

Als wir am Ufer im Menschenstau feststeckten, ließ ich meinen Gefühlen freien Lauf. »Ich könnte kotzen«, sagte ich zu Patrizia. Die zuckte mit den Schultern, wusste schon, was gleich kommen würde.

Der ovale See ist der größte in Rheinland-Pfalz. Eine sogenannte Caldera, also ein mehr oder weniger kreisrundes Becken, das durch Absacken der Decke der entleerten Magmakammer des Vulkans entstanden ist. Der Ausbruch, der diese Caldera geschaffen hat, fand um 10 000 vor Christus statt und erreichte auf dem Vulkanexplosivitätsindex – ein tolles Wort – 6 von 8 Punkten. Damit war er sechsmal so stark wie der Ausbruch des Mount St. Helen im US-Bundesstaat Washington im Jahr 1980. Der Auswurf flog bis ins Rheintal, war bis zu sieben Meter dick und verstopfte die Talenge, staute den Fluss auf.

Die Magmakammer unter dem See ist immer noch intakt, der Vulkan immer noch aktiv. Immer wieder füllt sich die Kammer mit Magma aus dem oberen Erdmantel. Ein Ausbruch, sagen Forscher, sei sehr wahrscheinlich. Innerhalb der nächsten Jahrtausende.

»Erst. Schade.«

»Soo schlimm ist es ja auch wieder nicht.«

»Ich bin auf dem Explosivitätsindex schon bei 7!«

»Fredy!«

Schweigend, ich auch schwelend, gingen wir weiter, mussten Kinderwagen ausweichen, Rentnern, die einfach mitten auf dem Weg stehen blieben und fröhlich vor sich hin schnatterten, Chinesen, die alle drei Schritte ein Foto machen mussten und eine Schnute zogen, wenn man ihnen durchs Bild lief.

Ich brodelte vor mich hin, versuchte, mich zu beruhigen, aber einen halben Kilometer weiter durch diesen menschlichen Hindernisparkour war der Ausbruch nicht mehr zu vermeiden.

Nach zehn Minuten wilden Rumfluchens meinerseits – wobei ich Glut, Rauch und Flammen spie – war die Stimmung in der recht ansprechenden Natur endgültig verpestet. Wir saßen wieder im Auto und konsultierten unseren Straßenatlas. Mensch, hatten wir in den letzten Monaten denn gar nichts gelernt? Das hätten wir uns doch denken können.

Ich weiß gar nicht genau, warum mich große Menschenansammlungen so depressiv/aggressiv machen. Vielleicht ist es die Erkenntnis, dass wir alle kleine Lichter sind, es so viele von ihnen gibt, die alle auch noch an den gleichen Orten unterwegs sind. Jeder denkt, er sei einzigartig, und keiner ist es.

Obwohl, ich schon. Patrizia auch. Aber das war's.

# 5

Man sollte öfter Flussläufen folgen. Zum Beispiel dem der Wied, eines 102 Kilometer langen Nebenflusses des Rheins, der im Westerwald entspringt. Sofort wurde es ruhig und beschaulich. Die Wied fließt durch ein eng geschnittenes Tal ohne Touristen. Überhaupt waren kaum Menschen unterwegs, dabei waren wir jetzt gerade mal etwas mehr als 26 Kilometer vom Kloster entfernt.

Die Wied glitzerte in der Abendsonne. Die Ufer bewaldet, die Orte klein, die Landstraße mit ihren Kurven die reinste Freude zu fahren. Es dauerte nicht lange, und ich hatte meine Misanthropie vergessen, mein Explosivitätsindex ging wieder gegen null.

Ein paar Kilometer weiter, in einem kleinen Ort namens Niederbreitbach, 1500 Einwohner, fanden wir einen wundervollen Platz. Direkt an der Wied, unter einer Brücke.

Ende des 18. Jahrhunderts wurde hier in der Gegend, in den Gruben Louisenglück, Heinrich und Ferdinand, noch Kupfer abgebaut, aber inzwischen ist das Gebiet der Naturpark Rhein-Westerwald.

Wir parkten, richteten uns ein, steckten unsere Füße in das gluckernde Wasser. Es war verzaubernd ruhig. Nur die Geräusche der Natur. Die zählen nicht als Lärm. Außer albanische Straßenhunde, aber das ist ein anderes Kapitel in einem anderen Buch.

Wir öffneten eine Flasche Federweißer und versuchten, uns an dem Gewässer sattzusehen. Es ging nicht. Es verhält sich da ähnlich wie mit den Flammen eines Lagerfeuers.

Eine Stunde saßen wir so da, versuchten, die Sprache des Wassers zu entschlüsseln. Dann kam der Hunger.

Wir legten den Grillaufsatz über den Gaskocher. Da wir wie die Hobos unter einer Brücke herumhingen, kochten wir auch so. Es gab Hamburger. Einer der Tricks, die ich von Hobo Shoestring in den USA gelernt habe, ist, immer eine Tüte französische Zwiebelsuppe dabeizuhaben. Damit lässt sich fast alles würzen. Wir gaben das Pulver in das Hack, kneteten gut durch, und fertig war die Gourmetboulette. Eine Packung Zwiebelsuppe ist ausreichend für 500 Gramm Hackfleisch.

Die Burger waren hervorragend. Der Saft lief uns am Kinn entlang. Der Himmel wurde dunkel, die Sterne kamen raus, und wir legten uns in unsere Raumkapsel.

Ich entschuldigte mich für den Ausbruch von vorhin und suchte weiter nach Erklärungen. Auch Patrizia ist kein Fan der Massen, sie geht nur nicht gleich durch die Decke. Wir sind eher introvertiert. Unterhielten uns über Landschaften, die menschenleer, dafür voller Flora und Fauna waren, und wir dazwischen, zwei einsame Wanderer.

Irgendwann sang uns der Fluss glucksend in den Schlaf.

# 6

Als wir Mandy im Westerwald trafen, waren wir fast 10 000 Kilometer durchs Land gefahren, hatten zwei Töpfe und eine Pfanne weggeworfen, die Hälfte unserer Klamotten aussortiert, zwei Campingstühle gekauft, zweimal unsere Beziehung infrage gestellt, zehnmal einen Waschsalon besucht, ein Dutzend Mal Sardinen zum Abendbrot gegessen, tausend Mücken erschlagen, zwanzig perfekte Sonnenaufgänge durch die Autofenster gesehen, 22 Bücher gelesen und nicht ein einziges Mal Netflix geglotzt.

Mandy war mit ihrem Wohnmobil nach einem längeren Heimaturlaub auf dem Weg nach Griechenland. Mitte dreißig, hochgewachsen. Gemeinsam mit ihrem geretteten Straßenhund Marco Polo lebte die Webdesignerin seit zwei Jahren in einem unauffälligen blau-grauen Fiat Multijet, Kostenpunkt 54 000 Euro. Sie hatte für einen Teil des Betrags einen Kredit aufnehmen müssen, wollte aber lieber in Qualität investieren, statt bald den ADAC rufen zu müssen.

Fünf Jahre hatte sie selbstständig in Berlin gearbeitet. Dann hatte sie keine Lust mehr auf die ganze Soße. Jedes Jahr nur maximal drei Wochen Urlaub, nach denen man traurig wieder ins Büro schleicht.

Vielleicht geht das ja auch anders, dachte sie, vielleicht kann ich einfach die Miete auf die monatliche Rate für ein Wohnmobil umlegen. Und den Job nehme ich mit ins Auto. Ziemlich konkreter Plan für jemanden, der noch nie einen Campingurlaub gemacht hatte. Außerdem hatte sie, wie wir, zwei linke Hände. Deswegen schaffte sie sich auch gleich das volle Programm an: Dusche im Auto, Toilette, Gasherd, eine über Diesel laufende Standheizung, einen kleinen Arbeitstisch und einen Kleiderschrank. Der war so schmal, dass gerade mal drei Teile reinpassten. Mehr brauchte sie nicht. An ihrem Wagen hingen keine Lichterketten, keine unnötigen Verzierungen, kein sonstiger heimeliger Schnickschnack wie Bilder mit nachdenklichen Sprüchen. Ihre rollende Wohnung war zweckmäßig eingerichtet.

Mandy verbrachte viel Zeit in Südeuropa. In Portugal oder Spanien empfand sie das Leben als angenehmer. In Deutschland gab es ihr zu viele Verbote, und es war ihr zu dicht besiedelt. Steht man irgendwo am Feld, kommt dreimal am Tag ein Traktor vorbei. Außerdem, sagte sie, hätten andere Länder ein mobiles Netz, das den Namen tatsächlich verdiene. In Deutschland muss man ja nur an den Waldrand fahren, und schon ist es vorbei mit der neuen digitalen Welt. In Spanien gibt es zwanzig GB für zwanzig Euro prepaid; in Portugal bekam Mandy für einen Euro am Tag unbegrenzt Daten, weswegen sie sogar ihr Netflix-Konto reaktivierte. In diesen Ländern war es dann auch gar kein Problem, schöne Stellplätze in der Natur zu finden und trotzdem regelmäßig Kunden in anderen Ländern zu bedienen.

Wer nicht gern alleine ist, für den ist so ein Leben nichts. Für Mandy schien es das Richtige zu sein. Ihr einziges Problem derzeit: Marco Polo sabberte immer an die Tür der Beifahrerseite, und sie hatte keine Ahnung, wie sie den Schmu wieder aus den Ritzen bekommen sollte.

Wir zeigten ihr das Innenleben unserer Aubergine, die improvisierte Küche, das Bad, die ganzen herrlichen vier Quadratmeter. »Muss man mögen, diesen Minimalismus«, sagte Mandy. Tatsächlich war ich etwas neidisch. Nicht etwa auf ihre Toilette, die Dusche oder generell den Platz, den sie zur Verfügung hatte, sondern auf ihren Arbeitstisch. Mit dem kommenden Herbst würde das entspannte Schreiben am See bald Vergangenheit sein.

# 7

Unsere Wege trennten sich. Mandy fuhr weiter nach Hellas, wir ins Rheintal zwischen Koblenz und Bingen. Ein mittelalterliches Ensemble aus Burgen und Fachwerk zog wie eine Filmkulisse an uns vorbei.

Wir fragten uns, wo sich wohl Jürgen rumtrieb, den wir in der Nähe von Lüneburg getroffen hatten. Ob der immer noch da stand? Er hatte nicht gewirkt, als hätte er Fernweh. Jürgen fiel in die Kategorie Außenseiter, war in Deutschland unterwegs, auch im Winter. Mandy hingegen gehörte quasi zu den digitalen Nomaden – sie konnte von überall aus arbeiten –, hatte sich aber gegen das typische weltumfassende Hüpfen durch günstige Städte und für das Leben im Auto entschieden.

Wir fanden beides attraktiv. Jetzt lebten wir halt im Auto.

Die diesem Lebenskonzept zugehörige Gruppe auf Facebook nennt sich »Vanlife Germany« und hatte zu dem Zeitpunkt gut 8000 Mitglieder. Inzwischen sind es fast 19 000. Aber im Gegensatz zu den USA leben und arbeiten hier wesentlich weniger Leute Vollzeit in ihrem Auto, sondern gehen das (noch) eher als Projekt für Wochenenden, Urlaube und Langzeitreisen an: Soll ich Parkett legen? Wo sind eure Lieblingsplätze zum Übernachten in Deutschland? Wie seid ihr zum Vanlife gekommen? Vanlife als Therapie. So baut man einen Kamin ein.

Die Welle gewinnt an Schwung. Es gibt regionale, es gibt nationale Treffen. Bei manchen tauscht man einfach Erfahrungen aus, bei anderen lernt man Grundlegendes in Sachen Autoreparatur. Wenn man sich die ganzen entsprechenden Instagram-Konten und Blogs anschaut, bekommt man den Eindruck, dass es nicht mehr lange dauern kann, bis Hornbach und Obi aufspringen und bald ihre Werbespots aus den Fernsehern dieser Republik schreien: DEIN AUTO – DEIN PROJEKT!

Mit einer Mischung aus Aggression und Faszination folgte Patrizia in den sozialen Medien ein paar Frauen, die sich ständig im schönsten Licht vor der offenen Heckklappe so gut wie nackt in den eindeutigsten Posen rekeln. Die Inszenierung hat wenig mit der Realität zu tun: immer perfekt ausgeleuchtet, nie sieht man ein verknautschtes Gesicht oder einen Anflug von Chaos im Auto. Da gibt es keinen Funken Streit, da gibt es keinen Dreck, und man entdeckt auch nie eine einzige Stechmücke.

»Sollen wir das auch mal probieren?«, fragte ich Patrizia

»Wenn«, antwortete sie süffisant, »dann inszenieren wir dein Brusthaar und sonst gar nichts.«

Projekt hin oder her, es gibt sie aber auch in Deutschland, die Menschen, die auf Rädern arbeiten. Durch die Möglichkeiten der Telearbeit bei gleichzeitig steigenden Mieten werden es in Zukunft wohl noch mehr werden. Die einen richten sich im Auto ein mobiles Friseurstudio ein, andere geben Massagen, manche ziehen als Landschaftsarchitekten, Bauingenieure oder Tätowierer durch die Gegend, einige stellen Schmuck her und verkaufen ihn auf Festivals. Einzelpersonen, Pärchen, ganze Familien. Neulich habe ich sogar einen Zahnarzt getroffen, der sich in zehn Jahren, okay, kein passendes Auto, sondern gleich ein Boot kaufen will, um mit seiner Praxis um die Welt zu segeln. Die Sehnsucht, mit alten Strukturen zu brechen, macht alles möglich. Man darf sich nur nicht darum scheren, was andere sagen.

Wir ließen den Tag ausklingen bei Hobo Coladas, eine Eigen-kreation, die Piña Colada der Straße. Das Zeug lässt sich hervor-ragend ohne Barbesteck oder zu viele Zutaten mixen. Man nehme Buttermilch mit Ananas-Kokos-Geschmack, trinke einen guten Schluck ab und fülle die Flasche wieder auf mit ordentlich brau-nem Rum. Dann zudrehen, schütteln, durch die Luft werfen, schütteln, auf Eis servieren. Prost!

# 8

Auf der Bundesstraße 9 zwischen Koblenz und Bin-gen. Das poetische Rheintal, Weltkulturerbe. Vorbei an Weinber-gen und fast dreißig Burgen. Vorbei an fast 300 Bussen mit deut-schen Rentnern. An fast 3000 Bussen voller Chinesen, die laut Werbeschriftzug an der »Magischen Vier-Flüsse-Tour« teilnah-men.

Ich liebe diese Gegend trotzdem. Und deshalb auch eine Null Komma null auf meinem persönlichen Eruptionsindex.

All die Hügel, all die Festungen. Manchmal majestätisch, manch-mal bedrohlich, manchmal bewohnt, manchmal nur noch Kulisse. Ritter und Edelfrauen, Edelsteine und Blut. Runde Tische in run-den Gewölben, an denen Wein gesoffen und die Beute aufgeteilt wurde, hier ein Kriegszug, dort eine Brandschatzung, ein Überfall da hinten. Kein Massenverkehr, kein Fluglärm, keine *Bild*-Zeitung. Kein Internet. Nur das Klappern der Pferde und das Klingen von Schwertern. Einfache Zeiten. Ich frage mich schon lange, wie ich einen Burgbesitzer dazu bringen könnte, mich dort wohnen zu las-sen, und sei es nur für kurze Zeit, sagen wir mal ein Jahr.

Die Aussicht und meine Tagträumerei machten mich also tie-fenentspannt.

»Verdammt noch mal«, fluchte Patrizia, »wieso gibt es denn hier nirgends LTE?!«

Bei ihr lief ein ganz anderer Film ab. Seit ein paar Monaten schon kommunizierte sie über eine Pornoseite mit diversen Span-nern. Patrizia hatte vorgegeben, ein Kerl zu sein, der ebenfalls auf so etwas stand. So war es ihr gelungen, mit einigen Spannern ins Gespräch zu kommen. Jetzt kam es darauf an, weiter dranzubleiben, mit dem Ziel, die Spanner zu enttarnen. Gerade noch hatte sie mit so einem über eine anonyme Plattform im Internet hin- und hergeschrieben.

Am anderen Ufer schob sich die Loreley in die Höhe, auf den ersten Blick nicht mehr als ein hoch aufragender Schieferfelsen an der Innenseite einer Rheinkurve. Der Fluss verengt sich hier auf eine Breite von 200 Metern. Über Jahrhunderte war die Stelle unter Schiffern berüchtigt. Sie fürchteten die Riffe, die Felsen und die Untiefen, und sie fürchteten sie zu Recht. Durch quer im Fluss liegende Felsrippen entstanden Strudel, die vielen Schiffern zum Verhängnis wurden. Da nutzten auch die Gebete nichts, zu denen sie ihre Mannschaften vor dem Passieren der Loreley durch drei Glockenschläge aufgefordert hatten.

Manche sagen deswegen, Loreley bedeute lauernder Fels.

Dann kam Clemens Brentano daher, schnappte sich den Namen und übertrug ihn auf eine weibliche Figur – wobei er seiner Zeit weit voraus war, denn bei ihm hört sie sich nach einer Filmdiva aus den 1930ern an: »Lore Lay«, so hieß die Ballade, die er 1801 schrieb. Darin berichtet er von einer Zauberin. Die eine große Verzauberin ist. Mit ihrer Schönheit raubt sie allen Männern den Verstand und bringt ihnen den Tod. Der Klerus geht mal wieder seiner wahren Berufung nach und will sie zum Tode verurteilen, seit Lemgo ist das Prinzip bekannt. Bemerkenswerterweise ist ihr das nur recht: Sie ist sich ihrer Wirkung bewusst, und seit ihr Liebster sie betrogen hat, will sie nicht mehr leben. Also tritt sie vor den Bischof, um ihr Urteil entgegenzunehmen. Doch als der Bischof sie sieht, wird er ein weiteres Opfer ihrer Schönheit, und statt das Todesurteil zu sprechen, schickt er sie bloß ins Kloster. Nichts war's mit dem Selbstmord durch die Kirche aus Liebesgram. Drei Ritter begleiten Loreley auf ihrem Weg hinter Klostermauern, und als sie den großen Felsen passieren, bittet sie ihre Bewacher, ihn erklimmen zu dürfen, um zum Abschied noch mal das Schloss ihres Liebsten und den Rhein zu sehen. Natürlich können auch die drei Männer in Blech ihr keinen Wunsch abschlagen. So klettert sie hinauf – und stürzt sich in die Tiefe.

Brentano löste einen wahren Loreley-Boom aus. Allerdings nicht wie Goethe mit seinem »Werther«, sodass sich nun alle unglücklichen Leserinnen von Felsen stürzen wollten. Vielmehr war er einer der Literaten, die durch ihre Schriften den Grundstein für den örtlichen Tourismus legten; ich komme gleich noch mal drauf zurück.

Nach Brentano verfasste auch Heinrich Heine über die traurige Schöne sein bekanntestes Gedicht und ging damit in die Literaturgeschichte ein. Ein wirklich wundervolles Werk. Als ich damals mit dem Fahrrad von Tel Aviv nach Berlin fuhr, lernte ich es in der windgeplagten ungarischen Ebene auswendig. Inzwischen hatte ich leider nur noch die erste Strophe parat.

Patrizia klebte an ihrem Telefon. Dabei liebt sie eigentlich melancholische Geschichten. Ihre Wangen leuchteten, sie schien sehr nah dran zu sein. Doch zwischen St. Goar und Oberwesel veränderte sich ihr Gesichtsausdruck. Ein Funkloch. Sie wurde panisch. Funkelte mich mit ihren Verzauberinnenaugen an. »Komm mir jetzt nicht mit der Loreley! Tritt aufs Gas. Ich brauch Internet!«

# 9

Sosehr ich auch aufs Gas trat, das Telefon zeigte immer nur »E«. Als hätten die örtlichen Tourismusbüros das Funknetz in diesem riesigen Freilichtmuseum extra nicht ausbauen lassen, damit sich die Reisenden besser auf die Reize konzentrieren können.

In Bacharach verließen wir die Bundesstraße. Über der Stadt thront die Burg Stahleck. Vielleicht gab es dort LTE. Patrizia wurde immer ungeduldiger. »O Mann, ich sollte seit einer Stunde im Chat sein. Das versaut mir noch meine ganze Recherche!«

Auch dort oben blieb das Problem bestehen. Hoch über dem Rhein hielt Patrizia ihr Telefon in die Höhe. Sie sah ein bisschen aus wie die Freiheitsstatue mit ihrer Fackel. Allerdings bei Weitem nicht so stoisch. Deswegen rannte sie dann auch in die Jugendherberge, die inzwischen in den alten Gemäuern untergebracht ist.

Derweil genoss ich den Blick auf die Stadt und das mittlere Rheintal. Wegen des Irrsinnssommers führte der Fluss kaum noch Wasser, die Binnenschifffahrt war in eine schmale Rinne gedrängt.

Ich informierte mich über die Geschichte der Burg. Erbaut auf 160 Metern Höhe auf einem Felssporn, zählt sie zu den ältesten in der Gegend. Wie die meisten Burgen hat sie eine bewegte Geschichte. Während des Dreißigjährigen Krieges wechselte sie achtmal die Besitzer. Sprich Besatzer. Die Bacharacher wechselten damit achtmal ihre Konfessionszugehörigkeit.

Ein paar Jahrzehnte später, im Pfälzischen Erbfolgekrieg, sprengten 1689 französische Truppen die Burg, indem sie die Pulvervorräte in den Gewölben in die Luft jagten. Die Trümmer flogen bis in die Stadt und zerstörten Teile der gotischen Wernerkapelle. Ein Riesenspektakel in der distanzierten Rückschau, gut möglich aber, dass manch Zeitgenosse glaubte, ein rheinisches Pompeji sei losgebrochen.

Erst 1925 wurde Stahleck wieder aufgebaut und zu einer Jugendherberge umfunktioniert. Dann kamen die Nazis, sagten, vorbildlich, vorbildlich, Stahl und Jugend, und nutzten die Stätte, um die junge Generation mit ihrem Gedankengut zu indoktrinieren. In einem Aufwasch war die Burg ein Umerziehungslager für nicht so linientreue Kinder. Danach ein Wehrmachtslazarett, und im munteren Spiel des Bäumchen-wechsle-dich quartierten sich nach Kriegsende französische Soldaten ein und ließen wahrscheinlich im Siegestaumel Rheinwein in sich reinlaufen.

Patrizia kam wieder heraus und hielt einen Zettel in der Hand, ihren WLAN-Pass. Armes Deutschland. Sie setzte sich auf eine Bierbank und versank wieder in ihrem Telefon.

Ich hoffte, dass es noch nicht zu spät war, stellte mich an die Mauer und schaute runter nach Bacharach, wo prominent die Ruine der Wernerkapelle in die Höhe ragte, um die sich folgende

Legende rankt, der sogenannte Wernerkult: Der sechzehnjährige Werner war am Gründonnerstag, dem Vorabend der christlichen Feier des Kreuzestods Jesu, nichts ahnend in der Stadt unterwegs, als die jüdische Gemeinde ihn kurzerhand ermordete. Sein Blut verwendete sie für das eigene Passahfest. Ein Aufschrei folgte, schließlich glaubten sowieso viele, die Juden hätten schon den Gottessohn auf dem Gewissen, und ein mittelalterlicher Mob erhob sich. Zerstörte die jüdischen Gemeinden am Mittelrhein, an der Mosel und im niederrheinischen Raum. Ungezählt die Opfer der Pogrome, Werner wurde als Märtyrer heiliggesprochen und in der Volksfrömmigkeit zum Patron der Winzer.

Historisch gesichert ist lediglich, dass der junge Tagelöhner 1287 bei Bacharach ermordet aufgefunden wurde. Doch erst 500 Jahre später, 1963, wurde er aus dem diözesanen Heiligenkalender des zuständigen Bistums Trier gestrichen. Im selben Jahr, als Papst Johannes XXIII. in einem Bußgebet sein langes Streben um die Versöhnung von Judentum und katholischer Kirche auf den Punkt brachte. Es wird auf einer Gedenktafel in der Wernerkapelle zitiert, die inzwischen als »Mahnmal zum geschwisterlichen Umgang der Religionen« gilt:

Wir erkennen heute, dass viele Jahrhunderte der Blindheit unsere Augen verhüllt haben, sodass wir die Schönheit deines auserwählten Volkes nicht mehr sahen und die Züge unseres erstgeborenen Bruders nicht mehr wiedererkannten. Wir entdecken nun, dass ein Kainsmal auf unserer Stirn steht. Im Laufe der Jahrhunderte hat unser Bruder Abel in dem Blute gelegen, das wir vergossen, und er hat die Tränen geweint, die wir verursacht haben, weil wir deine Liebe vergaßen. Vergib uns den Fluch, den wir zu Unrecht an den Namen der Juden hefteten. Vergib uns, dass wir dich in ihrem Fleische zum zweiten Mal ans Kreuz schlugen. Denn wir wussten nicht, was wir taten …

Die Bacharacher von einst ganz gewiss nicht. Es waren grausame Zeiten in der wohlhabenden Zollstation, die vom regen Weinhandel profitierte. Und als müsste die Stadt für ihren Absturz in die Unmenschlichkeit büßen, fiel sie in einen Dornröschenschlaf, als der Hafen versandete.

Eine Weile beobachtete ich die eingeengte Binnenschifffahrt, machte mir Gedanken über Sand und Wassermangel und Hitze. Alle ächzten unter der Sonne, aber ich dachte, es könnte ein guter Jahrgang für Wein werden.

Schließlich steckte Patrizia ihr Telefon wieder weg und stellte sich zu mir an die Mauer. Sie sah traurig aus. Sie hatte einen Seelentröster nötig. Ich zog eine Augenbraue nach oben. Sie nickte. »Der Typ meldet sich einfach nicht mehr«, sagte sie bedrückt. »Scheiße!«

# 10

Am nächsten Morgen lagen lediglich die Reste des Rheins friedlich da. Auf beiden Seiten donnerten Güterzüge durchs Tal, und Hunderte Autos rasten über die zwei Bundesstraßen.

Patrizia wachte auf und beschwerte sich zu Recht über den Lärm. Wir hatten noch ein bisschen altes Brot und Eier. Daraus machten wir Arme Ritter, kochten Kaffee und versuchten, die Diskrepanzen dieser Gegend zu verstehen. Überall waren nämlich Informationsschilder angebracht, die von der guten alten Zeit erzählten. Als Brentano, als Schlegel, Lord Byron und Victor Hugo in den höchsten Tönen von Bacharach und dem romantischen, weinseligen Leben am Rhein schwärmten und damit einen Touristenboom auslösten. Hugo unternahm drei Reisen entlang des Rheins, und in seinen Briefen bezeichnete er Bacharach als eine der schönsten Städte der Welt.

Überall werben sie hier mit der geschichtlichen Rheinromantik, dieser Epoche, als der Fluss (und damit auch die Stadt) wiederentdeckt wurde, in Vers, Lied und Malerei. Bukolische Szenen im Abendlicht, die Sonne leuchtete mit den Weinnasen um die Wette.

Und hier standen wir und hielten uns die Ohren zu ob des Lärms. Dann kamen auch noch die Touristenbusse des neuen Tages.

»Das hatte ich mir irgendwie anders vorgestellt«, sagte ich zu Patrizia.

»Wie so oft«, antwortete sie trocken.

In der Tat, ich war ein hoffnungsloser Romantiker. Hatte an Träumereien unter dem Einfluss von Rheinwein auf abgeschiedenen Uferwiesen gedacht, an Spielereien unter dem Einfluss von Rheinwein auf einem Fell vor dem Kamin einer Burg. So Sachen halt.

»Und jetzt?«, fragte meine Geliebte. »Wir müssen unbedingt mal ein paar Tage in Ruhe arbeiten.«

Sie hatte recht. Auch ich war etwas hinterher mit der Arbeit. Wir waren ein bisschen zu viel unterwegs. Machten wir es uns unnötig schwer?

»Keine Sorge. Im nächsten Ort gibt es definitiv keine Touristen.«

# 11

Ein Tag war heißer als der andere, Regen nur noch eine ferne Erinnerung. Gut für uns, da wir uns überall ausbreiten, draußen zu Hause sein konnten.

Patrizia zog dennoch eine lange Miene. Seit der Episode im Rheintal war sie ziemlich angefressen. Im Büro wäre so was natürlich nicht passiert, auch wenn man nicht genau sagen konnte, was jetzt genau der Grund für das Schweigen am anderen Ende der Leitung war.

Sofort nach Ankunft in meiner Heimatstadt Rüsselsheim fuhren wir in die Stadtbibliothek, und Patrizia machte sich wieder daran, Kontakt zu den Spannern aufzunehmen. Jetzt war es so, dass sie es schwerer hatte und ich leichter. Ich brauchte relativ selten Internet, konnte gut und gern ein paar Tage ohne auskommen.

Patrizia setzte sich an einen Arbeitstisch am Fenster. Ich ging durch die Regale spazieren. Bei der Reiseabteilung blieb ich hängen. Ein leichter Schock durchfuhr mich. Ich weiß natürlich, dass

Bescheidenheit ein klassischer Anzug ist, der nie aus der Mode kommt. Trotzdem ging ich zu der Bibliothekarin am Informationsschalter.

»Entschuldigen Sie«, sagte ich zu ihr. »Wieso steht denn da hinten nur ein Buch von mir im Regal?«

Überrascht lavierte sie ein wenig herum, sagte was von den Abläufen in einer Bibliothek und so weiter.

Ich nickte, natürlich, verstehe, pries dann aber die Vorzüge meines neuen Werkes an. So eine tolle Geschichte, die passe auch perfekt in diese Arbeiterstadt.

Sie zuckte mit den Schultern, langsam wurde es ihr unangenehm. Hilfe suchend schaute sie sich um, aber bis auf uns war der zweite Stock leer. Schließlich sagte sie, sie gebe es weiter.

Das war mir nicht genug. »Ich habe eine bessere Idee. Zufällig habe ich noch ein, zwei Exemplare im Auto.« Sollte ich ihr auch erzählen, dass ich im Auto lebte? Nein, besser nicht, zu viel auf einmal.

Ich rannte raus, holte eins, signierte es und bat sie darum, es prominent ins Regal zu stellen. Sie verdrehte die Augen. Aber viele Künstler werden missverstanden. Das ist sozusagen ihr Schicksal.

Gedankenverloren saß Patrizia an ihrem Arbeitstisch neben dem Fenster. Der Blick ging raus auf das Stadttheater, einen Italiener mit Tischen und eine Tanzschule.

»Nichts?«

»Ich kann sehen, dass er auf der Plattform aktiv ist. Ich habe ihm auch noch mal ein paar Nachrichten geschickt. Aber er ignoriert mich einfach.«

»Komm«, sagte ich im Versuch, sie aufzumuntern. »Lass uns an den See fahren und da weiterarbeiten.«

»Was für ein See?«

»Wirst schon sehen.«

# 12

Als Jugendlicher habe ich am Dr.-Bauer-See viel Zeit verbracht. Ein Werk, das mit großen Förderbändern und Kränen Kies aus dem Boden holte. Bei uns war der See eher bekannt dafür, dass nachts zwischen den aufgeworfenen Dünen kleine Grillfeuer brannten. Es wurde getrunken, geknutscht und auch gevögelt. Manche sind auf die Fördertürme geklettert und dann runtergesprungen, auch noch mit einem arroganten Köpfer. Einige von ihnen blieben im Schlamm stecken, und das war das.

Am besten lässt sich die Ästhetik des Sees vielleicht anhand meiner Freunde aus Kanada charakterisieren. Kurz vor meinem Abitur waren sie zu Besuch. Sie kamen aus der wunderschönen, tief bewaldeten, vor Wildnis nur so strotzenden Provinz British Columbia an der Westküste. Sie schauten sich um, sagten: »Wow ... what a wasteland.«

Früher sind wir durch Löcher im Zaun geschlüpft, aber inzwischen hat ein Investor sich einen Streifen abgezwackt, Sand aufgeschüttet, ein überdachtes Bistro hingesetzt, jede Menge Liegen und Sonnenschirme aufgestellt und das ganze »Pinta Beach« genannt.

Das Wasser ist immer noch übernatürlich türkis, die Förderbänder fördern immer noch Kies, nur in einer anderen, inzwischen abgeriegelten Ecke. Und auf der anderen Seite des Sees, direkt aus dem Wald, kommen die Flugzeuge von der Startbahn West gedonnert. Und zwar so nahe und so tief, dass man das Gefühl hat, mit einem ausreichend langen Seil könnte man sie vielleicht noch einfangen und sich auf den Rücken schwingen. Wasteland. Heimat.

Patrizia und ich sprangen ins Wasser, dann setzten wir uns ins Bistro, packten unsere Rechner aus. Alle sechzig Sekunden dröhnte ein Flieger über den See. Die Turbinen kreischten, der Sand tanzte, und auf den Tischen klapperten die Kaffeetassen. Für ein paar Sekunden verdunkelten die Flugzeugschatten den hell leuchtenden See.

Das ist die Rhein-Main-Romantik.

Patrizia und ich arbeiteten, während die anderen Gäste Apfelwein tranken und ins Wasser hüpften.

Ich stand unter Zeitdruck, musste die dritte Folge der Kolumne fertigstellen. Da die immer zeitversetzt herauskamen, ging es darin um die Tage in Hamburg, als Patrizia und ich uns ob der Umstellung ein kleines bisschen zerfleischt hatten.

»Fredy! Was machst du denn hier?«

Ich schaute auf. Ein Bekannter aus alten Tagen. Wir lebten in derselben Straße, gingen auf dieselbe Schule.

»Gude.« So sagt man bei uns im Frankfurter Raum.

Wir unterhielten uns kurz, dann meinte ich allerdings, ich muss weiterarbeiten, wirklich, heute noch Abgabetermin, tut mir wirklich leid. Es war die ungeschminkte Wahrheit, trotzdem kam ich mir unheimlich dumm und arrogant vor.

Ich konzentrierte mich noch mal auf den Text, dann gab ich ihn Patrizia zu lesen, die sich eigentlich immer auf die Durchsicht freute. Aber jetzt reichte sie ihn mir nach der Lektüre zurück und sagte erst mal nichts.

»So schlimm?« Ich wusste sofort, dass es nicht um den Text an sich ging, um die Lesbarkeit, sondern um andere Sachen. »Aber es war doch so, oder?«

Sie nickte.


Am frühen Nachmittag hatte es sich unter dem Dach des Bistros so weit aufgeheizt, dass die Gedanken Sirup wurden. Ich schickte den Text ab, und wir sprangen wieder ins Wasser. Für eine halbe Stunde war alles in Ordnung, aber auf dem Weg raus zum Auto fingen wir an zu streiten. Ich weiß nicht mehr genau warum, ich weiß nur noch, dass es nicht um den Text ging. Aber gut möglich, dass er der Auslöser war.

Als wir am Auto ankamen, waren wir so richtig in Fahrt, und Patrizia warf mir an den Kopf, dass ich mit ihr redete, wie ich noch nicht mal mit Freunden reden würde. Ich schmiss zu ihr zurück, dass wir gerade unsere Liebsten verletzten wie niemanden sonst. Von wem sonst würden wir alle Knöpfe kennen, die zu drücken seien?

Keiner von uns wich auch nur einen Zentimeter. Es wurde eklig. Eigentlich wollten wir in den Waldbembel fahren und uns ein paar kalte Äppler einschenken, dazu einen Handkäs mit Musik essen. Daran war jetzt nicht zu denken.

Patrizia riss ihre Tür auf – und auf dem Sitz lag eine Heuschrecke, *die* Heuschrecke, und bewegte sich nicht. Patrizia nahm sie in die Hand, hauchte sie an. Kein Mucks. Ich ging um das Auto herum, sie hielt mir die Hand mit der Heuschrecke hin. Drei Wochen war sie mit uns unterwegs gewesen.

»Ich hoffe«, sagte Patrizia, »dass wir sie nicht mit unserem Lebensstil umgebracht haben.«

# 13

Am nächsten Tag fuhren wir zu meiner Mutter.

Die Nacht hatten wir am Naturfreundehaus verbracht. Der Wald war so trocken, das Laub wirkte wie Papier. Ich hatte Angst, den Wagen über einem Blätterhaufen zu parken. Nicht, dass die Hitze des Motors ihn entzünden würde.

Patrizia und ich wollten auf einen kurzen Besuch bei meinen Eltern vorbei, etwas essen, ein bisschen reden, einen Kaffee trinken, dann wieder auswärts schlafen. Wir hatten uns so an unsere Aubergine gewöhnt, dass wir die Übernachtung in einer Wohnung eher als Notlösung betrachteten.

Meine Mutter hatte allerdings einen anderen Plan. Geradezu perfide.

Draußen waren es 35 Grad, und in dem Sozialbau aus den Siebzigern war es auch nicht viel kühler. Meine Mutter wartete mit dem »leichtesten« Essen auf, das sie in ihrem Repertoire hat. Auberginenauflauf: Nudeln, Auberginen, Käse in großzügigen Mengen.

Mein Stiefvater schaute in die Auflaufform. Er hatte das Gericht schon hundertmal gegessen, aber seit er in Rente ist, hat er ein neues Talent entdeckt: meine Mutter mit nur einem Satz halb wahnsinnig zu machen. Jedenfalls schaute er den Auflauf an, wie er da auf den Tisch gestellt wurde, und sagte: »Na, ob das schmeckt?«, mit einer Ernsthaftigkeit, dass ihm meine Mutter fast die Kelle ins Gesicht geklatscht hätte.

Der Auflauf schmeckte so gut, dass wir selbst bei der Hitze nicht aufhören konnten, obwohl der Bauch bereits an die Tischkante drückte. Vor allem der von Patrizia. Aber lehnte sie den Nachschlag ab?

Kugelrund ließen wir uns nach dem Essen für eine Stunde auf die Couch fallen. Das hatten wir schon lange nicht mehr gemacht. Kleine Freuden. Dann kochte ich Kaffee und legte Patrizia die Optionen für die Nacht auf den Tisch. Es waren ein paar gute dabei.

Meine Mutter stand im Türrahmen und hörte sich das Ganze an. »Kommt, ihr Hübschen«, sagte sie schließlich.

»Was?«

»Es gibt Pfannkuchen.«

Ich schaute sie entgeistert an. »Seit wann gibt es denn hier Pfannkuchen nach dem Essen? Seit wann gibt es überhaupt Nachtisch?«

»Seit heute.«

»Ein ganz mieses Spiel treibst du da.«

Meine Mutter lächelte kühl, ich kannte dieses Lächeln gut. Es war ihr »Du denkst wohl, ich bin von gestern«-Lächeln.

Wir gaben uns geschlagen. Aßen die Pfannkuchen. Dann schauten wir zu, wie meine Mutter fröhlich das Bett im Wohnzimmer herrichtete.

Draußen wehte nicht das geringste Lüftchen. Auf der anderen Straßenseite, im Industriegebiet Hasengrund, ging bei der Polizei das Licht an.

Im Bett zuckte Patrizia ein paarmal neben mir, dann war sie eingeschlafen. Ich lag noch eine ganze Weile wach, hing merkwürdigen Gedanken nach. Es gibt viele Folter- und Mordwerkzeuge, die einem Angst machen können – wie ich in Lemgo gesehen hatte –, doch die brutalsten sind oft die unscheinbarsten. Eine Feder kam mir in den Sinn. Oder ein Sekundenzeiger. Einer aus früheren Zeiten, einer, wie man ihn an einer Wanduhr findet, so wie der, die im Wohnzimmer nun über uns hing. Der Zeiger tickte und tickte, tickte immer lauter. Das wollte nicht so recht passen zu dem Bild auf der Uhr: Winnie Puuh, Tigger und Heffalump schlummern in der Sonne, zufrieden, ohne Sorgen in der Welt und bestimmt ohne Gefühl für menschengemachte Zeit. Aber ich, ich armes Ich, lag in diesem Bett, und die Uhr und ihr erbarmungsloser Finger wiesen mich mit jeder Sekunde darauf hin, dass die Zeit verrinnt. Was heißt verrinnt. Brutal fließt sie dahin, ein Strom, der alle Dämme bricht. Und ich habe so einen Hunger auf das Leben, auf die Welt. Ganz am Anfang habe ich geschrieben, dass wir aller Wahrscheinlichkeit nach nur einmal hier sind, und der Gedanke sprang nun in meinem Kopf hin und her, der Sekundenzeiger tickte, und es plagte mich, dass ich nicht mehr da sein werde in hundert Jahren, um zu sehen, wie sich alles entwickelt hat.

Ich stand auf, hängte die Uhr ab und packte sie in den Schrank.

# 14

Über die Autobahn hinweg hatte man einen schönen Blick auf den Hasengrund und die Skyline der Sozialbautürme in meinem Viertel. Wir waren gerade mal einen Kilometer Luftlinie von meinem Elternhaus entfernt, in der Nähe der alten Opelrennbahn.

Früher hat Opel hier die Autos, die neu aus der Fabrik kamen, getestet und über ein Oval aus Beton gejagt, Rennen veranstaltet, sogar ein Raketenauto über den Asphalt donnern lassen. Mittlerweile ist die Rennbahn fast komplett überwuchert, liegt vergessen im Wald. Nur an manchen Stellen kann man noch ihr ganzes Ausmaß erkennen. Manchmal glaubt man sogar, das Röhren der Motoren zu hören, Geistergeräusche, denn das sind nur die Flugzeuge im Anflug auf Frankfurt International.

Ein kleiner Weg führte von der Landstraße hier rein. Wir passierten einen Hundeverein und parkten am Feldrand. Ein paar Leute gingen mit ihren Hunden Gassi. Darauf kann man sich in Deutschland wirklich immer verlassen. Egal, wie abgeschieden man zu sein glaubt – jetzt nicht unbedingt hier –, spätestens nach einer halben Stunde ist jemand da, der seinen Fiffi ausführt.

Über uns kreiste ein Schwarm Stare. Eine zuckende schwarze Wolke, die mal hierhin und mal dorthin stieß. Wir bewunderten das Naturspektakel, während wir auf dem Schneidebrett Knoblauch hackten, Petersilie und Schnittlauch, dann die Kartoffeln kurz kochten und anbrieten. Die Stare flogen so dicht über uns hinweg, dass man unwillkürlich zusammenzuckte.

Patrizia machte ein paar Fotos, ich schaute über die Straße Richtung Heimat. Kaum zu glauben, dass die Sozialbauten mal modern waren. Wie auch der Rest der Stadt. Innerhalb kürzester Zeit konnte man hier den Verfall beobachten. Geschichte schert sich nicht um deine Ambitionen.

Nach dem Krieg war Rüsselsheim dank Opel die am schnellsten wachsende Stadt Deutschlands. Man plante für 120 000 Menschen. Alles Alte wurde abgerissen, die Straßen verbreitert, man wollte den Mief der Vergangenheit auslüften, die neue Zeit atmen. Eine neue Siedlung nach der anderen entstand. Neue Schulen, ein Theater, zwei Freibäder, die Bibliothek. Den Arbeitern stellte man Viertel wie den Dicken Busch hin. Von vorn bis hinten durchkonzipiert: mit einem Einkaufszentrum in der Nähe, denn alles sollte fußläufig innerhalb von zehn Minuten zu erreichen sein, von Lebensmitteleinkauf über Arzt bis Schule für die Kinder.

Inzwischen liegt Opel danieder wie ein siechender Tuberkulose-Patient. Trotzdem haben viele nicht nur ein, sondern gleich zwei Autos. Die breiten Straßen des ehemaligen Arbeiterparadieses sind heute verstopft, und aus einigen der früher so modernen Sozialsiedlungen ist ein Getto geworden, in dem die Frauen oft verschleiert rumlaufen, Kinder meine Eltern bespucken und ich selbst gefragt werde, was ich hier mache.

»Wie geht's dir so?«, erkundigte ich mich bei Patrizia.

»Oh, mir geht's super!«

»Rüsselsheim, schönste Stadt der Welt.«

»Wie findest du es, mit Blick auf das Haus zu schlafen, in dem du aufgewachsen bist?«

»Irgendwie kommt es mir so vor, als hätte mich mein ganzes Leben dafür prädestiniert.«

»Im Auto zu leben?«

»Auf mein altes Heim zu schauen. Ich wollte ja immer von zu Hause weg.«

»Und war ich auch schon Teil von dem Plan?«

»Ja. Im Otto-Katalog hab ich immer nach Frauen wie dir geblättert, Unterwäschemodels.«

»Na bravo.«

Die Stare starteten einen neuen Anflug. »Ist das nicht großartig?«, fragte Patrizia. Ich stimmte ihr zu. Gebannt schauten wir auf die Vogelwolke, freuten uns, draußen zu sein.

Kurz bevor die Stare mit der Aubergine zusammenstießen, zogen sie hart nach oben wie ein Geschwader Kampfflugzeuge. Einige entleerten sich dabei, und die ach so natürliche Kacke flog zielsicher durch eine der offen stehenden Türen in unser Zuhause.

# 15

Das Äpplerfest in Nauheim war schon ein paar Monate her, aber Markus hatte noch genügend vom selbst gebrauten »Stöffche« übrig.

Ich stand mit ihm in seiner Küche und schaute ihm dabei zu, wie er einen Seewolf aus dem Kühlschrank holte und ihn für das Abendessen zubereitete, zu dem er Patrizia und mich eingeladen hatte. Durch das Küchenfenster konnte man in den Garten blicken. Dort saß Markus' Frau Valerie mit Patrizia, vor ihnen ein Bembel mit ebenjenem Stöffchen.

Markus ist ein Freund von mir, und ich nenne ihn gern den König von Nauheim. Einmal im Jahr organisiert er das Äpplerfest. Den Äppler setzt er selbst an, und immer am ersten Samstag nach dem Vatertag wird der am alten Rathaus, einem bezaubernden Fachwerkbau, ausgeschenkt, begleitet von hessischen Tapas und Livemusik. Das Ganze hat Markus vor ein paar Jahren einfach aus dem Boden gestampft. So was bewundere ich. Einer, der nicht wie ich die ganze Zeit über diese Gegend meckert, sondern versucht zu gestalten und seine Finger überall im Spiel hat.

»Gut schaut ihr aus«, sagte Markus. »Das Leben im Auto scheint euch zu bekommen.«

»Ich kann mich nicht beklagen.«

»Und die Arbeit?«

»Auch da nicht.«

»Mann, ich muss auch mal wieder was machen. Alles schön und gut, aber mir fehlt ein bisschen der Kitzel.«

Er erzählte davon, dass er im nächsten Jahr wieder mal was Neues aufziehen wolle, aber auch davon, gegen wie viele Wände der Bürokratie er deswegen schon gerannt sei.

»Und Patrizia, die nimmt das alles wie eine Eins oder was?«

»Sie sagt jetzt immer öfter ›pissen‹.«

# 16

Der Steindamm in Trebur ist schon der Anfang vom Ried. Einer flachen, etwas kargen Landschaft zwischen hier und Mannheim. Wir stellten uns an einen Seitenarm des Altrheins, wo es am Wasser einen Parkplatz in Hufeisenform gibt, der von hohen Bäumen gerahmt ist.

»Das ist ja wohl die schönste Stelle, an der wir bisher gestanden haben«, sagte Patrizia aufgeregt.

»Und keine Touristen.«

Aus Auberginen, Sesamsoße und Brot bereiteten wir ein Picknick und beobachteten argwöhnisch einen weiteren Schwarm Vögel. Diesmal flogen sie aber in sicherer Entfernung über das Wasser. Schiffe zogen flussabwärts Richtung Mainz an uns vorbei. Wellen schwappten an die Steine, auf denen wir saßen. Die Baumkronen wiegten sich leicht im Wind. Es war wirklich schön.

Wir redeten, wir schwiegen. Für morgen stand der vierzigste Geburtstag meines Schwagers an, danach hatten wir Termine außerhalb.

Als es dämmerte, legten wir uns ins Auto. Und es war, als präsentierten wir uns aus freien Stücken auf dem Opferaltar. Den ganzen Sommer hatten wir nur geringfügige Probleme mit ihnen gehabt. Aber jetzt fielen sie über uns her. Stechmücken. Die Vögel über dem Wasser hätten uns Warnung sein müssen.

»Das ist ja grauenhaft«, schimpfte Patrizia.

»Wenn die Dämmerung vorbei ist, wird es besser.«

Es wurde schlimmer. Die kleinen Biester schienen so ausgehungert und so entschlossen zu sein, die beiden Ignoranten auf Durchreise komplett auszusaugen, dass sie die ungeschriebene Dämmerungsregel nicht beachteten.

Die ganze Nacht weckten wir uns gegenseitig. Ich schlug Patrizia, sie schlug mich. Am Morgen wachten wir jeder mit einem halben Dutzend blauer Flecken auf und einem Laken voller Blut.

# 17

Mein Schwager feierte mit allem Klimbim in einer Scheune auf dem Trewwerer Äpplergarten. Eine flache Gegend, aber vom Hof hat man einen unverbauten Blick auf den nahen Odenwald, den Taunus und sogar bis in den Rheingau.

Es gab fünf verschiedene Sorten Apfelwein, ein auf Holztischen aufgebautes Büfett, einen Kickertisch, eine Tanzfläche und einen eigenwilligen DJ.

Immer wieder ging ich mit ein paar Leuten raus, um ihnen die Aubergine zu zeigen. Darunter Joe, der Vater meines Schwagers, und dessen Bruder Heiko. Ich reichte einen Flachmann herum. Die beiden alten Opelaner schauten sich das Auto genau an. Joe war früher mit dem Unimog komplett durch Afrika gefahren. Die Bilder davon hingen immer noch in seinem Haus. Ich bewunderte ihn dafür, legte deshalb Wert auf seine Meinung. Vielleicht hatte er noch ein paar Verbesserungsvorschläge.

Das Gespräch ging aber in eine andere Richtung. In bestem Hessisch fragte Heiko: »Ei, und wie isses middem Figge?« Ich war etwas überrascht, auch wenn ich die Frage nicht zum ersten Mal

gehört hatte. Bevor ich antworten konnte, tat er es schon selbst:
»Ei klar, von hinne muss mer des mache!«

Statt über Details der Inneneinrichtung redeten wir halt darüber. Auch ein wichtiges Thema.

Als es nach wenigen Minuten erschöpfend behandelt war, ging
Heiko zurück in die Scheune. Joe schwieg. Ich reichte ihm wieder
den Flachmann. Ich wusste, was geschehen war, wollte aber nicht
fragen, wie es ihm gehe, weil ich mir sicher war, dass er diese
Frage nicht mehr hören konnte.

»Das war ein schweres Jahr für mich«, sagte er schließlich
von sich aus. Nach dem Tod seiner Frau habe er darüber nachgedacht, dem ganzen Elend ein Ende zu machen. Dann schwieg er
wieder.

Er und seine Liebe waren ebenfalls Anhänger des Lebens auf
vier Rädern. Immer wieder kreuzten sie mit Joes Wohnmobil
durch die Gegend, irgendwann wollten sie die ganz große Reise
machen. Sie gingen auf ein Straßenfest, tranken ein bisschen. Mit
den Rädern fuhren sie nach Hause. Seine Frau stürzte, schlug sich
das Knie auf. Nichts Dramatisches. Sie fuhren weiter, waren bald
zu Hause, gingen schlafen.

Am nächsten Tag sollte gegrillt werden. Das Wetter war gut.
Joes Frau machte sich jetzt aber doch Sorgen wegen ihres Knies.
Sie sagte Joe, er solle schon mal die Kohlen anfeuern, und fuhr
ins Krankenhaus, um jemanden einen Blick auf das Knie werfen
zu lassen.

Zwei Stunden später tauchte die Polizei bei Joe im Garten auf
und informierte ihn, dass seine Frau verstorben sei, man vermu-
tet einen Herzinfarkt.

»Dass die Kurze nicht mehr nach Hause kommt«, sagte er,
»unfassbar.«

Er bat mich um noch einen Schnaps. Ich schenkte ihm einen
ein. Er stürzte den Pisco hinunter und schaute sich noch mal
lange die Aubergine an, in Gedanken versunken.

Schließlich seufzte er, versuchte zu lächeln. »Ihr macht das
schon gut. Es ist wichtig, den richtigen Partner zu haben für so
was.«

Joe ging. Ich blieb an der offenen Heckklappe stehen. Trank noch einen. Dann ging auch ich zurück, beschleunigte meine Schritte.

Drinnen stießen Gläser gegeneinander, alles mampfte fröhlich vor sich hin. Der DJ hatte seine Arbeit aufgenommen und spielte ein eigenwilliges Lied nach dem anderen.

Ich suchte meine Süße in der Menge, entdeckte sie am Kickertisch. Sie lieferte sich ein hitziges Gefecht mit ihrem Gegenüber. Mit welcher Begeisterung sie spielen kann, ging es mir durch den Kopf. Ich beobachtete, wie ihr die Haare im Eifer des Gefechts ins Gesicht fielen, wie sie sie energisch wegpustete. Ich wurde sentimental. Dachte, dass der Zufall manchmal schrecklich grausam sein kann. Fragte mich, was ich machen würde, wenn Patrizia eines Tages einfach nicht mehr nach Hause käme.

Sie schoss das Siegtor, jubelte. Ich zog sie weg vom Tisch, drückte sie an mich und ließ sie eine Weile nicht mehr los. Erst um Mitternacht. Da wurde der Mettigel aufgefahren.

# 18

Es war ein oder zwei Uhr, wir hatten ein paar Schnäpse getrunken, getanzt, jetzt war die Party vorbei, und wir lagen im Bett. Das Gespräch mit Joe hing mir immer noch nach.

Was, wenn uns einer in die Aubergine reinfährt und nur einer von uns übrig bleibt? Was, wenn wir irgendwann irgendwo in Mexiko sind und mich nachts ein aufgeputschtes Kartellmitglied mit einer Machete auseinanderhackt?

»Also, du willst wissen, was ich dann mache?«, fragte Patrizia. »Du bist dann tot oder was?«

»Ich bin dann tot«, bestätigte ich.

»Okay, dann würde ich als Erstes deiner Familie Bescheid geben. Nee, würde ich nicht. Doch, ich würde deiner Mutter Bescheid geben ... Wie kommst du da jetzt drauf?«

»Ach, ich habe immer so Fantasien, was machen wir, wenn einer von uns stirbt? Was machen wir dann? Wir haben eigentlich so viel zu regeln, und wir haben überhaupt nichts geregelt. Was ist mit meinen Konten, meinen Tagebüchern, und es kann ja so schnell passieren ... «

»Ja ... «

»Ich hab keine Verfügung über dich.«

»Ja, wenn einer von uns im Krankenhaus ist, kann der andere gar nichts machen.«

»Ich mein, weiß ich, wie du beerdigt werden willst?«

»Was denkst du denn?«

»Du willst nicht so viel Brimborium. Würdest dich freuen, wenn ich einen Baum für dich pflanze.«

»Ja, das fänd ich schön. Und du, willst du begraben oder eingeäschert werden?«

»Eingeäschert. Ein Viertel von der Asche soll mit einem Baum gepflanzt werden, ein anderes Viertel auf der Zugstrecke zwischen Shreveport und Oklahoma ausgestreut –«

»Die muss ich da ausstreuen?!«

»Kannst auch Shoestring Bescheid sagen, und der nimmt dich mit. Ein Viertel über dem Meer unten am Peloponnes in Griechenland und ein Viertel in der Schweiz in den Bergen bei Interlaken.«

»Okay, mach ich.«

»Und mein Geld geht an dich, meine Nichte, mein Patenkind, meine Mutter. Und dann musst du dich um meine Tagebücher kümmern.«

»Also erst mal lesen, hehe. Und veröffentlichen?«

»Ja. Die schreibe ich, seit ich sechzehn bin.«

»Okay.«

»Jetzt du.«

»Ich will auf jeden Fall eingeäschert werden, und meine Asche soll auch über dem Meer verstreut werden. Einen Teil kannst du meiner Familie geben, die wollen bestimmt irgendwas damit machen. Einen Teil streust du irgendwo aus auf deinen Reisen. Und wenn ich sterbe, will ich nicht, dass du dich gehen lässt und nur noch säufst und nichts mehr machst.«

»Aber schon 'ne Zeit lang?«

»Aber bitte so, dass danach noch Gehirnzellen übrig sind. Du musst dich dann um meine Eltern kümmern.«

»Die werden mir schwere Vorwürfe machen ...«

»Ja. Und was mein Geld angeht, da gebe ich dir 'nen Teil, und dann gebe ich dir noch den anderen Teil, den verwendest du aber nicht für dich, sondern für das Haus am Meer für meinen Vater. Im Notfall betäubst du ihn mit Schlaftabletten und packst ihn in den Kofferraum, um ihn da hinzubringen.«

»Ich soll ihn von zu Hause entführen?!«

»Du zwingst ihn quasi dazu, dass er seine Rente in einem Haus am Meer genießt, wie ich es ihm mal versprochen habe.«

»Also in Somalia? Weil das Geld wahrscheinlich nur dafür reicht.«

»Ich vertraue darauf, dass du Mittel und Wege findest.«

»Ich hatte dir doch vor Amerika den Brief geschrieben mit allen Passwörtern und so. Der liegt inzwischen bei meiner Mutter. ›P. Info‹ heißt der.«

»Wahrscheinlich darf ich das gar nicht, deine Konten leer räumen, da komme ich wohl in den Knast. Am besten machen wir das mal richtig mit Vollmacht und Patientenverfügung.«

»Stimmt.«

»So, genug geschwätzt.«

# 19

Yvonne ist ausgebildete Opernsängerin und singt lieber bei Beerdigungen als bei Hochzeiten. Sie wohnt in Flörsheim, ein paar Kilometer von Rüsselsheim entfernt, man muss nur über den Main, und dann ist man auch schon da.

Wir waren auf dem Weg raus aus meiner heimischen Gegend, unterwegs zu einer Lesung auf einem Journalistenfestival in Düsseldorf, zu einer Hochzeit in Bremen, schließlich zur Verleihung des Deutschen Radiopreises in Hamburg. Danach würden wir endlich in einem großen Bogen runter nach Bayern fahren, zum Wörthsee, wo alles mit uns angefangen hat.

Yvonne ließ uns die Waschmaschine benutzen. Wir sind Schulfreunde. Sie kann wunderbar tragikomische Geschichten erzählen, ein besseres Talent kann man sich wohl für eine Opernsängerin nicht wünschen. Wir aßen eine hessische Brotzeit, während wir auf die Wäsche warteten, und Yvonne unterhielt uns mit einem Schwank aus ihrem Leben.

Manchmal bin ich geradezu neidisch auf die Geschichten, die ihr passieren. Meist sind es Geschichten, die *nur* ihr passieren können. Wie zum Beispiel jene, als sie neulich nach Amsterdam fuhr, natürlich nur der Kultur, der schönen Museen, der schönen Häuser, der Atmosphäre einer alten Handelsstadt wegen. Am Ende kam sie dennoch mit zwei Kuchenstücken der dritten Art zurück, die sie in einem Coffeeshop gekauft hatte. Sie wollte sie für einen besonderen Anlass aufheben, aber bevor es dazu kommen konnte, war der Hund des Bruders bereits schneller, und das war das letzte Mal für die nächsten zwei Tage gewesen, dass er schnell war. Er lag auf dem Rücken, die Läufe in die Höhe gereckt, und träumte, tja, wovon träumte er, wahrscheinlich von Wurst.

Irgendwann taten mir die Seiten weh vom Gelächter, denn Yvonne war gut in Form und erzählte noch ein paar andere Schnurren. Dann kam auch noch ihre Mutter dazu, ein Hippie im Herzen, und hatte tausend Fragen an Patrizia und mich, über unseren Lebensstil.

»Ach, das ist so eine lange Geschichte inzwischen.«

»Jetzt erzähl doch«, drängte sie.

»Wir müssen auch bald los. Aber hör mal, das kannst du alles in der *Zeit* nachlesen, da habe ich eine Kolumne.«

Ich kam mir ein wenig blöd vor, sie so abzuwimmeln, und es tat mir leid. Doch ich wusste, dass es Patrizia wie mir ging nach den paar Tagen zu Hause, unter so vielen Leuten, so schön es auch gewesen war – wir mussten zurück auf die Straße, irgendwo im Wald, auf einem Hügel schlafen und ohne das Gedröhne von Menschen aufwachen.

»Ach, du hast eine Kolumne in der *Zeit*?«

Ich nickte, schon ein bisschen stolz.

»Ganz ehrlich, das ist mir einfach zu viel Zeitung.«

# 20

Ein unbebauter Talabschnitt der Düssel, zehn Kilometer östlich von Düsseldorf. Wir parkten auf einem Wanderparkplatz. Es war feucht, grün und ruhig. Patrizia stellte die Stühle raus, ich holte das Schneidebrett und bereitete Lachs für die Pfanne vor. Dazu gab es Zuckerschoten.

Früher war hier mal eine einen Kilometer lange, fünfzig Meter tiefe wilde Schlucht. Mit Wasserfällen, überhängenden Wänden, Höhlen. Dann kam der industrielle Kalksteinabbau, 1849. Der Mensch veränderte das Tal bis zur Unkenntlichkeit. Von der Schlucht ist nur noch eine Felsnase übrig.

Berühmt wurde das Tal trotzdem.

Zwei italienische Steinbrucharbeiter stießen 1856 beim Ausgraben von Höhlenlehm auf Knochenfragmente. Der Naturforscher Johann Carl Fuhlrott interpretierte die Überreste als das Skelett eines Urzeitmenschen und präsentierte seine Ergebnisse dem Naturhistorischen Verein des preußischen Rheinlands. Er wurde beschimpft, diskreditiert, ausgelacht. Damals war die Debatte um Charles Darwins Evolutionstheorie vollständig entbrannt, und Fuhlrott musste sich anhören, dass der fossile Mensch ein Hirngespinst sei. Selbst der weltberühmte Rudolf Virchow, seines Zeichens Pathologe, Prähistoriker und auch noch Mitbegründer der Deutschen Fortschrittspartei, sagte, das könne kein Urmensch sein, es sei einfach ein relativ junger Mann mit einem krankhaft deformierten Schädel. Heute ist man der Meinung, dass das Skelett etwa 42 000 Jahre alt ist. Das Tal sowie die Art Neandertaler der Gattung Homo sind weltweite Begriffe. Johann Fuhlrott durfte das allerdings nicht mehr erleben.

Vom Wanderparkplatz ging ein Wanderweg ab, der zu einem eiszeitlichen Wildgehege führte. Nach dem Essen spazierten wir dort entlang, sprangen über Felsen, kraxelten Hänge hoch und lasen jede Hinweistafel mit außerordentlichem Interesse. Das war so in etwa unsere Unterhaltung inzwischen. Kein Netflix, kein Theater, keine regelmäßigen Kneipengänge mit Freunden. Es hatte etwas Kindliches.

»Wo haben wir eigentlich vorgestern geschlafen?«, fragte Patrizia plötzlich, auf einem Stein balancierend.

Ich musste überlegen, aber es fiel mir nicht ein. Rätselnd liefen wir an den Wisenten vorbei, bis Patrizia ein neuer Gedanke kam.

»Du, sag mal, der Neandertaler ist doch in den Alpen gestorben, oder?«

Ich blieb stehen und schaute sie an. Versuchte sie gerade, mich zu verarschen? Hatte das Aluminium ihr das Hirn zerfressen? »Das war der Ötzi, du Depp!«

»Oh«, sagte sie und hüpfte über einen kleinen Bach.

Ich hüpfte ihr hinterher, wir jagten uns durch den Wald, die Sonne ging langsam unter.

## 21

Seit wir im Auto hausten, gab es kaum noch Einschlafprobleme. Weder für mich noch für Patrizia. Ich erinnerte mich an Hobo Shoestring und seine mönchsartige Genügsamkeit. Damals hatte ich mich genauso gefühlt, aber ich war mir nicht sicher gewesen, ob es noch funktionieren würde, wenn Patrizia und ich das anders interpretierten, wenn wir unterwegs arbeiteten. Doch nun kreisten abends keine Gedankenspiralen mehr darüber, was noch alles zu erledigen sei, kein Gegrübel über die ganzen Kleinigkeiten, die eigentlich nicht wesentlich sind, aber doch so viel Raum im Kopf einnehmen. Obwohl wir ständig unterwegs waren, war das Leben ruhiger geworden. Der Rattenschwanz war weg.

Das gefiel mir. Ich sinnierte darüber nach, dass man nicht sein Leben entrümpeln sollte, sondern auch seinen Geist. Schließlich ist der oft noch viel verrümpelter als jeder Dachboden.

Auf meinem Rechner habe ich ein Programm, das Duplikate entfernt. Ein anderes Programm macht große alte Dateien ausfindig, die nicht mehr benutzt werden. Eines defragmentiert und ordnet neu. So etwas Ähnliches wäre ideal für das Gehirn. Das wäre herrlich. Ich erinnerte mich an die Reise von Tel Aviv nach

Berlin, die mit dem Fahrrad. Als ich nach vier Monaten ständiger Bewegung und absoluter Konzentration aufs Weiterkommen wieder zu Hause gewesen war, herrschte eine Ordnung in meinem Kopf, die ich damals fast als übermenschlich wahrnahm.

## 22

Patrizia saß auf der Kante der Seitentür und wusch ihre Füße mit einem bordeauxroten Waschlappen. Auf dem Gaskocher sprudelte der Kaffee vor sich hin. Ich nahm die Kanne von der Flamme und schenkte uns zwei Tassen ein. Vögel zwitscherten, die Luft des Neandertals lag feucht und schwer auf unserer Wagenwelt.

»Zahlen die dir eigentlich Honorar für die Lesung?«, fragte Patrizia.

Ich prustete los. »Ich kann froh sein, dass ich Benzingeld kriege.«

Sie zuckte mit den Schultern. »Besser als nichts. Was gibt's zum Frühstück?«

Das Journalistenfestival fand mitten in der Düsseldorfer Innenstadt statt, in der Nähe des Fernsehturms. Das Programm war ambitioniert. In einer Stunde sollte ich aus meinem Buch lesen. Ich schaute noch mal ins Programm. Es war sogar mehr als ambitioniert. Viele Veranstaltungen liefen parallel.

Wir hatten noch Zeit, und nach der Fahrt musste ich mich eh noch etwas ausruhen. Auf der Autobahn in die Stadt hatten wir im Pendlerstau gestanden. Woran die Menschen sich gewöhnen können, dachte ich, als wir uns, eingequetscht zwischen Tausenden anderen, langsam voranschoben. Jeden Tag das gleiche Spiel, eine seelenfressende Angelegenheit. Gehupe und Geschrei. Der Zorn der Straße. In den Worten von Charles Bukowski: »Wie, in Teufels Namen, könnte ein Mensch es genießen, um 6:30 Uhr von einem Wecker aus dem Schlaf gerissen zu werden, aus dem Bett zu springen, sich anzuziehen, Essen reinzuzwingen, sich die

Zähne zu putzen, zu kacken, zu pissen, sich die Haare zu richten und sich durch ein Verkehrschaos hindurch zu einem Ort zu kämpfen, wo er eine Menge Zaster für einen anderen macht – und dann auch noch dankbar für die Gelegenheit zu sein, ebendies tun zu dürfen.«

An einem Getränkewagen holten wir uns eine Limo, setzten uns auf eine der Paletten, die man als Sitzgelegenheiten aufgebaut hatte, und beobachteten das Geschehen. Ein paar große Namen liefen rum, unterhielten sich mit anderen großen Namen, kleinere Namen stellten sich dazu und wollten in das Gespräch mit einsteigen. Netzwerken. Wenn ich das Wort nur höre, wird mir schon schlecht. Patrizia geht es da nicht anders.

Ich schaute auf die Uhr. »Dann muss ich wohl«, sagte ich.

Wir gingen durch die aufgebauten Zeltreihen, eines größer als das andere. Meins war das kleinste. Direkt neben einer Mülltonne. Man hatte mir den Tisch so hingestellt, dass mir die Sonne ins Gesicht schien. Die Technik funktionierte nicht. Nebenan war die Hauptbühne. Zur gleichen Zeit las dort Markus Feldenkirchen aus seiner Schulz-Story. Neidisch schielte ich auf sein Publikum. Ich kniff die Augen zusammen, und mit jeder Zeile, die ich las, ärgerte ich mich über meine Zusage.

Vielleicht hätte ich dieses Buch »Für eine Handvoll Benzingeld« nennen sollen.


Später gingen wir mit Freunden in die Düsseldorfer Altstadt. Die kannte ich aus den Liedern der Toten Hosen, war aber selbst noch nie da gewesen. Wir setzten uns in ein Traditionslokal, tranken ein paar von diesen komischen Altbieren, und nach ein paar Stunden war das Festival vergessen.

Als wir gegen 22 Uhr wieder auf die Straße traten, herrschte dort Sodom und Gomorrha. Eine Stimmung wie am Ballermann. Die Besoffenen tanzten auf Stromkästen, kletterten Laternenpfosten hinauf, und ich dachte, so könnte der Jubel vor dem Untergang aussehen.

# 23

Während Patrizia ihr sowieso schon hübsches Gesicht mit Make-up veredelte, band ich mir im Spiegel der Fensterscheiben eine Krawatte um. Aufpuscheln in einem Bremer Park an der Weser. Andere machten Sport, lasen Bücher, brachten ihren Hunden Tricks bei. Wir machten uns schick. So gut gekleidet waren wir schon lange nicht mehr gewesen. Seit der Hochzeit ihres Bruders, um genau zu sein.

»Und?«, fragte Patrizia. »Wie sehe ich aus?«

Ich verstaute unsere Klamotten in unserem Wäschesack und steckte ihn in eine Bananenkiste.

Dann widmete ich Patrizia einen sehr prüfenden Blick. »Du siehst aus wie eine opiumabhängige Tanzmaus aus den Zwanzigerjahren.«

»Also wundervoll?«

»Geradezu bezaubernd.«

Ich posierte vor ihr. »Und ich?«

»Du, du siehst aus wie ein erfolgloser russischer Gangster, der sich für einen Tag einen Anzug geliehen hat, um sich auf eine Stelle als Supermarktleiter zu bewerben.«

»Was macht man nicht alles für ein gutes Essen.«

»Du!«

»Ich mein's ernst. Falls du mich mal suchen musst heute Abend, dann steh ich wahrscheinlich am Büfett.«

»Ich will tanzen.«

»Machen wir«, versprach ich.

»Und morgen können wir dann bei diesen Leuten, die dir geschrieben haben, duschen?«

»Haben sie zumindest gesagt.«

Patrizia betrachtete sich noch mal genau in den Autofenstern, zupfte das eine oder andere Haar weg. »Ach, ich freu mich echt, mal wieder meine Kollegen zu sehen. Und ich freu mich auf Gin Tonics. Und aufs Tanzen!«

»Du wiederholst dich.«

»Wehe, du tanzt nicht mit mir.«

Ich gab ihr einen Klaps auf die Backe. Patrizia riss den Mund auf. Sie holte aus, ich nahm die Deckung hoch, wich ihrem Gegenschlag aus. Lachte ihr ins Gesicht, zu voreilig, denn da traf mich ihr Fuß am Oberschenkel, und ich rief empört: »Das ist unfair, wir haben schon hundertmal gesagt, beim Raufen keinen Fußeinsatz!«

# 24

Dieser Jahrhundertsommer war ein Segen für Obst, Wein – und Zugvögel wie uns. Ohne ihn hätten wir es auf den vier Quadratmetern unserer Aubergine wohl kaum so gut miteinander ausgehalten. So aber saßen wir auf den Campingstühlen neben dem Auto am Bremer Stadtwerder, einer Halbinsel an der Weser, und löffelten Sardinen aus der Dose, dazu Brot und Tomaten.

Die Hochzeit am Abend zuvor hatte in einer »Event-Location« am Überseehafen stattgefunden. Die Braut war eine Freundin von Patrizia, die beiden kannten sich von der Journalistenausbildung.

Die Halle war groß, die Tische lang, und ich musste einige Zeit auf die Eröffnung des Büfetts warten. Reden wurden geschwungen, Sketche gegeben, Tränen verdrückt. Mir graute etwas vor dem Small Talk, wie immer auf solchen Gruppenveranstaltungen. Wir tranken Gin Tonics, und die Aubergine stand als mobiles Hotel direkt vor der Tür.

Fast alle aus Patrizias Ausbildungsjahrgang waren da. Trotz Anzug und kleinem Schwarzen fühlten wir uns etwas fremd. Patrizia hatte sich schon seit Tagen auf das Wiedersehen gefreut, schließlich hatte man eine sehr intensive Zeit miteinander verbracht, doch jetzt war sie irgendwie ernüchtert. Es schien schwierig zu sein, eine gemeinsame Ebene zu finden. Die Gespräche gerieten immer wieder ins Stocken. Ich denke, es hatte damit zu tun, dass die anderen strampelten, ganz tief in ihrer Bürowelt, ihren Netzwerken und vor allem Hierarchien drinsteckten, während Patrizia locker durch die Gegend zog und sich die Welt machte, wie sie ihr gefiel.

Alle redeten über ihre Jobs (passt schon), ihre Chefs (Penner) und den letzten Urlaub (zu kurz). Natürlich fragten ein paar: Und, was macht ihr so?

Wir leben im Auto.

Wie bitte?

Mir kam dieses Geplänkel sehr lustig vor, ich gefiel mir in meiner Rolle. Möglicherweise gerade auch deshalb, weil es für andere so aussah, als würden wir ambitionslos durch die Gegend gondeln. Je betrunkener ich wurde, desto mehr schwärmte ich vom Leben auf Rädern. Wie wenig man brauche, wie frei es mache, wie offen. Wie beeindruckend und schräg die Menschen seien, die man treffe.

Wie dieser alte Mann, der nun am Stadtwerder auf uns zukam. Er trug ein Käppi, und seine zu weite Hose wurde von Hosenträgern gehalten. In der rechten Hand hatte er einen Eimer. »Zwetschgen«, sagte er. »Möchten Sie vielleicht welche? Die sind aus meinem Garten.« Wir sagten, ja gerne, und nahmen uns ein paar Früchte.

Der Mann, er hieß Fritz Günter, schaute durch die Heckklappe in unser Schlafzimmer. Ich wartete auf einen Kommentar. Die Zwetschgen schmeckten sehr gut. »Entschuldigen Sie«, sagte Günter. »Ich bin 92 Jahre alt, ich rede viel.«

# 25

Patrizia und ich schauten uns an, schauten Günter an, zuckten mit den Schultern. Wir hatten Zeit, wir hörten gerne Geschichten. Echte Geschichten. Die einen prägen. An die man sich erinnert. Die Art von Geschichten, die einfach rausmüssen, die man Fremden erzählen will, die auf einem Parkplatz in Campingstühlen mit Deutschlandoptik sitzen.

»Meine Mutter konnte kein Wort Deutsch. Sie war in der Ukraine geboren, 1882, und Schule war nicht drin, nur Arbeiten. Mein Vater kam aus Wladiwostok. Dann haben sie in Ostpreußen geheiratet, 1914. Mein Vater starb 1932, da war ich sechs Jahre alt.

Und dann kam der Krieg nebenan nach Polen. Ich war natürlich auch Hitlerjunge. Damals war das doch normal, die Jugend wurde rangezogen und erzogen, die sollte alles machen. Bei mir war das auch so. Wir waren bettelarm. Im Jungvolk kriegte ich Hose, Hemd, kleines Fahrtenmesser. Wenn in Ostpreußen Ferien waren, da wurde von der Schule aus eine Tour gemacht, acht oder vierzehn Tage, das bezahlte alles der Staat. Wenn ich kein Rad hatte, bekam ich eins. Musste man natürlich irgendwann wieder abgeben. Was hatte ich denn schon für eine Ahnung? Manchmal hab ich die *Wochenschau* gesehen, und da wurde immer gezeigt, was wir für Helden sind. Die Bilder zeigten in Polen die aufgedunsenen Pferde, die Menschen lagen auf der Straße. Und wir waren natürlich alle begeistert. Achtzehn Tage, und Polen war erledigt. In sechs Wochen war dann auch Frankreich erledigt. Wir hatten so ein kleines Radio. Dreißig Reichsmark kostete das. Wer es nicht bezahlen konnte, bekam es vom Staat. Aber Sie konnten an dem Rädchen drehen und drehen, Sie haben immer nur deutsche Sender bekommen.

Da hab ich dann gelauscht, 41. Und schon wieder eine Sondermeldung: Wir haben das und das gemacht. Sagt meine Mutter, was haben die euch getan, dass ihr da hingeht und die Leute totmacht? Ja, sag ich, wir sind die Größten, wir wollen die Welt erobern, haha. Sagt sie, was wollt ihr? Die Welt erobern, sag ich. Und sie: Du glaubst doch nicht, dass die sich alles gefallen lassen. Tja, sag ich, müssen sie ja, wir sind stärker. Na, denn warte mal ab, sagt sie. Das war 41. Frankreich war erledigt. Aber 44 kam der Russe in Ostpreußen rein.

Wir wohnten auf einem Gut. Meine Mutter konnte ja nur Polnisch. Und Russisch. Der Gutsbesitzer, das war ein sehr, sehr netter Mensch, hat dafür gesorgt, dass ich in die Lehre ging. Das war an sich gar nicht üblich. Wo wollten Sie da in die Lehre gehen? Die nächste, das wären elf Kilometer gewesen. Wie wollen Sie da hinkommen? Mit dem Fahrrad? Wo wollen Sie schlafen? Das ging gar nicht.

Der Gutsbesitzer war Landrat gewesen, SPD-Mann, und sie hatten ihn gleich abgesägt, als die Nazis rankamen. So hat er dann eine Frau geheiratet, die ein riesengroßes Rittergut besaß, die hatte aber damals schon schwer Zucker. Ich hab sie mal gesehen, die war drei Zentner. Und ihr Mann sagt, du musst was lernen. Ich war zwölf, da sagt er, du könntest mir mal helfen. Ich? Der hatte ein rotes Auto. NSU. Das war so ein aufgebockter Kasten. Jedenfalls sagt er, wenn ich zur Jagd fahre, dann fahre ich ja durch die Wiese und die Weiden. Da musste ich dann immer die Tore aufmachen. Das waren drei Stangen, die zog ich raus, er fuhr durch. Da saß ich mit dem im Auto. So kam das, dass er meinte, ich solle was lernen.

Damals bestimmte nur das Arbeitsamt, so eine Frau, wo und was Sie lernen können. Ich hatte gedacht, dass ich Förster werde, weil mein Vater das war. Tja, sagt sie, da wird nichts von. Da musst du siebzig Kilometer fahren, da ist die Schule. Was hab ich noch überlegt? Zur See fahren.

Jedenfalls besorgte mir der Gutsbesitzer die Lehrstelle, in einer erstklassigen Gärtnerei am Stadtrand. Baumschule, Rosen, Felder, Veredeln. Da konnte ich auch schlafen und wurde beköstigt. Das war alles sehr gut.

Na ja, und dann kam 43. Ich war Soldat inzwischen geworden. Die Lehre hab ich beendet mit zweieinhalb Jahren und Notprüfung, gab's damals alles. Arbeitsdienst in Holland. Dann nach Holland eingezogen zum Militär. Ich war kaum siebzehn. Da war schon der Befehl da. Rekrutenkompanie. Die Ausbilder waren die Schlimmsten, da wurden wir so richtig geschliffen. Tränen und alles. Ausbildung Oktober, November, Dezember. Da standen wir mit 300 Mann. Der Hauptfeldwebel kam und las die Namen vor. An zweiter Stelle kam mein Name. Ich hab mich erschrocken. Renne vor, stelle mich da hin, zu dem anderen. Der HF sagt, Sie geben die Klamotten ab, Sie sind abkommandiert, zum 1. Januar 44, nach Gotenhafen, das war wieder Polen. Och Mensch, im Dezember eine Kälte! Auf der *Wilhelm Gustloff.* Die war vertaut, versteckt wegen Bombenwarnung. Da wurden nur U-Boot-Divisionen ausgebildet, ULD, U-Boot-Lehrdivision, da wurden wir geschliffen. Dagegen war die Grundausbildung lachhaft.

Auch ein Vierteljahr. Dann kam Aurich, Signallehrgang. Dann kam Swinemünde, Flaklehrgang. Das war im Sommer 44, da wurden ich und ein Helmut Blank aus Cuxhaven abkommandiert nach Memel, da lag die *Wilhelm Rau.* Das war ein Walfang-Kutter-Schiff, die hatten gerade eine Fahrt gemacht, die konnten ein Jahr wegbleiben. Das war ein Fabrikschiff, die Wale wurden gleich fix und fertig gemacht, Öl und Fleisch, die hatten viel, das waren sechzehn Boote, immer zwei Mann auf einem Boot, die haben allerhand Verpflegung gehabt, eingefroren. Na, kurz und gut, wenn die Russen kämen, sollten wir die Flugzeuge abschießen. Aber ich kann mich gar nicht erinnern, dass ich einmal an der Knarre da war.

Aber dann wurde es allmählich brenzlig. Im Herbst 44 ganz schlechtes Wetter, Schneetreiben und Regen. Wir lagen auf Reede in Eckernförde, von Memel dorthin geflüchtet. Wir lagen dort und guckten aus dem Bullauge. Schöne Wäsche hatten wir an, da waren Waschmaschinen. Für unsere damaligen Verhältnisse lebten wir wie die Fürsten. Spargel gab es, in Butter. Kannte ich kaum. Da sagt der Helmut Blank zu mir, ich hab gehört, dass ich auf ein U-Boot soll. Ich sag, wie kommst du auf die Idee? Sagt er, hab ich gehört.

Es vergingen zwei, drei Tage, wir gucken wieder aus den Fenstern nachmittags um vier. Kommt ein U-Boot angefahren im Schneeregen, und da sag ich zu Helmut Blank, die wollen bei uns festmachen. Die waren schon die Leine am Tampen, am Ziehen. Viertelstunde später kommt der Diensthabende und sagt zu mir, du sollst mal in die Offiziersmesse. Sag ich, was soll ich da denn? Er: Ich glaub, du sollst auf ein U-Boot. Nee, sag ich, das ist der Helmut, das hat er schon vor ein paar Tagen gesagt. Nein, sagt er, ich hab dir gesagt, du sollst in die Messe, wenn du nicht hingehst, ist das deine Sache. Dreht sich um und haut ab. Wir beide guckten uns an.

Ich machte mich fertig, ging rüber. Da sitzt der Kommandant, hat seine Mütze auf dem Tisch, begrüßt mich mit Handschlag, das war schon komisch. Stellt sich vor, sagt, ich habe Ihr Führungsbuch gesehen, Sie haben Signallehrgang gemacht. Ich brauche einen Signalmann, wir laufen um achtzehn Uhr aus, mein Mann ist krank. Verabschiedet sich mit Handschlag, sagt zu mir, um achtzehn Uhr sind Sie auf U749.

Mit der Barkasse musste ich rüberfahren, wo die U-Boote lagen. Mensch, im September. Es wurde schon dunkel. Die ganze Wäsche, die wir schön im Schrank hatten, musste ich in den Seesack schmeißen. Für mich ging die Welt unter. Dann mit der Barkasse hin. Da lagen drei oder vier U-Boote, getarnt alle, und ich frage den Posten, wo ist U749? Sagt er, vorne, das erste. Willst du einsteigen? Ich sag, ja. Ach du Scheiße, sagt er.

Na, das war schon eine Begrüßung. Die Leiter geht völlig senkrecht runter. Wie bei der Feuerwehr. Da können Sie keine Stufen nehmen, sondern müssen rutschen. Zwei Sekunden pro Mann. Ich hab mir meine Ärmel kaputtgemacht. Man musste einmal übergreifen, weil das einmal unterbrochen war. Na, kurz und gut, ich unten. Wir hatten da so ein kleines Schränkchen. Wollte ich meine Wäsche reinmachen. War alles klitschnass. Das ganze Boot voller Schweißwasser. Ab jetzt sechs Wochen nicht waschen. Sechs Wochen nur ein großer Kanister 4711.

Während ich da am Rummachen bin, geht die Marschmusik, geht der Lautsprecher an, Günter, sofort an Oberdeck. Ich hab erst gedacht, ich bin gar nicht gemeint. Musik fängt wieder an. Bisschen weiter rumgefummelt. Günter, sofort! Da kam schon der Bootsmann und schrie, brauchen Sie 'ne Einladung? Jetzt kam ja das Auslaufen, da brauchten sie mich als Signalgast.

Oben im Turm waren der Erste Offizier, der Kapitän und der Schreihals-Bootsmann. Und da stellte der Kapitän mich vor, und der Schreihals hatte schon gesagt, wenn wir draußen sind, machen Sie das Geschirr sauber vom Kapitän und Obersteuermann. Aber dann sagte der Kapitän, Günter ist von allen Extras befreit, der ist nur Signalgast, und wenn er gebraucht wird, muss er da sein. Da hat der Bootsmann dumm geguckt.

Dann sind wir ausgelaufen. Ist auch nichts groß passiert. Manchmal sind wir geortet worden, aber na ja. Dann sind wir in Kiel in die Werft zur Reparatur. Schon Januar, Februar 45. Und dann wurde das Boot draußen abgenommen. Kam ein Ingenieur von der Werft. Da sagten sie schon, wenn der Werfttyp kommt, müsst ihr den im Auge behalten, der macht irgendwas, damit unser Ing vom Boot den Fehler feststellt. Jetzt sollten wir gucken. Kurz und gut, der Werfttyp hat was gemacht, dass das Boot abging nach unten. Jetzt musste der Ing wissen, woran das lag. Der wusste es aber nicht. Das Boot ging weiter runter. Sagte der Maschinist, ich kann das Boot nicht mehr halten. Und dann hat der Werftgrandi das wieder normal gemacht, und als er sich verabschiedete vor der versammelten Mannschaft, 51 Mann, da sagte er, Sie können mir alle leidtun. Das hieß also, euer Ing ist eine Pflaume.

Dann sind wir noch mal nach Dänemark, haben dort Proviant übernommen. Dann geschaut, ob was klappert. Wieder ab nach Kiel. Da kam schon der Engländer rein. Wir waren ein paar Tage in der Werft, und dann hieß es auf einmal, morgen um sieben wird Kiel übergeben. Stellen Sie sich das mal vor. Jahrelang war alles in Ordnung, und dann so was.

Morgens um sechs oder sieben sollte Kiel übergeben werden, und jeder konnte gehen, wohin er wollte. Das Verpflegungslager wurde schon gebombt. Da haben wir uns nachts bedient. Ich hab sechs Flaschen Bols-Likör genommen und in den Seesack. Der Gerd hat Zigaretten genommen. Ich rauchte nicht. Dann haben wir noch Dosen gefunden. Danach sind wir marschiert in Richtung Wilhelmkanal, da wurde der Sack immer schwerer. Hab ich zwei Flaschen in den Busch geschmissen. Da hingen schon welche. Halbes Jahr später war ich in Bremen. Da sind wir also ganz gut durchgekommen. Bei Bauern geschlafen, den ganzen Sommer.«

Einen Moment stand Fritz Günter schweigend da. Ich machte meinen Mund auf, eine Frage hatte sich in der Stille geformt, aber die schmale Gestalt fasste sich an den Hosenträger und redete weiter, meinte, er müsse uns noch ganz kurz etwas über seine Mutter erzählen.

»Der Gutsbesitzer hatte angeordnet, Wagen fertig machen und dann alle, Alt und Jung, ab. Das war 44 im Herbst. Bis nach Obercunnersdorf kamen die noch, in Sachsen, mit Pferdewagen. Da muss ich immer an diese Bilder denken, die ich in Ostpreußen gesehen hab, in der *Wochenschau*. Tja, und jetzt kam in Dresden der Russe rein, und meine Mutter konnte Russisch. Das hat sich gleich rumgesprochen, jetzt kam ihre Zeit. Meine Mutter konnte sich nie vorstellen, dass einer den andern umbringt. Die dachte, ich hab ja keinem was getan, mir tut auch niemand was. Und dann haben die das gleich dem Kommandanten gesagt, der kam auch gleich. Dann wohnten die beiden bei einem Eisenbahner. Jeder ein Zimmer. Der Kommandant war auch 38 Jahre, hieß Osseburg. Aber der hat meine Mutter angesehen als Mutter. Hat immer zu ihr Matka gesagt und alles Mögliche rangeschleppt. Abendkleider, die er gestohlen hat. Als ob ich Abendkleider brauche, sagt sie. Das ging so ein halbes Jahr, glaub ich. Da sagt er, wo sind deine Kinder? Tja, sagt meine Mutter, der eine ist in Russland gefallen, der andere ist in Bremen. Will er dich haben, fragt er. Ja, sagt sie, der wär froh. Zeig mir mal einen Brief, wo das drinsteht. Hat jemand gedolmetscht. Sie konnte das ja nicht lesen. Tja, sagt er, dann fahr ich dich nach Dresden, steigst du in den Zug, fährst du nach Bremen. Meine Mutter meint, am Zug hat er geheult. Und hat ihr Kaffee, Fett, alles mitgegeben.

So ist das gelaufen. Sie wurde 86. Ich bin jetzt 92.«

Ich hatte eine Menge Fragen an ihn, und ich sah, dass es Patrizia genauso ging. Ich wollte von ihm wissen, wie sich Deutschland denn in all den Jahren verändert habe, aber Günter ging nicht darauf ein.

»Es ist nicht schön, wenn Sie so alt sind. Sie sitzen da allein manchmal den ganzen Tag. Ich bin ja kein Fernsehmann. Aber manchmal schau ich die Nachrichten. Da bin ich mal froh, dass ich Menschenstimmen hör. Ich hab eine schöne Wohnung in Stuhr, schöner großer Garten. Hier hab ich auch noch eine schöne Bude. Ich hab zwei Jungs. Beide sind hier in Bremen. Der eine auf Großmarkt, der andere auf Eisenbahn. Die haben ja auch nicht Zeit. Und dann ist dies und das. So, jetzt hab ich Ihnen genug erzählt.«

Wir bedankten uns. Standen auf, um uns zu verabschieden. Ich begleitete ihn die paar Schritte zu seinem Golf. Er drehte den Schlüssel in der Zündung, und der Golf erwachte stotternd zum Leben.

Die Geschichte hing uns noch den Tag über nach. Fritz Günter und der lapidare Bericht über sein Leben. Er war ein guter Erzähler. Wir kamen uns vor, als hätten wir eine Zeitzeugendokumentation gesehen.

# 26

Jan hatte mich vor einiger Zeit auf Facebook angeschrieben. Er meinte, dass mein Buch »Tel Aviv – Berlin« ihn dazu inspiriert habe, sein Leben zu ändern. So was hört man natürlich sehr gerne. Auch wenn ich skeptisch war, was die Behauptung anging. In den letzten Jahren bekam ich einige sehr merkwürdige E-Mails von Lesern. Mehrmals wollte er sich mit mir in Hamburg treffen. Ich fand immer eine Ausrede.

Doch als wir jetzt in Bremen waren, gab ich dem Ganzen eine Chance. Jan hatte nämlich sein Angebot noch mal erneuert, verbessert obendrein, indem er noch eine Dusche für uns draufpackte. Da wir auf der Hochzeit ordentlich getanzt und geschwitzt hatten, klang das sehr, sehr verlockend. Endlich mal keine Katzenwäsche aus dem Kanister, endlich mal wieder heißes Wasser und flauschige Handtücher. Mikrofasertücher sind zwar sehr praktisch, aber mit denen tupft man sich eher behutsam ab.

Bevor wir die Wohnung betraten, vereinbarten Patrizia und ich ein Signal, falls die Situation unangenehm sein sollte und wir einen vorzeitigen Abgang machen müssten.

Jan öffnete enthusiastisch die Tür, trug ein weißes Hemd, Jeans, randlose Brille. Er begrüßte uns wie königliche Hoheiten. Es wurde einer dieser Abende, an denen man die Menschen einfach lieben muss.

Er stellte uns seiner Frau Mikaela vor, die in der Küche Essen zubereitete, versorgte uns mit Zigaretten und Bier, sagte: »So, jetzt geht ihr ausgiebig duschen, danach gibt es Lasagne und Wein.«

Die beiden waren erst vor wenigen Stunden aus einem Urlaub in Portugal zurückgekehrt. Ich war gerührt und versuchte, mich in der Dusche nicht wie ein Höhlenmensch zu benehmen, der gerade erst warmes, fließendes Wasser entdeckt hatte. Patrizias Kopf verschwand derweil unter einer gigantischen Schaumwolke.

Der ganze Abend war Gelächter, Fröhlichkeit.

»Jetzt erzähl doch mal genau, wie mein Buch dein Leben verändert hat. Ich kann es nämlich nicht so richtig glauben.«

»Also, eines Tages hatte ich diese Vision, wie ich zur Mittagspause aus dem kleinen Büro bin. Da bin ich zum Chinesen, der Verkehr war dicht, und ich dachte mir, o mein Gott, wenn du jetzt überfahren wirst, dann für einen miesen Job und noch mieseres chinesisches Essen.«

Kurz darauf kündigte er seine Stelle bei einer Kreuzfahrtgesellschaft und machte sich samt Mikaela mit einer Firma für Personalentwicklung selbstständig.

Mikaela trug goldene Kreolen in den Ohren, ihre Haare waren schwarz und lang. Olivfarbene Haut. Seit 2015 wird sie immer öfter für eine Syrerin gehalten und beschimpft. Meistens, sagte Jan, sei Galgenhumor das Einzige, was da helfe. »Wenn wir beim Einkaufen sind, rufe ich ab und zu durch den Supermarkt: Hey, Ayşe, hast du schon die Milch?«

# 27

Die dunkle Landstraße verschluckte uns ein paar Stunden später, niemand war sonst unterwegs. Jan und Mikaela hatten uns noch ein paar Konserven mitgegeben, unsere Mägen waren immer noch voll, die Lachmuskeln immer noch strapaziert.

»Das war so ein schöner Abend«, sagte Patrizia. »Was waren das nette Menschen!«

»Ich muss sagen, ich hatte wesentlich mehr Spaß als auf der Hochzeit. Am Ende sind doch so Großgruppenereignisse immer unbefriedigend.«

»Woran liegt das?«

»Weiß auch nicht, aber je mehr Menschen auf einem Fleck sind, desto flacher und unpersönlicher wird es. Der kleinste gemeinsame Nenner. Ist ja auch logisch, wie sollte es sonst funktionieren.«

»Aber schon interessant, dass den Menschen so viel dran liegt.«

Wir hatten noch ein paar Kilometer bis Hamburg, und ich denke, es gefiel uns beiden, den Kurs mal hierhin und mal dorthin zu setzen, kurz zu landen und wieder weiterzufliegen.

Eine Weile fuhren wir schweigend durch die Nacht, dann machte Patrizia ein Hörbuch an, die Autobiografie von Marina Abramović, »Durch Mauern gehen«.

Die in Belgrad geborene Performance-Künstlerin ist die Tochter von Partisanen. Ein Teil ihrer Kunst war oft der körperliche Schmerz. Was kann ein Körper aushalten? Was kann die menschliche Psyche aushalten? Es waren von Beginn an aufsehenerregende Experimente, die sie durchführte. Sie war nackt und lud die Leute dazu ein, ihr wehzutun. In den Besuchern trat das Biest hervor. Die Lust, anderen Leid anzutun.

Abramović verliebte sich in einen anderen Künstler. Ulay. Gemeinsam machten sie über viele Jahre Kunst. Sie lebten nomadisch. Bei den Tibetern. Bei den Aborigines. Sie gaben ihre Wohnung in Belgrad auf und zogen in einen Citroën-Bus. Das war in den Siebzigern. Zwei Jahre lebten sie nur von der Hand in den Mund. Die Postadresse war bei einer Galerie in Düsseldorf. Ab und zu fuhren sie auf eine Ausstellung.

Diese Zeit, sagt Abramović, war enorm prägend. Die beiden erarbeiteten aus ihrem Leben im Bus ein Manifest. Sie nannten es »Art Vital«. Einige der Punkte: ständige Bewegung, keinen festen Wohnort, direkter Kontakt, lokaler Bezug, Selbstreflexion, Grenzen überwinden, Risiken auf sich nehmen, keine Wiederholung, keine Proben, kein bestimmtes Ende.

Wahrscheinlich hat man den beiden damals auch den Vogel gezeigt. Abramović war noch relativ unbekannt, der ganz große

Ruhm sollte erst später kommen, und bei der Retrospektive im New Yorker Museum of Modern Art, »The Artist is Present«, war der Citroën-Bus auf einmal Teil der Ausstellung.

# 28

Der erste Nebel erschien am 5. September. Ich steuerte die Aubergine über die Elbbrücke Richtung Hamburger Stadtzentrum. Der Platz neben mir war frei. Im Radio lief ein Lied der Doors. Ich kannte es gut und sang die erste Zeile lauthals mit. Woke up this morning, got myself a beer.

»Boah«, meldete sich Patrizia mit einer rauen Stimme von hinten. Sie lag immer noch eingewickelt in unsere Decke. »Kannst du das leiser machen? Mir ist schlecht.«

Dabei hatte sie sich immer so einen Liegendtransport, so einen Chauffeurdienst gewünscht. Vielleicht nicht unbedingt in diesem Zustand. Aber dafür gab es gute Gründe.

Nachdem ich Patrizia am Schuppen 52 in Veddel abgesetzt hatte, verortete ich mich in ein Lokal, das mit altdeutscher Küche warb. Ich hatte keine Ahnung, was das sein sollte, war aber neugierig. Es war warm, und ich suchte mir einen Platz draußen. Auf der Karte standen hausgemachte Frikadellen. Jetzt war mir das Konzept der Küche schon klarer.

Auf meinem Telefon lief die Liveübertragung des Deutschen Radiopreises. Barbara Schöneberger moderierte, Patrizia war nominiert, und ich durfte nicht bei der Verleihung dabei sein. Nur den hohen Tieren war der Anhang erlaubt.

Der Kellner brachte die Frikadellen und das Bier. Dazu gab es einen kleinen Salat. Die Schöneberger machte anzügliche Bemerkungen über Lenny Kravitz' Hintern. Schon beim ersten Bissen schmeckten die Frikadellen deutlich nach Hundefutter. Angebrannt waren sie auch noch. Wahrscheinlich waren sie schon mehrere Wochen alt. Ich legte die Gabel zur Seite und beschäftigte mich dafür eingehend mit dem Bier.

Die Veranstaltung zog sich hin. Die Preise für die beste Moderation wurden verliehen, die beste Comedy, die besten Nachrichten.

Meine Gedanken drifteten ab. Ich dachte über diesen Stadtteil nach, der heute nicht der Rede wert ist, aber früher über Landesgrenzen hinweg für seinen Auswandererhafen bekannt war, als um 1850 nach den gescheiterten Revolutionen die große Welle der Migration anhob. Albert Ballin, der als Generaldirektor für den Aufstieg der HAPAG-Schifffahrtslinie zur Nummer eins ihrer Zeit verantwortlich war, ließ hier ab 1900 Auswandererhallen errichten. Dreißig Einzelgebäude auf 55 000 Quadratmetern, mit Schlaf- und Wohnpavillons, Speisehallen, Bädern, Kirchen, Synagogen und Räumen zur ärztlichen Versorgung. Die Emigranten wurden erst mal zwei Wochen in Quarantäne gesteckt. Eine Sicherheitsmaßnahme, nachdem zuvor Russen die Cholera eingeschleppt hatten. Außerdem hatten die Hamburger Bürger nicht die geringste Lust, dass sich mittellose Auswanderer in ihrer Stadt rumtrieben.

Vergleichbar also mit meiner momentanen Situation.

Schließlich war die Kategorie »Beste Sendung« an der Reihe. Ich stellte lauter. Vor mir lagen, bis auf den einen Bissen unangetastet, die schrecklichen Frikadellen. Niemand fragte nach, sie wussten es also.

»Und der Gewinner ist…«

Ich sprang auf und jubelte wie nach Götzes Weltmeistertor 2014. Dann setzte ich mich schnell wieder, denn die Eigentümer des Lokals schauten in meine Richtung, und ich wollte nicht, dass sie dachten, es sei wegen des Essens.

Ein paar Minuten später schrieb Patrizia mir, ich müsse unbedingt kommen, schließlich sei sie Preisträgerin und bei Gott, irgendwie werde sie mich schon reinbekommen.

Und jetzt zahlte sie den Preis für die Feierei. Es war halb zehn in Deutschland. Wir standen im Pendlerstau, und Patrizia war wieder eingeschlafen. Sie schnarchte. Ich war stolz auf sie.

Auf dem Parkplatz vor dem Büro weckte ich meine kleine Berühmtheit. Sie rieb sich den Schlaf aus den Augen, war etwas blass um die Nasenspitze.

»Dann muss ich wohl«, sagte sie.

»Nicht jammern. Die Feier geht bestimmt gleich weiter.«

»Bloß nicht. Ich trink nie wieder was.«

Ich drückte sie noch mal, dann wollte ich wieder ins Auto steigen.

»Übrigens«, sagte sie, »für heute Abend habe ich eine Überraschung.«

»Eine Überraschung? Was denn?«

»Wirst schon sehen, sonst ist es keine Überraschung, du Depp.«

# 29

Aus nostalgischen Gründen fuhr ich in unser altes Wohnviertel und arbeitete eine Weile an den Tischen vor dem Rewe-Supermarkt. Wie lange war es jetzt her, seit wir ausgezogen waren? Zwei Monate? Oder zweieinhalb? Konnte das sein? Die Zeit verging wie im Flug.

Ich erinnerte mich daran, wie oft mich diese Gegend heruntergezogen hatte. Wie schlimm ich es fand, in einem anonymen Mietshaus zu leben, wie schlimm, so viel Miete zu zahlen. Dieses Zuhause einzurichten, es zu unterhalten, so viel Zeit darauf zu verschwenden.

Als die Sonne um die Ecke verschwand, ging ich in den Ikea in der Großen Bergstraße. Der liegt mitten in der Einkaufsstraße in Altona. Mir fiel die neue Werbekampagne von O2 auf. *Freiheit ist, wenn am Ende der Serie noch reichlich Daten übrig sind. Freiheit ist, »Despacito« in Endlosschleife zu hören.* Mir wurde erst schlecht, dann stieg der Explosivitätsindex, und ich wollte sofort alle Poster übermalen, aber dafür war ich zu faul, außerdem hatte ich anderes zu tun.

Ich ließ mich eine Weile durch die Möbelausstellung treiben und schaute Pärchen dabei zu, wie sie zwar fröhlich anfingen, dann aber bald in Streit ausbrachen, weil sie sich über die Einrichtung nicht einigen konnten. Ein perverses Vergnügen, ich weiß, aber sehr unterhaltsam.

Im Restaurant holte ich mir einen Kaffee, schrieb ein bisschen, lud meinen Rechner und mein Telefon, las E-Mails.

Schließlich übernahm ich wieder die Rolle des Chauffeurs und holte gegen siebzehn Uhr meine Preisträgerin im Büro ab.

»Die Dame, wohin?«

Die Dame nannte mir den Namen unseres Ziels, eine wohlbekannte, wenn nicht schon berühmte Adresse. Ich zog eine Augenbraue hoch.

»Na wird's bald?«

# 30

Das weiße Schloss an der Alster ist ein Gründerzeitbau von 1909 und eines der bekanntesten Gebäude der Stadt. Fünf Sterne Superior. 221 Zimmer und Suiten, Pool, Sauna, Fitness. Hier stiegen schon der Schah von Persien ab, Henry Ford, der Kaiser von Japan, Michael Jackson. Udo Lindenberg lebt sogar hier. Das Hotel Atlantic.

Es regnete wie aus Kübeln. Der trockene Sommer war offiziell vorbei.

Vor der Tür stand der Portier, und wir stellten die Aubergine zwischen einem Lamborghini und einem Maserati ab. Ich schmiss dem Mann mit Hut und Mantel die Autoschlüssel zu, damit er den Wagen in die Garage fahren konnte.

»Wehe«, sagte ich zu ihm, während ich der Preisträgerin die Tür aufhielt, »wehe, ich finde auch nur einen Kratzer.«

So hätte es laufen können.

Allerdings war es uns zu peinlich, die Aubergine in die Hände des Portiers des Hotel Atlantic zu geben. Obwohl, peinlich ist vielleicht das falsche Wort. Das hatten wir schon seit einer Weile hinter uns gelassen. Eher war es uns zu privat, zu intim. Vielleicht hing unser Schlafgeruch noch in der Kabine oder der von Patrizias Käsefüßen.

Auf der anderen Seite hätte der Portier wahrscheinlich die Geschichte noch bis zu seinem Lebensende erzählt.

Jetzt, wo ich diese Zeilen schreibe, bereue ich es sehr, dass wir ihm nicht den Schlüssel überlassen haben. Manchmal bin ich doch ein ganz schöner Feigling.

Wir betraten die Lobby, diese Jugendstilhalle mit schwerem Leder und schweren Teppichen. Allerlei Leute kreuzten durch das Hotel. Die wenigsten in Anzügen. Die meisten in Funktionskleidung. Wir kamen auch nicht gerade in der feinsten Garderobe an.

Die Rezeptionistin checkte uns ein. Es gab keinen Champagner zur Begrüßung. Ein paar Minuten später waren wir auf unserem Zimmer. Der Schrank war aus indonesischem Makassarholz und sollte an die damaligen Überseekoffer erinnern. Mitgründer des Hotels war übrigens Albert Ballin. Draußen in Veddel die Auswanderer dritter Klasse, hier die Passagiere der ersten in adäquater Umgebung. Lustigerweise bezeichnete man das Hotel 2011 noch als abgewohnt. 25 Millionen Euro Renovierungskosten später sind die Zimmer nun in einem modernen Landhausstil gehalten, den ich nicht hätte benennen können, wenn ich das nicht irgendwo gelesen hätte.

Wir schauten aus dem Fenster. Es regnete immer noch. Gerade recht. Abwohnen war die Parole. Ein perfekter Plan für einen Tag mit Kater und dem noch nicht erloschenen Licht der Preisverleihung.

Wir schmissen uns auf das Bett, tummelten uns zwischen Decken und Kissen. Es artete in eine Schlacht aus. Erschöpft lagen wir danach auf dem Rücken und schauten an die Decke. Weiß, immer nur weiß. Vielleicht hätten wir es gestern nicht so übertreiben sollen. Aber wenn das kein Grund zum Feiern war, welcher ist es dann?

»Und was machen wir jetzt?«, fragte ich die Frau der Stunde.

»Ich habe Hunger!«

»Du hast immer Hunger.«

»Stimmt überhaupt nicht.«

Wir schauten kurz auf die Speisekarte des Zimmerservice, lachten uns kaputt über die verrückten Preise. So edel ging unsere Welt dann doch nicht zugrunde.

»Sollen wir vor die Tür gehen und uns was holen?«

»Nee, zu faul.«

»Gut, wie wäre es dann mit chinesisch?«

»Meinst du, das können wir einfach so ins Hotel bestellen?«

»Ist doch deren Job, einem jeden Wunsch zu erfüllen.«

Eine Stunde später war die Lieferung da. Wir schalteten den Fernseher ein und aßen im Bett. Es gab Suppe und Kung Pao Chicken. Das Laken bekam den einen oder anderen Fleck ab. Besser hier als in der Aubergine.

Im Fernsehen lief eine Dokumentation über den legendären Reggaesänger Bob Marley. Interessiert verfolgten wir seine Entwicklung vom Lokalphänomen zum Weltstar. Als seine Platten sich global verkauften und der Rubel rollte, zogen er und seine ganze Bande von Freunden und Familie ins Reichenviertel der jamaikanischen Hauptstadt Kingston um und mischten es mit ihrer unkonventionellen Lebenseinstellung auf.

Gerade fühlten wir uns ein bisschen genauso. Warum? Weil uns Geld egal war. Na ja, vielleicht nicht egal. Aber wir jagten ihm nicht hinterher. Wenn es kam, dann kam es, und dann gaben wir es auch gerne aus. Wir lebten ja ansonsten so sparsam, dass wir uns in einigen Jahren hier im Hotel so ständig einquartieren könnten wie Udo Lindenberg.

Ein anderer positiver Nebeneffekt dieses sparsamen Lebens war die Tatsache, dass sich niemand von uns prostituieren musste. Beide beschäftigten wir uns nur mit Projekten, auf die wir Lust hatten, die uns am Herzen lagen, bei denen es egal war, wenn man teilweise auch sechzehn Stunden arbeitete.

# 31

Wir standen früh auf, schmissen uns die Bademäntel über und jagten uns gegenseitig durch das Haus, bis wir am Pool waren.

»Das ist alles?«, fragte Patrizia enttäuscht, als sie das Becken sah. Nach einem Sommer an so vielen Seen hätte auch ein Pool aus Gold dagegen armselig gewirkt. Wir sprangen trotzdem rein, schwammen ein paar Bahnen, dann begaben wir uns zum Frühstück.

Es war gut, aber auch nicht zehnmal besser als woanders. Man platzierte uns an einem kleinen Tisch in der Nähe des Büfetts und dann waren wir auch schon uns selbst überlassen. Ich holte mir eine Zeitung und versuchte zu lesen. Musste aber immer wieder grinsen. Patrizia fragte, was so lustig sei, und ich meinte, wie schnell man doch bei unserer Lebensweise abgestempelt werde. Die einen dachten ja, wir schmarotzten uns durch die Gegend: rastatragende, ungewaschene Hippies. Die anderen glaubten, wir würden jede Form von Luxus ablehnen. Da ist man ganz schnell beim Dogma.

Es gefiel mir, zwischen den Welten zu wandeln. Ich mochte doch immer noch gutes Essen und alles Weitere, was ein bisschen was kostet. Das hat doch nichts damit zu tun, feste Strukturen lösen zu wollen.

Und das tat ich wirklich, oder etwa nicht? Denn im Gegensatz zu unserer alten Wohnung war der Frühstückstisch im Atlantic so gottverdammt klein, dass ich noch nicht mal bequem Zeitung lesen konnte.

# 32

Der Waschsalon befand sich an einer großen Straßenkreuzung neben einem dieser räudigen Wettläden und einer schummrigen Kneipe. Es war unser letzter Abend in Hamburg, und wir mussten Wäsche machen.

Der Verkehr dröhnte wie immer auf der Ecke Max-Brauer-Allee und Holstenstraße in Altona. Alles etwas gammelig, heruntergekommen, eine dieser herrlichen Großstadtecken, von denen niemand redet, wenn man die Perle im Norden preist.

Obwohl es draußen sehr warm war, hingen ein paar Obdachlose und Junkies im Waschsalon rum. Sie versammelten sich um einen der Tische, der eigentlich dazu gedacht war, Wäsche zusammenzulegen, und hatten darauf eine kleine Bar aus Schnaps-, Wein- und Bierflaschen eingerichtet. Eigentlich ganz zivilisiert.

Einer von ihnen redete mehr als alle anderen. Unterbrach sie, schwadronierte, gestikulierte wild, verzog das Gesicht. Er hatte offene Wunden an den Händen, Herpes am Mund. Trug schwere Stiefel. Regelmäßig setzte er eine Flasche Amaretto an die Lippen. Eine merkwürdige Wahl, wie ich fand. Die anderen sagten ihm mehrmals, er solle die Klappe halten. Er redete weiter.

Schließlich rief eine Frau, die gerade ihre Wäsche von der Maschine zum Trockner beförderte, dass jetzt doch bitte mal Ruhe sein solle, sie wolle in Frieden ihre Wäsche waschen.

Der Kerl mit der Amaretto-Flasche hielt kurz inne, verdutzt über die Widerworte einer Bürgerin. »Wie bitte?«, sagte er. »WIE BITTE?« Er wurde lauter und lauter. Schließlich schrie er. Dass ihm nie einer zuhöre, und natürlich liege das am Aids im Endstadium, verdammte Scheiße! Nach diesem Ausbruch beruhigte er sich.

Ein paar Minuten später brauste er wieder auf. Da reichte es einem der anderen Obdachlosen. »Hast du nicht gehört? Die Frau will in Ruhe ihre Wäsche waschen.« Griff an die Gurgel, Körper gegen die Wand, Rausschmiss.

Die anderen Obdachlosen machten sich ebenfalls vom Acker.

Jeder ging wieder seiner Wäsche nach. Die Frau, die sich eingemischt hatte, redete mit ihrem Mann.

Fünf Minuten später kam der Kerl zurück, allein. Er stellte sich in die Mitte des Raums und beschimpfte die Frau sowie alle anderen, die ihm nicht geholfen hätten, die nur dabeistünden, wie das die Leute immer machten, wenn es einem wie ihm an den Kragen gehe. Es sei doch immer das Gleiche, man habe keinen Respekt vor Menschen wie ihm.

Inzwischen hatten die meisten aufgehört, ihre Kleidung zu falten, Geld in die Maschinen zu werfen. Sie schauten ihn an. Er wirkte bedrohlich, ein Vulkan, der gleich explodierte.

Doch die Frau ließ sich von ihm nicht einschüchtern und blaffte: »Ich ruf gleich die Polizei!« Der Kerl stellte seine Tasche ab und ging auf sie und ihren Mann zu. Die Frau blieb stehen. Der

Mann rannte davon. Aber wo sollte er hier schon hin? Auf seinem Weg in die andere Ecke des Waschsalons stieß er einen Wäschekorb auf Rollen zwischen sich und den Obdachlosen. »Komm nicht näher!«, schrie er.

Die Sache würde eskalieren, so viel war klar. Eine schwarze Wolke umgab den Kerl, und der Mann mit seiner Angst machte es nur noch schlimmer, ebenso die Frau, die weiter zeterte. Ich beschloss dazwischenzugehen.

Vorsichtig ging ich auf ihn zu. »Komm«, sagte ich, bemüht ruhig. »Es langt jetzt, oder?« Ich breitete die Arme aus in einer unterstützenden Geste, hatte keine Ahnung, wie er reagieren würde. Er war einen Kopf kleiner als ich. Aber das hatte nichts zu heißen. Eben noch hatte er verlauten lassen, dass seine Stiefel Stahlkappen hätten.

Er wandte den Blick von dem Mann in der Ecke ab und schaute mich an. Ich hielt seinen Blick fest, ging einen Schritt weiter und sagte noch einmal: »Komm, ist gut jetzt.«

Er taxierte mich. Dann wich die Wut, er nickte, und es blieb nur noch Traurigkeit. Ich leitete ihn zur Tür. Er ließ es geschehen. Dort blieben wir stehen. Er sah schlimm aus. Die Wunden im Gesicht nässten.

Zwanzig Minuten standen wir da. Während die anderen ihre Tätigkeiten an den Maschinen und Wäschekörben wieder aufnahmen, redete er mit mir. Er erzählte, dass er keine Ahnung habe, was er nach so vielen Jahren im Knast draußen eigentlich machen solle. »Außerdem ist es doch sowieso bald vorbei, schau hier, meine ganzen Wunden, das geht alles nicht mehr weg. Keiner will was mit mir zu tun haben. Was ist das für ein Leben?«

Ich konnte ihm darauf keine Antwort geben. Der Waschsalon und dessen Kunden interessierten ihn nicht mehr. Er redete von seiner Frau und seiner Tochter. Weg. Über das gute Leben, das er einmal gehabt hatte, wie eine Reihe von falschen Entscheidungen alles zum Einsturz brachte. Wie er dachte, es gehe aufwärts, dabei ging es direkt nach unten. Vor seiner Entlassung aus dem Knast bekam er Angstzustände. Der Gedanke an Freiheit machte ihm Angst. Der Gedanke, wieder alleine klarkommen zu müssen.

Jetzt schlafe er unter Brücken und habe keine Ahnung, was er im Winter machen solle. In die Unterkünfte wolle er nicht, da gebe es immer Ärger, es stinke, es sei dreckig. Eine Frau werde er auch nie wieder finden. Vielleicht sollte er irgendwas anstellen, damit er wieder ins Gefängnis komme.

Er fing an, leise zu weinen.

Ein Bus hielt vor uns an der Haltestelle. Ohne sich die Tränen aus dem Gesicht zu wischen verabschiedete er sich und stieg ein. Ich sah, wie er sich in die letzte Reihe setzte, die Tasche auf den Knien. Als der Bus abfuhr, winkte er.

# 33

Nachts unterwegs auf der A7 zwischen Hamburg und Hannover. Die Welt ganz ruhig, Herzen schlagen langsamer, die Sinne neigen sich dem Schlaf entgegen. Baustellenlichter, schemenhafte Landschaften, der Mond verdeckt von Wolken, dann wieder nicht. Richtung Süden, nach Bayern, zum Wörthsee. Danach über den Teich nach New York und dann mal schauen.

Frische Wäsche im Gepäck. Patrizia, die sagt, Deutschland werde für sie mit jedem Tag größer.

Und im gleichen Zuge wurde die Aubergine immer schwächer. Gestern, auf dem niedrigsten Punkt im Elbtunnel, hatte sie angefangen zu stottern.

»Was ist das denn?«, fragte Patrizia, ein Stück Pizza in der Hand.

»Keine Ahnung, aber es hört sich nicht gut an.«

Der Wagen spuckte vor sich hin bei neunzig Stundenkilometern. Wir beide bekamen einen Heidenschreck. Was für ein Horror, dort unten stehen zu bleiben, in einem drei Kilometer langen Tunnel, über einem Tausende Tonnen von Beton und Wasser, weit und breit kein Standstreifen.

Ich konnte schon die Verkehrsmeldung hören: *Stau im Elbtunnel. Der rechte Streifen ist gesperrt, weil zwei Hippies Probleme mit ihrer Schrottlaube haben.*

Es war höchste Zeit für einen Besuch beim Mechaniker.

Doch wir verscheuchten den Gedanken und hörten ein weiteres Stück von Abramovićs Biografie. Immer wieder hob sie mit ihrem Partner die Grenzen zwischen Kunst und Leben auf. Immer wieder stellten die beiden sich die Frage nach einem sinnhaften Leben. Es schien, als könnte sie nichts auseinanderbringen. Eine ihrer spektakulärsten Performances fand auf der Chinesischen Mauer statt. Sie hieß »The Lovers – The Great Wall Walk«. Abramović startete von einem Ende, Ulay vom anderen. Nach 3000 Kilometern Fußmarsch wollten sie sich treffen und dann heiraten.

Stattdessen trennten sie sich.

# 34

Hinter dem Steuer fielen mir schon die Augen zu. Wir mussten runter von der Autobahn und fuhren in einen kleinen Ort in der Nähe von Braunschweig. Wir folgten der Beschilderung zum Freibad, wo uns ein großer Parkplatz erwartete, umgeben von niedrigen Bauten, die wir in unserem Zustand nicht weiter beachteten.

Wir wurden geweckt vom Getöse Dutzender Kinder und Teenager. Schulbusse bremsten und fuhren wieder ab. Elterntaxis hielten, schmissen ihre jungen Fahrgäste raus. Natürlich genau zu der Zeit, als unsere Blasen voll waren.

Ich musste trotzdem lachen.

»Was ist denn so witzig?«

»Ach, ich stelle mir nur gerade vor, wie die Eltern ihre Kinder warnen, dass es auch mal so mit ihnen enden wird, wenn sie nicht anständig lernen.«

Eine halbe Stunde dauerte der Rummel, bis die Schule endlich alle Lernpflichtigen verschluckt hatte.

Wir schälten uns aus der Aubergine. Am Freibad wurde gebaut. Die Arbeiter beobachteten uns neugierig. Patrizia ging hin und fragte, ob sie die Toilette benutzen könnte.

Na klar, sagte einer der Arbeiter, bot uns noch die Duschen an, und Wasser könnten wir uns auch ziehen. In der nächsten Woche wolle er seine Tochter in Italien besuchen, setzte er hinzu, mit dem Auto, und auf der Reise ebenfalls im Wagen schlafen.

# 35

Weiter, entlang am Rande des Harzes. Strahlendes Herbstlicht. Ein leichter Nebel hüllte sich um den Fuß des Mittelgebirges. Auf dem Boden bereits Laub, mit jeder Stunde wurde es mehr.

Ich liebe diese Jahreszeit. Kann mich nie am Farbenspiel sattsehen, nie an der klaren, knackigen Luft sattatmen. Jedes Jahr ein neues Wunder, jedes Mal der gleiche Gedanke, wie schön es wäre, nach dieser Pracht Winterschlaf zu halten und im nächsten Jahr mit neuen Kräften unbekannte Welten zu erobern.

# 36

Der See war schon fast kanadisch in Ausmaß und spärlicher Besiedlung.

Ein Schild an der Autobahn hatte uns auf das »Thüringer Meer« hingewiesen, das hörte sich gut an, also fuhren wir ab, vorbei an bewaldeten Hügeln, bis wir an der Bleilochtalsperre ankamen. Ein 28 Kilometer langer Stausee. Früher hat man hier Blei abgebaut, daher der Name. Später wurden Arbeitslose aus ganz Thüringen per Gesetz verpflichtet, sechs Monate beim Staudammbau zu arbeiten.

Vor Kurzem hatte hier eine Hovercraft-Weltmeisterschaft stattgefunden. Da musste es elendig laut gewesen sein. Jetzt war es unglaublich ruhig. In der Nähe befindet sich das Ködeltal mit Mäusebeutel, was ich hier nur einfüge, weil es so lustig klingt.

Da es im Ort Saalburg zwar ein gutes Restaurant gab, aber leider keinen Supermarkt, fuhren wir vierzehn Kilometer weiter, verproviantierten uns, dann stellten wir uns an den »Saalburg Beach«. Wir waren so gut wie allein. Zum Schwimmen war es schon zu kalt. Der Himmel war wolkenlos.

Am Strand stand eine Grillhütte. Ich schichtete Kohlen auf, zündete sie an. Als sie weiß waren, legten wir Rippchen auf den Rost und öffneten eine Flasche Primitivo. Ein paar Schleierwolken zogen nun über den Himmel, gerieten in das Hoheitsgebiet der untergehenden Sonne und färbten sich lila.

Ich schaute auf die andere lila Sache, die Aubergine. Ich war froh, dass wir ihr eine kleine Pause gönnen konnten. Inzwischen waren wir gut 10 000 Kilometer gefahren. Der Spruch »Stirb langsam« brachte es immer besser auf den Punkt.

Irgendwann kam ein Mann vorbei, in Jogginghose, blauem T-Shirt und mit einer Bauchtasche um die Hüfte. Der Platzwart. »Eigentlich war's hier mal umsonst«, sagte er. »Aber dann kamen immer mehr, und sobald eine Masse draus wird, gibt's keine Disziplin mehr. Die haben einfach überall hingekackt.« Er knöpfte uns drei Euro ab, schob seine Gürteltasche zurecht und ging wieder.

Die Rippchen waren fertig.

# 37

Später, im Bett. Am Himmel stand jetzt ein ganz feiner Sichelmond, wie mit einem Fingernagel hingeritzt. Die Heckklappe war offen, der See roch blau. Wir hörten das letzte Stück der Abramović-Biografie.

Nach einem über Jahrzehnte ungebeugten Gang kam erst die Anerkennung, dann der finanzielle Erfolg. Inzwischen hat Abramović ein Institut gegründet, in dem sie ihre über Jahre verfeinerte Methode lehrt. Sie nennt diese Methode »Cleaning the House«. Natürlich werfen ihr manche vor, sich zu kommerzialisieren, die Kunst zu kommerzialisieren und so weiter. Das Haus steht dabei für den Körper. Mit einer Reihe von Übungen draußen in der Natur will sie die Teilnehmer von den ganzen normalen Ablenkungen wegreißen, so die Konzentration erhöhen, die Fähigkeit stärken, neue Ideen und Antrieb zu entwickeln. Die Teilnehmer müssen zum Beispiel stundenlang auf Farben starren, Bäume umarmen, sich in Zeitlupe bewegen, blind laufen. Man könnte das auch alles als die Kunst des Sehens, des Hörens, der Bewegung zusammenfassen. Es geht um Sinnesschärfung.

»Und, wie hat's dir gefallen?«, fragte Patrizia.

»Beeindruckend. Diese absolute Versenkung in die Arbeit, in die Kunst. Die ist immer einfach vorangeschritten, ohne sich um Querfeuer von links oder rechts zu kümmern. Hat einfach ihren Weg gemacht.«

»Und dann die Sache mit dem Auto. Da denken wir, wir machen was Neues, dabei ist das für die schon seit vierzig Jahren ein alter Hut.«

Und dennoch ist es schwer zu verstehen, wie man an den Reaktionen der Eltern und einiger anderer gesehen hat. Aber was sollten uns, gerade nach diesem Beispiel, solche Reaktionen kümmern? Dein Leben kannst nur du leben. Es wäre Wahnsinn, auf andere zu warten, damit es besser wird. Und das ganze Geschrei muss man einfach ausblenden. So was geht natürlich immer leichter, wenn man sich zurückzieht, wenn man nicht mehr Teil dieser Masse von Menschen ist, die unsere moderne Gesellschaft ausmacht. Doch wer viel Zeit mit sich selbst verbringt, wird misstrauisch oder mitleidig beäugt. Unsere Gesellschaft bevorzugt die Extrovertierten, wohin aber mit den Introvertierten?

Rückzug aus Gruppen kann ein kleiner Akt der Rebellion sein.

Rückzug aus dieser schnelllebigen Gesellschaft, in der ständig eine neue Sau durchs Dorf getrieben wird.

»Vielleicht sollten wir auch radikaler werden«, sagte ich.

»Noch radikaler?«

»Noch radikaler.«

Die Sterne kamen raus, funkelten, pulsierten, leuchteten auf uns herab. Es machte Spaß, in dieser Nacht aufs Klo zu gehen. Sich klein zu fühlen im kosmischen Vergleich.

# 38

Morgens um sechs weckte mich Patrizia ruppig aus süßen Träumen. »Los, steh auf!«

»Was ist denn, gottverdammt?«

»Ich will die Drohne steigen lassen: Schau, alles so einsam, der See ganz kobaltblau, und dann auch noch Dunst über dem Wald.«

»Na und?«

»Dunst, Fredy, Dunst!« Sie zog mir das Kissen unter dem Kopf weg. »Jetzt steh schon auf, du fauler Sack!« So liebevoll will man alle Tage geweckt werden. Dann braucht man auch keinen Kaffee.

»Muss das wirklich sein?«

»Jetzt aber! Für gute Bilder muss man schon was machen.«

Widerwillig zog ich mir was über und stieg aus, rieb mir den Schlaf aus den Augen. Gut, sie hatte recht, die Kulisse war wundervoll. Der Dunst war toll, der See war toll, kein Mensch weit und breit. Wie in einem anderen Land. Ich gab mich geschlagen.

»Was jetzt?«

»Du fährst das Auto direkt ans Wasser, und dann stellst du dich daneben.«

Gesagt, getan. Ein gutes Gelände für die Drohne, das musste ich zugeben. Eine weite, offene Fläche. Das einzige Hindernis war eine kleine Baumreihe hinter dem Parkplatz, aber die lag in sicherer Entfernung.

Patrizia ließ die Drohne hochschnellen, flog sie ein Stück vor, raus über den See. Dann flog sie das Ding langsam zurück.

»Das gibt fantastische Bilder!«, rief sie, während die Drohne mich zwanzig Meter über mir in meiner noch nicht ganz abgeschüttelten widerwilligen Stimmung filmte.

Dann nahm die Drohne Geschwindigkeit auf. Hatte sie den Sportmodus an? Gleich darauf scheppterte es, und Patrizia schrie: »O nein, o nein!« Die Drohne war direkt in die Krone eines Ahorns gedonnert. Von wegen sichere Entfernung.

Ich schlenderte auf den Baum zu und musste unweigerlich grinsen. Mir lagen, trotz der frühen Stunde, wahnsinnig viele gute Sprüche auf der Zunge.

»Sag jetzt bloß nichts, Fredy!«

Ich zuckte mit den Schultern. »Was soll ich denn sagen?«

»Du weißt genau, was ich meine.«

Folgsam hielt ich die Klappe und schaute hoch in die Krone.

»O Mann, was sollen wir denn jetzt machen?«

Wir schüttelten. Bestimmt eine halbe Stunde lang. Dann war so ziemlich das ganze Laub unten, die Drohne hing aber immer noch fest.

Ich fuhr die Aubergine so an den Ahorn, dass ich vom Autodach höher in den Baum steigen konnte, setzte mich in eine große Astgabel und schüttelte von da. Auch kein Glück.

»Höher klettern ist leider nicht drin, die Krone trägt mich nicht«, sagte ich.

»Scheiße, scheiße, scheiße!«

»Wir könnten die Feuerwehr rufen.«

»Wir können doch nicht wegen einer Drohne die Feuerwehr rufen.«

»Oder vielleicht gibt es einen Baumpflegebetrieb in der Nähe, die haben auf jeden Fall Teleskopstangen.«

»Wir können auf keinen Fall ohne die Drohne weiterfahren.«

# 39

Vom Bleilochsee bis nach München waren es noch etwa 300 Kilometer. Wir nahmen die Landstraße.

Patrizia las mir erst die Beziehungsfrage in der *Zeit* vor, und dann versuchten wir, zu dem gestellten Problem unsere Antworten zu geben. Ich lag eigentlich immer falsch. Patrizia war besser in dem Spiel. Dann las sie mir die Kontaktanzeigen vor (Tiefgang, apart, jung geblieben, gut situiert). Das machen wir schon seit ein paar Jahren zur Unterhaltung. Alles so herzerweichend tragikomisch, dass man manchmal aus dem Lachen gar nicht mehr rauskommt.

Die Zeit verging wie im Flug, die Orte zogen an uns vorbei, doch wir merkten es kaum.

In der Nähe von Regensburg besuchten wir noch eine Freundin von Patrizia. Sie und ihre Partnerin hatten sich ein Stück Land im Wald gekauft und darauf gebaut. Planten einen Garten, für Schafe, Wildblumen, Wildkräuter, Obstbäume. Hatten sich von der Großstadt verabschiedet. Wir verbrachten zwei Tage dort, dann erledigten wir das letzte Stück Straße zu Patrizias Elternhaus.

Wir fuhren sehr langsam.

# 40

Ich hatte kaum vor dem Haus geparkt, da schnappte Patrizia sich ihren Radiopreis und stürmte hinein. In Hamburg bei der Verleihung hatte sie auf der Bühne den Preis ihrem Vater gewidmet, schließlich war er Dreh- und Angelpunkt der Geschichte.

»Ja mei, schau dir das an«, sagte er sichtlich stolz, begutachtete das gläserne Artefakt. Patrizia schlug vor, er solle ihn sich ins Arbeitszimmer stellen. Die Stimmung war gelöst. Ich nahm mir vor, in keine Fettnäpfchen zu treten, auf denen zum Beispiel »Afrika« stand.

Zusammen mit Patrizias Eltern setzten wir uns an den Küchentisch und aßen etwas. Wir redeten über New York und darüber, dass nun die letzten Tage mit der Aubergine vor uns lagen. Patrizia erzählte von jenem denkwürdigen Abend der Verleihung. Alles wunderbar. Immer wieder eine tolle Pointe, dass sie diesen so heiß begehrten Preis bekommen hatte und wir nach der Feier in unserem mobilen Heim direkt um die Ecke des Veranstaltungsorts geschlafen hatten. Sie erzählte auch von der Drohne, die sie in den Ahorn geflogen hatte, wie wir eine gute Stunde erfolglos daran geschüttelt hatten. Schließlich warfen wir Äste hoch. Die Drohne fiel runter, und ich fing sie in meinen Armen auf. Patrizia freute sich, als hätte ich das aus dem Fenster gestürzte Baby gerettet, das wir nicht haben. Ein Rotor war kaputt, und die Akkuabdeckung hatte ein Loch. Fortan würde die Drohne ein ähnliches Eigenleben wie die Aubergine entwickeln.

Später ging die Diskussion dann doch wieder von vorne los. Allerdings bekam ich sie nicht direkt mit. Hielt mich oben im Dachzimmer auf, während Patrizia noch etwas Zeit mit ihrem Vater verbrachte. Als sie zu mir hochkam, erzählte sie mir, dass es ihm immer noch keine Ruhe lasse. Wie sie sich das vorstelle, ohne ins Büro zu gehen, wie wolle sie da Karriere machen?

# 41

Wir gingen frische Luft schnappen, fuhren die Aubergine spazieren. Die ganze Zeit hätten wir schon zu einem Mechaniker sollen, hatten dafür aber keine Gelegenheit gefunden oder das Thema einfach verdrängt. Jetzt allerdings suchten wir uns einen im nächsten Ort, er war auf amerikanische Schlitten spezialisiert, zumindest standen ein paar im Hof der Werkstatt.

Der Mechaniker war ein ziemlich großer Kerl um die vierzig, seine Arme waren tätowiert, und wir baten ihn, doch mal unter die Haube zu schauen und die Krankengeschichte aufzunehmen.

Eine Weile schaute er in den Motorraum. Patrizia und ich standen neben der Aubergine wie zwei Angehörige neben einem kranken Patienten.

»Ja…«, sagte er schließlich. »Das wird einfach zu teuer zum Reparieren. Der Krümmer hat einen ordentlichen Riss, das kostet schon mal was. Aber dann ist da ja noch die Bordelektronik, wie ihr sagt. Da findest du das Problem nie. Könnte ich natürlich machen, aber ich will ehrlich sein. Da gehen zig Arbeitsstunden ins Land, und am Ende ist es immer noch kaputt und dein Konto leer. So was könnte man vielleicht in anderen Ländern reparieren, aber bei uns rentiert sich das nicht.«

Patrizia und ich schauten uns traurig an. Was tun?

»Am besten fahrt ihr das Ding, bis es stirbt, und dann gönnt ihr ihm ein gescheites Begräbnis.«

Auf dem Weg zurück war die Stimmung noch gedrückter. Es fiel uns nicht leicht, aber wir mussten nun darüber diskutieren. Wir hatten beide ein schlechtes Gewissen, dass wir es in der Aubergine taten. Merkwürdig, oder? Wie ein Auto einem ans Herz wachsen kann. Wenn demnächst intelligente Maschinen in unserem Leben auftauchen, bekommen wir richtig Probleme.

»Also am einfachsten wäre natürlich«, tastete ich mich vor, »den Wagen in die Schrottpresse zu bringen. Da müssen wir auch nichts zahlen. Manchmal holen die den sogar bei dir zu Hause ab.«

»Würdest du das übers Herz bringen?«

»Nein.«

»Das wäre, wie ein Haustier zum Einschläfern zu bringen.«

»Du hast recht.«

»Also, ich hab mir ja gedacht, perfekt wäre, wenn jemand das Auto nach Afrika schaffen würde, so ein Exporteur.«

»Aha.«

»Ja, pass auf! Aber nur unter der Bedingung, dass er uns Fotos vom Weg schickt. Wie die Aubergine in den Container gefahren wird, wie sie wieder rauskommt irgendwo in Afrika und da unten ein neues Leben anfängt.«

»Du bist süß. Aber das kannst du vergessen. Vielleicht sagen die dir das noch zu, und dann hörst du nie wieder von denen. Wieso auch? Warum sollten die das machen? Die sind nur am Geschäft interessiert. Die haben doch keine Ahnung, was uns der Wagen bedeutet. Die werden sich nur denken, na, die waren aber schön blöd.«

Wir schossen ein paar vorteilhafte Fotos von der Aubergine. Patrizia stellte die Anzeige bei eBay online. Es wäre schön, wenn die Aubergine nicht das Schicksal der halben Million Autos teilen müsste, die jedes Jahr verschrottet und zu handlichen Rechtecken verarbeitet werden.

Dann packten wir unsere Sachen für die letzte Nacht im Auto. Wir würden sie am Wörthsee verbringen. Es waren dreißig Kilometer, und die Aubergine fuhr wie eine Eins. Als hätte es nie auch nur das geringste Problem gegeben.

Bald standen Landtagswahlen an, und die Politiker hatten das Thema »Wohnen« für sich entdeckt. Überall Plakate, auf denen sie hemdsärmelig irgendwelche Kanthölzer durch die Gegend schleppten.

Peinlich. Aber erzähle ich da Neues?

Trotzdem frage ich mich, wo das alles enden soll. In welche irrsinnigen Höhen werden die Mieten noch steigen? Ich kann mir gut vorstellen, dass wir unter denen, die einfach keine Lust mehr haben, einen großen Teil ihres Geldes in diesen gierigen Schlund namens Miete zu werfen, immer mehr Menschen sehen werden wie Jürgen, wie Mandy, wie Patrizia und mich.

# 42

Der Wörthsee liegt etwa 25 Kilometer südwestlich von München und gehört mit dem Starnberger See, dem Ammersee, dem Pilsen- und dem Weßlinger See zum Fünfseenland. Eine von der Natur geküsste Gegend. Vielleicht ist der See gerade deshalb Privateigentum. Hört sich unglaublich an, aber so ist es. Ich wollte das selbst erst nicht glauben. Der Wörthsee gehört einem Grafen Cajetan zu Toerring-Jettenbach. Vor Kurzem hat sein Vater ihm dieses wundervolle Stück Land übertragen. Ein ganz altes bayerisches Adelsgeschlecht, das seine Wurzeln nach eigener Aussage bis ins 9. Jahrhundert zurückverfolgen kann.

»Da könnte ich sofort kotzen, wenn ich so was höre«, fauchte Patrizia.

An der Bachern-Liegewiese gibt es einen relativ großen Parkplatz, und dort stellten wir den Wagen ab. Ich nahm die Kühltasche, Patrizia die Decke. Wir überquerten die Wiese, die zwar saftig grün, aber dennoch nur zweite Wahl war. Das Besondere am Wörthsee sind zwanzig bis dreißig Meter lange Stege, die weit ins Wasser ragen, auf denen man sich sonnen kann, lieben kann, von denen aus man ins kühle Nass springen kann.

Am Ende des Stegs breiteten wir unsere Decke auf der Plattform aus. Der See strahlte geradezu obszön in Türkisgrün. In seiner Mitte ruhte die Mausinsel, über uns wölbte sich der bayerische Himmel, und allseits lagen Menschen, die selig waren.

Wir setzten uns an den Rand und ließen die Beine über dem Wasser baumeln. Ich öffnete die Kühltasche, rumorte darin herum, holte Prosecco raus, Aperol, Mineralwasser und Orangen. Ich gab Eiswürfel in zwei Gläser und schüttete uns zwei Spritz auf. Die Orange schnitt ich in Scheiben und legte ein paar davon in die Gläser. Dazu Oliven, Käse und Brot. Exakt das gleiche Programm wie bei unserer ersten richtigen Verabredung.

2015, auch so ein großartiger Sommer. Wie meine russland-deutschen Verwandten sagen würden, haben wir uns »bekannt gemacht«. Ich hatte gerade eine sehr schwierige Recherche beendet. Zum ersten Mal seit Jahren hatte ich mit einem Team zusammengearbeitet. Es ging nicht gut aus. Zumindest für die anderen Beteiligten, denn ich hatte bei dieser Unternehmung Patrizia getroffen. Sie war auch an einem Ende angelangt, dem ihrer journalistischen Ausbildung. Ich lebte zu dem Zeitpunkt noch in Berlin, war aber beruflich unten in Bayern unterwegs.

Auch damals liefen wir mit einer Kühltasche über den Steg. Nur dass dann ein Gewitter aufzog und alle fluchtartig den See verließen. Es schüttete fürchterlich. Zum Glück hatte ich ein Wurfzelt im Auto. Das platzierten wir direkt auf dem Steg, versteckten uns darin und beobachteten durch die Öffnung die zuckenden Blitze am Horizont. Schließlich zog das Gewitter weiter, es hörte auf zu regnen, die Sonne kam wieder heraus. Es passte alles hervorragend zu der Situation und der Stimmung.

Die nächsten Wochen waren wir immer am See, wenn wir konnten. Hielten Händchen, schrien: »Freiheit!«, und sprangen dabei vom Steg ins Wasser. Kitsch bis über beide Ohren.

Und jetzt waren wir wieder hier.

Ich musste an Tante Lisa denken und an Joe, den Vater meines Schwagers. Wie selten ist es im Leben, dass man wirklich jemanden trifft, der auf derselben Wellenlänge funkt? Manchmal fühlten Patrizia und ich uns auf unserem Weg wie das amerikanische Verbrecherduo Bonnie & Clyde, das in den Dreißigerjahren im Mittleren Westen sein Unwesen getrieben hat. So ein Gefühl von »wir gegen die Welt«, immer weiter, auch wenn wir dazu weder Tankstellen noch Banken überfallen mussten.

Die Eiswürfel klackerten im Glas, und wir stießen auf dem Steg auf das nächste Abenteuer an. Der See spiegelte sich in Patrizias Augen. Wir sprangen ins Wasser, schrien dabei das alte Wort.

Ein schwammiger Begriff, zugegeben, ebenso wie Heimat. Aber es tut gut, ihn ab und zu laut durch die Gegend zu brüllen, und sei es nur, um ihn nicht komplett der Werbewirtschaft zu überlassen.

# 43

Als der Prosecco geleert und die Sonne hinter den Wäldern im Westen des Sees untergegangen war, verräumten wir die Reste in die Kühltasche und liefen über Steg und Liegewiese zurück zum Auto.

Das Purpur des Zwielichts färbte noch den Himmel, die Luft war lau. Wir legten uns ins Bett, ließen die Heckklappe offen.

Was würde uns bleiben von dieser Reise, diesem Experiment des Minimalismus und der ständigen Bewegung? Hatten wir uns auch selbst fortbewegt? Hatte sich erfüllt, was wir uns am Anfang erhofft hatten, als wir uns noch so schwertaten, die Wohnung auszumisten und den ganzen Ballast abzuwerfen?

Das ständige Unterwegssein veränderte einen. Wir waren offener gegenüber der Natur geworden, der Tierwelt, uns selbst. Leider hatte ich auch offener für Ordnung werden müssen. Sonst hätte es im Auto ausgesehen wie bei Hempels unterm Sofa. Ich war mir nicht sicher, ob mir immer gefiel, was aus mir geworden war.

Jeder hing ein bisschen seinen Gedanken nach. Ich dachte an den ersten Tag, als das Auto nicht hatte anspringen wollen. An die Ausfälle der Bordelektronik. Das geschmeidige Schnurren über die Landstraßen. Die ganzen Nachtfahrten durch das schwarze, stille Land. Das Aufwachen in unserer Raumkapsel. Blaues Wasser und helle Sternenhimmel, lange Alleen und die erdige, würzige Luft in den Wäldern. Die Heuschrecke, die so lange mit uns unterwegs gewesen war, die Vögel über der Weser, die Füchse auf den Feldern. Ein heißer deutscher Sommer.

Ich sah Patrizia und mich langsam in dieses Leben gleiten, gemeinsam durch Zeit und Raum reisen, mit einer Hobo Colada in der Hand.

»Und?«, fragte ich schließlich meine Komplizin. »Drei Monate sind vorbei. Drei Monate im Auto durch die Gegend ziehen. Willst du weitermachen?«

»Ich bin jetzt erst so richtig auf den Geschmack gekommen. Ich finde, es hat total Spaß gemacht. Ich finde auch, dass mich das stärker gemacht hat. Ich hab bei allen möglichen Dingen, von denen ich vorher dachte, nur so kann ich leben, ich brauche sie und muss sie so und so machen, festgestellt: Das ist nicht so. Das war richtig befreiend, als ich merkte, wie wenig man eigentlich braucht – oder wie wenig ich auf jeden Fall brauche –, wie viel freier man sich dadurch fühlt. Ich hab richtig Lust weiterzumachen. Du auch?«

»Ja. Gefällt mir ganz gut, reduziert auf das wenige.«

»Hast du die Wohnung mal vermisst?«

»Nicht ein einziges Mal.«

»Ich auch nicht, das finde ich schon krass.«

»Es ist schön, nicht dieses Gefühl zu haben von: Wir gehen arbeiten, und dann geht ein Großteil unseres Geldes für die Miete drauf, wir sitzen zu Hause, und das Leben zieht an uns vorbei. Die Welt ist so groß und will entdeckt werden. Jetzt haben wir beides miteinander verbunden, und das finde ich großartig.«

»Komm, erzähl mir noch was über die USA, diese weiten Landschaften.«

Das tat ich. Erzählte von den Südstaaten, der Wüste, von den dünn besiedelten Wyoming und Montana, von den Rocky Mountains und von der transformativen Kraft der »Open Road«, die wir aus so vielen Filmen und Büchern kennen.

»Das wird noch mal was anderes als in Deutschland«, sagte Patrizia.

»Definitiv. Heute die BRD, morgen die USA, übermorgen die ganze Welt.«

Ich wurde müde und schlief ein.

Patrizia nicht. Vor zwei Tagen hatte sie sich den Film »Nocturnal Animals« angeschaut. Darin wird eine Familie nachts auf einer Landstraße in Texas entführt, Frau und Tochter werden vergewaltigt. Jetzt hier am See, als nachts bayerische Jugendliche die Reifen ihrer Karren kreischen ließen, ging wohl die Fantasie mit ihr durch, und sie bekam kein Auge zu.

# 44

Nachdem der Mechaniker das Todesurteil gesprochen hatte – das wir nicht akzeptieren wollten –, hatten wir die Aubergine ja auf eBay eingestellt. Aber für 400 wollte sie keiner haben. Für 300 auch nicht. Selbst bei 200 meldete sich niemand. Erst als sie kostenlos war, klingelte das Telefon, und zwar wie verrückt. Darunter eine Frau aus Buchloe, etwa sechzig Kilometer von Patrizias Eltern entfernt. Sie unterhielt sich eine Weile mit der Anruferin, legte auf und meinte, das sei genau das, was sie sich vorgestellt habe.

Drei Tage später fuhren wir mit der Aubergine Richtung Landsberg am Lech. Ausgeräumt war sie so merkwürdig leer wie vor ein paar Monaten unsere Wohnung in Hamburg. Wie unterschiedlich Leere sein kann. In melancholischer Stimmung gondelten wir über die bayerischen Landstraßen, vorbei an kleinen Zwiebelturmkirchen und kastanienbestandenen Biergärten.

Raphaela war um die vierzig und begrüßte uns auf ihrem Bauernhof. Ihr Mann Steven hielt ein kaffeebraunes Baby im Arm. Er trug ein weißes Unterhemd, eine Goldkette um den Hals, stammte aus Gambia in Westafrika, eines der kleinsten Länder des Kontinents, 1,8 Millionen Einwohner. Auf meine Frage, wie zur Hölle er in diesem Ort gelandet sei, sagte er: long story, Senegal, Mali, Burkina Faso, Libyen, dann übers Mittelmeer, schließlich via Italien nach Deutschland. Das war vor anderthalb Jahren gewesen. Patrizia und ich sagten unisono, ah, that long story. Erschreckend, wie normal diese Geschichte geworden ist.

Die Aubergine sollte die neue Familienkutsche in Gambia werden. Vielleicht wollte Steven sie auch einfach nur da unten verkaufen – das konnten wir natürlich nicht mit abschließender Sicherheit sagen. Wie dem auch sei, es machte uns auf eigentümliche Weise glücklich, dass die Aubergine an einem anderen Ort weiterleben würde. Schlimm genug, dass wir in einer Welt leben, in der es billiger ist, etwas Neues zu kaufen, als etwas Kaputtes zu reparieren.

Wir überschrieben den beiden das Auto. Allerdings unter einer Bedingung. Patrizias Bedingung. Sie wollte Fotos von der Verschiffung nach Gambia, der Ankunft und dem Leben der Aubergine in ihrem neuen Habitat.

»Falls ihr eines Tages mal Gambia besuchen wollt, kann meine Familie euch mit dem Auto rumfahren.«

»Ha!«

Ich fühlte mich verpflichtet, Steven noch mal auf die Reparaturen aufmerksam zu machen, die ich für nötig hielt. »Not a problem«, sagte er allerdings immer, »not a problem«, und vielleicht hatte er ja recht damit.

# 45

Die nächsten zwei Wochen vor dem Abflug in die USA waren allerdings ein Problem ohne unsere Unterkunft. Wir vermissten die Aubergine sofort und sehr intensiv. Patrizia trieb sich in Bayern rum, ich hatte noch Lesungen in Tübingen und Recklinghausen, wartete dann in Rüsselsheim auf sie, da wir von Frankfurt International über den Bauersee hinweg in die USA fliegen würden.

Eine Weile beschäftigte ich mich mit der Planung des neuen Trips. Das »Rubber Tramp Rendezvous« in Arizona würde im Januar stattfinden, und ich überlegte, wo wir am besten starten und uns dann rumtreiben sollten.

Ich besuchte auch ein paar Freunde und brachte meine Sachen in Ordnung. Zum Beispiel rief ich bei Patrizias Eltern an, um mich zu entschuldigen. Eine der Kolumnen war bei ihnen nicht besonders gut angekommen. Sie fühlten sich falsch dargestellt, manche Worte waren ihnen in den falschen Hals gerutscht, und so nahm ich das Telefon in die Hand und fühlte mich dabei wie ein Schuljunge, der die Fenster der Nachbarn mit dem Fußball zerschossen hat.

Danach saß ich mit meiner Mutter am Küchentisch, wir tranken Kaffee, und ich gab ihr die besagte Kolumne zu lesen. Sie meinte, sie wisse nicht, wo das Problem sei. »Als du mich im Russland-Buch als ›deutscher als deutsch‹ beschrieben hast, habe ich auch nichts gesagt. Obwohl ich keine Ahnung hatte, was du meinst.«

An einem der Tage schaute ich mir auch dieses Grundstück an, von dem mein Freund Andreas vor ein paar Monaten geredet hatte, als wir auf der Fulda paddeln gewesen waren. Es war so verwildert, dass man eine Machete brauchte, um sich einen Weg zu bahnen. Auf dem Gelände standen eine majestätische Tanne, ein Kirschbaum, überall brusthohes Unkraut und dazwischen drei mehr oder weniger verfallene Hütten, teilweise mit abgedeckten Dächern.

»Denk mal drüber nach«, sagte Andreas. »Hier passiert erst mal sowieso nichts.«

Seit fünfzehn Jahren war nichts mehr auf diesem Grundstück gemacht worden, und es war beeindruckend zu sehen, wie schnell die Natur sich alles zurückholte.

Abgesehen davon war es schön, wieder mal länger (eine Woche) in einer Wohnung zu sein, aber auch nicht schön genug. Ich vermisste es, irgendwo in der Walachei aufzuwachen. Das Gefühl des ständigen An- und Ablegens. Mich durch die Welt treiben zu lassen. Ein Resonanzkörper zu sein. Ein Sammler von Bildern, Gerüchen und Geräuschen.

Ich dachte an Steven aus Gambia und seine Suche nach Wohlstand und Sicherheit. Was suchten Patrizia und ich? Freiheit, persönliches Wachstum. Möglicherweise ging Letzteres erst nach Ersterem, aber es ist generell wichtig, *irgendwas* zu suchen. Eine Radiomoderatorin fragte mich neulich, ob das nicht Eskapismus, ob das nicht Flucht sei. Ich antwortete, ja, natürlich sei das eine Flucht. Aber eine zu mir selbst.

Ich schaute aus dem Fenster des Sozialbaus raus ins Industrie-gebiet. Im Polizeigebäude brannte Licht.

Ein paar Beamte saßen hinter ihren Schreibtischen und schrie-ben Protokolle, oder vielleicht bestellten sie auch einfach nur etwas auf Amazon. Ich konnte es kaum abwarten, mit meiner Komplizin die nächsten Überfälle auf das sesshafte Lebensmodell durchzuführen.

## Teil IV

# DAS LIED
# DER STRASSE

# 1

Washington Street in Nord-Ost-Minneapolis. Die Straße meines Freundes Tuck wurde von niedrigen Einfamilienhäusern aus Holz gesäumt, die meisten von ihnen weiß gestrichen, das typische rechteckige Stück Rasen vor der Tür. Das Haus von Tuck und seiner Frau Jewel hingegen wuchs aus dem Einerlei hervor wie eine 500 Jahre alte knorrige Eiche.

Amerika war schon immer ein Land der unsteten Seelen, und bei Tuck und Jewel treffen sich einige davon, ruhen sich aus, stocken Lebensmittel und Wasser auf, bevor sie an der nur fünfzig Meter entfernten Eisenbahnstrecke auf die Plattform eines Getreidewaggons klettern und hinaus in die Weite fahren. Es ist ein Hobohaus.

Nach der Geburtstagsfeier und dem Familienurlaub in New York City hatten Patrizia und ich uns die Stadt am Oberlauf des Mississippi im Bundesstaat Minnesota als Ausgangs- und Ausrüstungspunkt gewählt. Vor uns lag die Endlosigkeit der amerikanischen Landschaften. Unterwegs arbeiten, jetzt also in den USA.

Tuck war 25 Jahre lang als Hobo illegal auf Güterzügen durchs Land gezogen. Er hatte einen Zahn oben links und einen unten rechts. Weiße Haare, zu einem Pferdeschwanz gebunden, eisblaue Augen. Mit ihm war ich auf meinen ersten Zug gesprungen.

Eigentlich hatte diese ganze Geschichte mit ihm angefangen. Als wir uns damals kennenlernten, sprach er eine deutliche Warnung aus. »Wenn du erst mal bei sechzig Meilen die Stunde aus einem Boxcar gepisst hast, tja, vielleicht hast du dann überhaupt keinen Bock mehr auf dein normales Leben zu Hause.« Und so war es.

Jetzt war er sesshaft und wir nicht.

Ich freute mich wahnsinnig, ihn wiederzusehen. Ich war die ganze Zeit mit den meisten Hobos, die ich getroffen hatte, in Kontakt geblieben. Ein paar hatten in der Zwischenzeit schwere Unfälle gehabt, ein paar waren gestorben.

Und auch Tuck war angeschlagen. Sein Rücken schmerzte noch mehr als bei unserem letzten Treffen, und jeden Morgen um vier weckte ihn ein Husten, der seinen ganzen Körper durchschüttelte. Tausende von Nächten unter kalten Brücken, zahllose Liter Whisky und Bier und noch mehr Zigaretten.

Das Haus wurde ebenfalls durchgeschüttelt, allerdings kam das von den zwei Kilometer langen Zügen, die in Sichtweite vorbeidonnerten. Die Wände waren mit Eisenbahnlogos und Postern verkleidet, mit Fotos seiner ehemaligen Kumpels, mit denen er die Gleise unsicher gemacht hatte. Dogman Tony, New York Slim. Menschen, die ihre gesamte Habe in einem Rucksack mit sich herumtragen und die moderne Gesellschaft »Snivelization« nennen, Jammerlappengesellschaft.

# 2

In den letzten zwei Tagen hatten wir uns fünf Autos angeschaut. Fast jedes Mal war Tuck dabei. Er kannte sich mit Autos besser aus als wir. Alle waren größer als die Aubergine. Wie in Amerika sowieso alles größer ist. Die Pizza, die Landschaft, das Ego. Die Karren warteten auf mit: Holzvertäfelung, Plüschsitzen, Sofas, die sich auf Knopfdruck in Betten verwandelten. Einige fuhren sich wie Lkw, andere waren so verrostet, dass man die Außenhaut mit den Händen abziehen konnte.

Einer davon, ein Chevy Van, kostete nur 500 Dollar. Durchaus verführerisch. Aber ausgerechnet in diesem verrückten Land wurden wir vernünftig: Die Straßen sind endlos, manchmal so einsam, dass man stundenlang kein anderes Auto sieht, kein ADAC weit und breit. Das kann, wie das Leben eines Hobos draußen in der Wildnis, wahnsinnig romantisch sein. Oder eben auch nicht, und dann zahlt man drauf.

Zu unserer konfliktreichen Zeit in Hamburg habe ich geschrieben, dass wir mit dem Einzug ins Auto unser alltägliches Koordinatensystem verlassen hatten. Das stimmt natürlich nur zum Teil, denn schließlich kennen wir uns immer noch in unserem Land aus, wissen, wie die Menschen ticken, wie weit man gehen kann. Die USA würden das alles noch mal durcheinanderwürfeln.

Langsam drängte die Zeit, aber wir hatten immer noch nicht das passende Auto gefunden.

Einen Tag vor Patrizias Geburtstag sahen wir eine Anzeige im Internet. Ich rief an, vereinbarte einen Termin, dann fuhren wir auf die gegenüberliegende Flussseite nach St. Paul, in die Zwillingsstadt von Minneapolis.

Der Mann hieß Charles und sagte, er verkaufe das Auto für eine Bekannte. Seinen rechten Arm trug er in einer Schlinge. Er redete sehr viel. Ich musste an diesen Film denken, »Spurlos verschwunden«. Ein Soziopath lauert an Raststätten seinen Opfern auf. Um sich die Aura des Harmlosen zu geben, steckt er seinen gesunden Arm in einen Gipsverband.

Der Wagen, um den es sich handelte, war ein dunkelgrüner Dodge Ram Van. Charles führte uns um ihn herum. Das Auto wies ziemlich wenig Rost auf. Innen war es sauber. Der Motorraum sah auch in Ordnung aus. Tuck nickte das Auto ab, aber weil er die ganze Zeit hustete, sagte er, er müsse jetzt verschwinden, es gehe ihm nicht gut. Wir waren alleine mit Charles.

Er redete und redete. Darüber, was er alles am Auto gemacht habe. Die Bremsen, die Lichtmaschine und so weiter. Die Eigentümerin komme gleich, fuhr er fort. Ob er uns in der Zwischenzeit nicht ein paar Gemälde zeigen solle, oben auf dem Dachboden?

Ich warf Patrizia einen Blick zu. Sie warf mir einen zurück. *Was ist hier los?* Trotzdem gingen wir mit auf den Dachboden. Es war kein Getto, sondern eine gut situierte Straße mit schönen Einfamilienhäusern und ordentlichen Autos davor.

Charles ging voran. Dann ich. Patrizia als Letzte. Der Dachboden war nicht dunkel, aber auch nicht besonders hell. Tatsächlich standen jede Menge Bilder rum. Charles meinte, die habe ein Freund gemalt, inzwischen sei er an einer Überdosis gestorben. Er wolle uns ein bestimmtes zeigen. Charles bewegte sich ein paar Schritte weg von mir und griff hinter eine Reihe von Rahmen, die auf dem Boden standen. Ich sah mich nach Patrizia um. Sie war auf dem letzten Treppenabsatz stehen geblieben, hatte die Schwelle zum Dachboden gar nicht erst übertreten. Clever.

Charles zog etwas hervor. Es schien schwer zu sein. Als ich erkannte, dass es wirklich ein Bild war, spürte ich Erleichterung. Charles fing an, eine düstere Geschichte über das Motiv zu erzählen. Ich kann mich nicht mehr daran erinnern, nur an das mehrmalige Hupen, das ihn unterbrach.

# 3

Am Abend legte sich Patrizia früh hin. Wir schliefen im Wohnzimmer auf einem sehr kleinen Bett, Tuck daneben auf der Couch, Jewel in ihrem Zimmer.

»Ich muss noch mal los«, sagte ich und zog mir eine Jacke an.

»Wohin denn?«, fragte Patrizia.

»Geht dich nichts an.«

»Könnte es etwas mit meinem Geburtstag zu tun haben?«

»Wie gesagt, geht dich nichts an.«

Im amerikanischsten aller Supermärkte, Walmart, machte ich daraufhin ein paar Erledigungen. Zwischen all den Amerikanern, die um diese Zeit ebenfalls noch einkaufen waren, fragte ich mich, wo uns diese Reise hinführen würde. Wir hatten keinen richtigen Plan. Es war alles so... offen. Alles so unkartiert. Ich hatte keine Ahnung, ob es auch hier so gut funktionieren würde wie in Deutschland.

Sobald man Landesgrenzen übertritt, können die Dinge einen Urlaubscharakter annehmen. Es gibt jede Menge Neues zu sehen, zu schmecken, zu erleben. Dabei würden wir noch härter als zuvor arbeiten müssen, denn eine große Reisekasse hatten wir nicht. Patrizia war weit weg von ihrer Redaktion, meine *Zeit*-Kolumne stand kurz vor ihrer letzten Folge, und damit würde dieser Geldstrom versiegt sein. Na ja, was heißt schon Strom. Und meinen zukünftigen Roman-Bestseller hatte ich immer noch nicht fertig. Wir entfernten uns geografisch von den heimischen Arbeitgebern, nein, vielleicht nicht nur geografisch. Ich dachte an die Worte von Patrizias Vater und dessen Skepsis.

Wir würden sehr diszipliniert sein müssen. Illustre Namen wie Grand Canyon, Yellowstone oder die kalifornische Pazifikküste konnten wir uns abschminken. Wir hatten uns vorgenommen, in die vergessenen Gegenden abseits der Touristenmassen zu fahren. Es langsam angehen zu lassen, lieber weniger zu sehen und dafür mehr Zeit dort zu verbringen.

# 4

Pünktlich morgens um vier wurden wir von Tucks Husten geweckt. Meine Geliebte streckte sich in dem zu kleinen Bett, die Augen voller Schlaf. Draußen war es noch dunkel, und würde es noch eine Weile bleiben. Ein paar Wolken Zigarettenqualm hingen in der Luft. Tuck hatte den Fernseher bereits an, die Wettervorhersage lief. Die Temperaturen fielen.

»Herzlichen Glückwunsch«, sagte ich und drückte Patrizia einen Kuss auf die Wange. Dann stand ich auf, ging in die Küche und holte die Geburtstagsgeschenke. Der Schokoladenkuchen stand im Kühlschrank. Ich nahm ihn raus, öffnete die Packung und steckte die Kerzen für Patrizias neues Alter hinein. Voll beladen kam ich ins Wohnzimmer zurück.

Ich fing an zu singen. Tuck fiel mit ein, doch der Husten machte ihm einen Strich durch die Rechnung. Er steckte sich die nächste Zigarette in den Mund, dann ging es wieder.

Patrizia setzte sich auf und nahm sich ein Stück Kuchen. Dann packte sie ihre Geschenke aus: lange Unterwäsche, eine Flasche Erdnusssoße von Reese's und einen Aluminiumbecher für unterwegs. Darüber freute sie sich besonders. Ihr Kaffeekonsum ist legendär.

Ein weiterer Hustenanfall schüttelte Tuck. Er zog sich den Mülleimer unter dem Tisch bei und spuckte aus. »Verdammte Scheiße«, sagte er.

»Soll ich dich in die Notaufnahme fahren?«

»Auf keinen Fall.«

# 5

Charles war zum Glück nicht da. Am frühen Nachmittag fuhren wir mit der Eigentümerin zum Department for Motorvehicles, um die Papiere zu überschreiben. Die Zulassungsstelle befand sich im zweiten Stock eines Kaufhauses, das gerade abgewickelt wurde, weil es bankrott war.

Die Schlange war überschaubar, wir zogen eine Nummer.

»Tuck muss unbedingt zum Arzt«, sagte Patrizia.

»Ich weiß.«

»Können wir da nichts machen?«

»Vergiss es. Wenn, dann Jewel.«

»Diese Husterei hört sich richtig, richtig schlimm an.«

Ich seufzte, sie hatte recht, der Husten war im letzten Jahr schon böse gewesen, aber jetzt schien er ihn auf links zu drehen. Tuck war ein sturer Bock, die Gesundheitsversorgung war mies, und Jewel war auch nicht die Organisierteste. Ich erinnerte mich an ein Gespräch, das ich mit ihm über den Tod geführt hatte. Und er meinte nur nonchalant, Hobos lebten halt nicht lang.

Nach zehn Minuten wurde unsere Nummer aufgerufen. Wir gingen zum Schalter. Die junge Beamtin scherzte mit uns, kopierte meinen Pass, kopierte die Verkaufsunterlagen. Alles kein Problem. Sie fragte nach dem Verkaufspreis, wir sagten hundert Dollar. Der Wagen kostete uns 2250 Dollar, aber man spart, wo man kann, schließlich bemisst sich die Gebühr danach. Eigentlich wollten wir sagen, er sei kostenlos, also ein Geschenk, aber die Beamtin meinte, das gehe nur zwischen Familienmitgliedern. Eine Versicherung brauchten wir nicht anzugeben, es reichte, dass die Verkäuferin eine hatte. Wirklich wichtig war nur, eine Adresse angeben zu können. Denn es dauert bis zu sechs Wochen, bis das Original des Kfz-Briefs überschrieben ist, dann wird es einem zugesandt. Man sollte dem Adressaten also vertrauen. In unserem Fall gaben wir Tuck und Jewel an, die uns den Kfz-Brief nachsenden würden.

Gerade mal eine halbe Stunde später waren wir stolze Besitzer eines dunkelgrünen Dodge Ram, 140 000 Meilen, V8-Maschine. Ein Biest von einem Auto, mit wesentlich mehr Platz als zuvor. Frei nach dem amerikanischen Motto »Bigger is better«.

Innen und außen war es noch top in Schuss, fast schon bieder im Vergleich zu den anderen Kisten, die wir gesehen hatten. Kleine Extravaganz: ein Fernseher inklusive Fernbedienung und VHS-Videorekorder. Allerdings hatten wir eher vor, uns die Sonne auf den Bauch scheinen zu lassen, und nicht, im Auto rumzuliegen und auf die Flimmerkiste zu starren.

Wirklich Kopfschmerzen bereitete uns nur die Versicherung. In den USA ein riesiges Geschäft mit einem gigantischen Werbeetat. Die Suche online war schwerer, als das Auto zu finden. Alle Ergebnisseiten von Google schienen direkt von den Anbietern gekauft zu sein. Es kostete mich einiges an Nerven. Sobald man irgendwo auf einer Homepage seine Nummer für einen Kostenvoranschlag eingegeben hatte, klingelte auch schon das Telefon. Allerdings war am anderen Ende der Leitung nicht etwa die Versicherungsgesellschaft, sondern ein Kreditanbieter. Innerhalb von Sekunden war die Telefonnummer verkauft worden.

Schließlich nahmen wir eine Police, die uns 120 Dollar im Monat kosten würde. Wir hatten auch kurz darüber nachgedacht, ohne Versicherung loszufahren, aber wäre das wirklich vernünftig gewesen in einem Land, wo andere Leute zu verklagen ein regelrechtes Hobby ist?

Zwei Wochen später, da waren wir schon unterwegs, meldete sich die Versicherung, oh, jetzt erst sei ihnen aufgefallen, dass mein Führerschein gar kein amerikanischer sei. Unser Beitrag wurde auf 200 im Monat erhöht.

# 6

Im Hinterhof machten wir uns am Dodge zu schaffen. Tuck half aus mit Werkzeug aus seiner Garage. Hinter der Fahrerkabine befanden sich zwei weitere Sitze, dahinter eine Rückbank, die sich umlegen ließ, was aber leider nur in einer Art Kinderbett resultierte. Wir bauten die Bank aus.

»Die Jalousien können wir doch ruhig auch rausmachen«, sagte Patrizia.

»Wieso das denn? Du willst doch immer ungesehen sein.«

»Ja, aber die gefallen mir einfach nicht.«

»Die bleiben drin. Die Scheiben sind doch nicht getönt.«

»Dann tönen wir einfach die Scheiben.«

»Pass auf, wenn wir die Scheiben getönt haben, können wir sie ja rausmachen.«

»Okay. Und was ist mit dem Sitz hier?«

Bei der Liegefläche hatten wir etwa gut einen Meter mehr als in der Aubergine. Außerdem war das Auto höher und breiter. Die Sitze waren extrem bequem. Außer der hinteren Bank hatten wir bereits den anderen Rücksitz entfernt.

»Ich weiß nicht, wäre vielleicht ganz gut, noch einen Arbeitsplatz zu haben. Dann kann man da schön drauf sitzen, Füße aufs Bett, Computer auf die Knie.«

»Ach, erzähl mir doch nichts, ruckzuck ist der Sitz mit deinen Klamotten voll.«

Verdammt, es gilt auch umgekehrt: Manchmal kennt sie mich einfach zu gut. Der Sitz blieb trotzdem drin. Wir würden es nicht bereuen. Es ist wie beim Bäumefällen. Das geht ganz schnell, aber danach gibt es auch kein Zurück mehr. Manchmal ist es besser, den Dingen erst mal eine Chance zu geben.

Insgeheim freute ich mich natürlich schon darauf, meine Klamotten auf den Sitz zu werfen.

Einen großen Unterbau, sprich einen extra dafür angefertigten, einen aus Holz etwa, gab es auch diesmal nicht. Jewel rief in einem Supermarkt in der Nähe an, schickte uns zu Jimmy, der schon mit einem Dutzend Bananenkisten auf uns wartete. Wir bedankten uns überschwänglich, aber er winkte ab, meinte, er helfe gern Leuten vom alten Kontinent, er sei doch auch von drüben, aus Bella Italia.

In den Bananenkisten schon wieder keine fehlgeleitete Drogenlieferung. Dabei sind die USA doch Hauptabsatzmarkt für den Stoff aus Kolumbien.

»Eigentlich wäre es doch jetzt an der Zeit, da wir ein größeres Auto haben, dass wir uns mal eine Toilette anschaffen«, schlug Patrizia vor. »Dann werden wir richtig autark im Auto. Aber ich hab keine Lust auf so ein Chemieteil, das wär ja absurd, das hier reinzustellen. Vielleicht machen wir eine Do-it-yourself-Lösung mit 'nem Eimer.«

»Und wie stellst du dir das genau vor?«

»Wir kaufen uns irgendeine Art von Eimer, nicht zu groß, aber groß genug, dass man sich darüber hocken kann. Rein machen wir 'ne superstabile Plastiktüte. Hier gibt es viele Heimtiergeschäfte, und da könnten wir Streu kaufen, also Sägespäne, und dann könnte man immer in die Tüte eine Handvoll Sägespäne werfen und sein Geschäft verrichten. Es gibt auch so ein Pulver, da schüttest du einen Teelöffel rein, und dann wird alles zu Gelee. Wird im Internet von Leuten empfohlen, die im Van leben.«

»Also eigentlich ist es eine moderne Form der Bettpfanne.«

»Ja, die Vanlife-Bettpfanne.«

»Das hätte ich vor drei Monaten nicht gedacht, dass du mal ankommst und sagst, du willst in 'nen Eimer kacken.«

»Jetzt find ich es eine sehr schöne Vorstellung.«

»Ganz am Anfang hab ich dir noch gesagt: Kannst doch mit 'ner Flasche im Auto pinkeln, und du so: Nee, nee.«

»Hab ich das wirklich gesagt?«

»Du hast das rundheraus abgelehnt.«

# 7

Tuck saß hinten im Auto und rauchte eine Zigarette.

»Na, was meinst du? Gefällt er dir?«

»Ich bin neidisch. Da habt ihr ein richtiges Schnäppchen gemacht.«

»Glaub auch.«

»Wenn ihr damit fertig seid oder ihn nicht mehr braucht, dann nehm ich ihn gern. Wisst ihr, was ihr jetzt seid?«

Patrizia und ich schauten uns an.

»Rubber Tramps, yeah man.«

Bei meinem letzten Besuch hatte Tuck meine Ausrüstung überprüft, meine mentale Einstellung. Er hatte mir eine Plane mitgegeben, einen Totschläger. Jetzt gab er uns einen zweiflammigen Gaskocher der alten Schule und einen Autoatlas mit auf den Weg.

»You got a goon stick?«, fragte er.

Ich nickte, zeigte ihm die Machete. Tuck hustete. Fasste sich wieder. Es war Zeit, Goodbye zu sagen.

»Haltet auf keinen Fall in West-Memphis oder in Ost-St.-Louis an.«

»Aye, Sir.«

Patrizia und ich setzten uns in die Fahrerkabine. Zwei Dinge hatten wir noch aus Deutschland, aus der Aubergine rübergerettet. Ich zog diesen unmöglichen Lenkradschutz mit den beiden Totenköpfen über das Steuer, Patrizia hängte den Rosenkranz an den Rückspiegel.

Zündung. Der Motor brummte ein Lied von Aufbruch und Freiheit. Wir winkten Tuck und Jewel. Wir hatten uns ein baldiges Wiedersehen versprochen. Aber ich hatte so ein Gefühl, als würde etwas Altes zu Ende gehen und etwas Neues anfangen.

Wir bogen auf die Lowry Avenue. Das Haus der beiden verschwand im Rückspiegel. Es fing an zu regnen.

# 8

Das Land der Erinnerungen war ein seltsamer Ort, und es lag in totaler Dunkelheit. Berge von Laub auf dem Boden, bereit, dich auf Nimmerwiedersehen zu verschlingen. Kalter, nasser Griff vergangener Schönheit.

Es war die erste Nacht in unserem neuen rollenden Heim.

Eine Stunde zuvor waren wir durch einen dieser XXL-Sportläden gezogen, kauften Gas für den Gaskocher, einen Schlafsack in Übergröße und eine Luftmatratze.

Patrizia wollte eine richtige Matratze, aber ich sagte, scheiße, sind die teuer. Sie warf mir einen Blick zu, der mich zum Stammeln brachte: Sehr bequem, diese Luftmatratze, nur dreißig Dollar! In meiner ersten Wohnung hatte ich auch so eine! Ich schaffte es, ihr zu verschweigen, dass ich damals nach einer Woche ständig nachts auf der platten Matratze auf dem harten Boden aufgewacht war.

Doch jetzt war es schön kuschelig auf diesem Zeltplatz in Mankato, sechzig Meilen südlich von Minneapolis. So ungefähr bis 23 Uhr, als die Polizei mit einem Suchscheinwerfer über den Platz fuhr.

# 9

Auf dem Weg nach Missouri kam die Sonne raus, und die Wälder brannten rubinrot und leuchteten strahlend gelb wie Zitronenschalen. Ein bezaubernder Anblick, bewegend, tief befriedigend.

Dann machte Patrizia das Radio an, und all das Geplärre über die bevorstehenden Zwischenwahlen verwandelte die Herbstfarben in die eines bevorstehenden Bürgerkriegs: Rubinrot wurde zu Blutrot, und der Blick wurde jetzt auf die Opfer der ganzen Wildunfälle am Straßenrand gelenkt. Hirsche und Waschbären. Platt gewalzt und auseinandergerissen. Als wären Jackson Pollock alle Farben bis auf Rot ausgegangen.

Fast auf jedem Sender überschlugen sie sich vor Hysterie über die Migrantenkarawanen aus Südamerika, die baldige Invasion von Flüchtlingen. Die Stimmen im Radio waren so grell und dröhnend, dass man glaubte, das Ende sei nah.

Ich wollte den Mist ausschalten, aber dann bekamen wir einen Anruf aus der alten Welt: Ein Sender wollte ein Stück über den Präsidenten und seine Anhänger. Kernpunkt der Reportage sollte eine Wahlkampfveranstaltung von Trump in Columbia, Missouri, sein.

Es war gutes Geld, aber ich fürchtete mich vor dem ganzen Geschrei, der Laberei – und so war es dann auch die nächsten Tage.

# 10

Wir schlugen unser Hauptquartier in Hannibal, Missouri, auf. Eine süße kleine Stadt am Mississippi, eine Art Freilichtmuseum für alles, was mit Mark Twain zu tun hat. Denn »America's Hometown«, wie man sie auch nennt, ist die Geburtsstadt des Vaters von Tom Sawyer und Huckleberry Finn und diente ihm als Vorlage für deren fiktive Heimat St. Petersburg.

Wir recherchierten Gesprächspartner. Schwer war das nicht. Da gab es die Bikers for Trump, die Women for Trump, die Millennials for Trump.

»Ist es nicht verrückt«, sinnierte Patrizia, »wie sehr sie ihn lieben?«

»Wirklich so viel verrückter als davor die Liebe der anderen zu Obama?«, gab ich zurück.

Ist das nicht der Kern all dieser Geschichten, sei es Religion oder Politik? Die Menschen suchen doch immer nach einer Art Messias. Ob er ihnen nun das ewige Leben verspricht, Freiheit, Gerechtigkeit oder mehr Geld, als sie essen können.

Ben Murphy war einer dieser Sucher. Amerikanisch schwer um die Schultern und die Hüften. Ein ehemaliger Sheriff, der sich nach dem Ende seiner Dienstzeit für America First engagierte, Trumps APO. Unser Interview mit ihm dauerte eine Stunde und fing recht gemäßigt an, aber nach der Hälfte der Zeit war er dann doch bei der Verschwörungstheorie über die New World Order.

Aber das war nicht, was mir über ihn in Erinnerung blieb. Es war vielmehr Bens Ikone, sein Heiligenbild, mit dem er Dostojewskis Großinquisitor recht gab. Denn Ben zeigte uns den Sperrbildschirm seines Telefons. Zu diesem Bild wachte er jeden Morgen auf. Und mit tränenschwerer, pathetischer Stimme verkündete er, die Großaufnahme des Präsidenten gebe ihm immer wieder Hoffnung.

# 11

Auf einem weitläufigen Walmart-Parkplatz irgendwo in Missouri. Es goss gewaltig. Aber das war nicht der Grund für unser Aufwachen.

Um uns herum ein Dutzend Wohnmobile und drei Vans. Die Parkplätze von Walmart sind bekannt dafür, dass im Auto lebende Menschen hier übernachten. Ebenso beim International House of Pancakes oder an den riesigen Truckstops von Love's oder Pilot. Inzwischen leben eine Million Amerikaner in ihren Wohnmobilen, wer weiß, wie viele es in ihren Vans tun. Unser Auto jedenfalls verhielt sich im Größenvergleich wie Jolle zu Jacht. Auf einem der Kolosse stand: »Home is where you park it.«

»Schau mal, der Typ da neben uns hat draußen eine Matte«, sagte Patrizia.

»Ja, da liegt sie besser als da, wo du sie bei uns hingelegt hast.«

»Aber das ist doch wegen … und es ist Verzierung.«

»Praktischerweise macht es gar keinen Sinn.«

»Wir können ja noch eine für draußen kaufen.«

»Immer kaufen, kaufen.«

»O Mann, manche Sachen braucht man halt einfach!«

»Wie zum Beispiel diese komischen Haken.«

»Ja gut, die hätte es nicht gebraucht.«

»Jetzt hängt einem das Besteck nachts zwischen den Fingern, oder ich hab die Zahnbürste im Gesicht.«

»Haha! Dahinter steckt halt der Wunsch, es uns etwas wohnlicher zu machen. Und im Gegensatz zu Deutschland sehe ich es ernster, ich hab Bock drauf, dieses Auto zu 'nem Ort zu machen, wo man sich gut und gerne aufhalten kann.«

»Klasse Spruch. Wir sollten auch Wahlkampf machen. Als FNP.«

»Wählen Sie Fredy und Patrizia, dann können Sie gut und gerne leben.«

»Ja, aber nicht so aktionistisch.«

»Du willst immer alles abwarten, aber ich, ich will nicht warten, bis mir eine Kühltasche einfach irgendwo entgegengelaufen kommt!«

# 12

Kurz vor Memphis in Tennessee hörten wir im Radio von drei aufeinanderfolgenden Kaltfronten. Inzwischen waren wir schon fast besessen vom Wetterbericht, schließlich hatte er, auch wenn unser Auto nun wesentlich größer als die Aubergine war, immer noch beträchtlichen Einfluss auf die Qualität unseres Lebens.

Das Klima in den USA ist so extrem wie alles andere. In Kalifornien brannten Häuser und Villen, in den Südstaaten, wohin wir unterwegs waren, wurden sie von Tornados zerstört. Ich lenkte die Immer Essen – auf diesen Namen hatten wir den Dodge aufgrund unserer zahlreichen Halte bei Fast-Food-Läden getauft – durch ein Gewitter nach dem nächsten.

Da angesichts des Wetters doch nichts mit Sonne auf Bauch war, lag Patrizia auf dem Bett und schaute sich erdnussessend eine der Videokassetten an, die wir in einem Laden der Heilsarmee erstanden hatten. Im Autokino lief »The Big Lebowski«.

Derweil dachte ich an die vergangenen Monate. An den Vorwurf, dass wir verwahrlosen würden. Im Rückspiegel schaute ich nach Patrizia. Wir verwilderten, das schon. Aber wir verwahrlosten nicht. Es hatte auch keiner von uns seine Ambitionen an den Nagel gehängt. Natürlich hatte ich mir trotzdem zu Beginn Gedanken gemacht, wie produktiv wir sein würden, wenn wir keinen festen Arbeitsplatz mehr hätten, keinen Schreibtisch, an dem alle Unterlagen an ihrem Platz (oder auch nicht) sind.

Wir bekamen mehr hin als zuvor.

Patrizia stellte zwei Filme fertig, ein Exposé, zwei Vorschläge für neue Radioformate; ich schrieb einen Band mit Kurzgeschichten, werkelte an meinem Roman, erstellte mehrere Reportagen, hielt Vorträge und schrieb auch noch die Kolumne in der *Zeit*. Patrizia war bereits in Kontakt mit einem Verlag, der mehr über die RAF-Geschichte hören wollte. Ich würde in ganz naher Zukunft eine große Ausschreibung gewinnen und bald auch noch die Unterschrift unter den Vertrag für dieses Buch setzen, hauptsächlich, damit ich Patrizia hier so richtig schön in die Pfanne hauen kann.

Ich glaube, wir ließen nicht mehr so viele Stunden dahingammeln, arbeiteten vielleicht kürzer, aber dafür effizienter.

Ich dachte auch an all die Zuschriften, die wir in der Zeit in Deutschland bekommen hatten. Die gastfreundlichen Angebote von Kost und Logis, die ganzen Tipps von Menschen, die mit dem Leben auf Rädern mehr Erfahrung hatten als wir. Natürlich war auch einiges Zeugs beleidigender Natur dabei: Schmarotzer! Selbstbetrüger! Unglaubwürdig!

Mir ist klar, dass dieses Leben nicht für jeden etwas ist. Warum sollte es auch? Jeder lebt sein eigenes, strebt auf seine Weise nach Zufriedenheit. Wer aber die Freiheit sucht, sollte nicht ignorieren, dass sie einem nie gegeben wird – man muss sie sich nehmen.

Dann eilten meine Gedanken uns voraus, in die Ferne. Vielleicht würden wir ja beizeiten in Mexiko landen oder die Panamericana runter nach Argentinien nehmen. Ich stellte mir vor, wie wir die Immer Essen in Südamerika eintauschen und dann auf einem Boot leben würden, fernab vom Geschrei der Welt unter einem gigantischen Sternenhimmel.

Nach dem Abspann kam Patrizia wieder nach vorne und setzte sich auf den Beifahrersitz. Die Scheibenwischer liefen auf höchster Stufe.

Die Aubergine war indessen laut einer SMS aus Bayern bereits auf dem Weg ins subtropische Gambia. Vielleicht würden wir sie irgendwann besuchen, sie zurückholen und ausstellen, so, wie das Marina Abramović in einer Retrospektive mit ihrem Citroën-Bus gemacht hatte.

Im Spritzwasser war die Autobahn I-55 gegen zwei Uhr nachmittags nur ein Meer von gelben und roten Lichtern.

Aber zu unserer Rechten, da war ein Silberstreif am Horizont zu sehen. Licht und Schatten, ganz dicht beieinander.

»Überwintern habe ich mir anders vorgestellt«, sagte Patrizia kurz vor Memphis. Autobahnschilder kündigten die I-40 Richtung Dallas an.

»Ich habe in der Zeitung gelesen, dass es in Texas sehr warm sein soll«, antwortete ich, »unten an der mexikanischen Grenze. Aber das sind noch mal 1700 Kilometer.«

Patrizia schaute mich an mit ihren katzengrünen Augen. Das wäre zweimal Deutschland Nord–Süd.

Sie zuckte mit den Schultern und sagte: »Na und?«

# 13

Die ganze schwarze Nacht ging es durch Arkansas. Bei einer Autobahnauffahrt im Nirgendwo wurden von unseren Scheinwerfern zwei Hunde gebannt, die aussahen, als planten sie irgendeinen Schabernack, Meilen weg von zu Hause.

Eine weitere Übernachtung auf einem Walmart-Parkplatz. Wir steuerten unsere Immer Essen neben die anderen Straßenkreuzer, die hier vor Anker lagen. Ihre Motoren liefen die ganze Nacht, und das grelle Licht der Parkplatzlaternen war heller als ganz Nordkorea. Wir schliefen sofort ein. Schliefen durch, standen auf, fuhren weiter. Dann waren wir schon in Texas, und es war warm und feucht.

Bei Dallas bogen wir links ab, verließen die Autobahn, zuckelten über kleine Straßen Richtung Lake Whitney, wo es einen kostenlosen Zeltplatz geben sollte, gebaut vom United States Army Corps of Engineers, einem Heereskommando mit über 30 000 Mann, das dennoch zu 98 Prozent aus Zivilisten besteht. Der Platz lag direkt an der Straße, in jeder Stunde fuhr ein Auto vorbei. Wir hoben den Schnitt. Der zugehörige Ort hieß Laguna Park und bestand aus zwei Schnapsläden und ein paar Restaurants, die allerdings nur von Mittwoch bis Samstag geöffnet waren. Einige von ihnen hatten Schilder am Eingang hängen, die warnten, dass man hier nicht die Polizei rufen, sondern selbst schießen werde.

Ich drehte mir eine Zigarette und rief Tuck an.

»Yeah man, an dem See war ich damals auch oft.«

»Ach was.«

»Ja, wegen der Frauen, großes Sommerurlauberparadies, hehe.«

»Und sonst, wie ist die Lage?«

»Ich komm grade vom Arzt, die haben mir irgendeinen Scheiß in die Venen geschossen, so Zeug, das einen total radioaktiv macht.« Tuck lachte sein dreckiges Lachen, das ich damals als Tenderfoot, also als Neuling, auf den Hobotagen in Britt zum ersten Mal gehört hatte. »Wie so ein beschissener Superheld.«

# 14

Zunächst alleine auf dem Platz, dann neue Nachbarn. Ein Hightop Chevy Van spuckte zwei in Leder gekleidete Gestalten aus. Er zupfte an einer Ukulele, sie nähte Lederflicken zu einer Art Decke zusammen.

Ich öffnete eine Bierdose, versuchte Konversation. Die beiden lebten seit ein paar Monaten im Auto. Ein paar Musikgigs hier, ein paar da. Aha. Hm. Dann erstarb die Unterhaltung. Ein paar Stunden später packten sie zusammen und verschwanden.

Neue Nachbarn kamen. Eine ältere Frau und ihr Kerl. Zwei Autos, ein Wohnwagen. Sie schienen unfähig zu sein, still zu stehen. Erst fuhr sie weg und kam wieder, dann war er an der Reihe.

So ging es den gesamten Abend. Beide hatten hohle Wangen und einen getriebenen Blick. Die ganze Zeit hörten wir kein einziges Wort von ihnen. Nur der Generator brummte, und wir fragten uns wofür, denn im Wohnwagen brannte weder Licht noch lief ein Fernseher.

»Was meinst du, was die da machen?«, fragte Patrizia.

»Vielleicht kochen sie Crystal Meth.«

»Und nachts stehen sie dann bei uns am Fenster.«

# 15

Eine E-Mail in meinem Postfach. Mein Roman würde unter Vertrag kommen.

»Nein!«

»Doch.«

»Nein.«

»Doch.«

»Ohh!!!«

Wir holten Whisky bei einem Kerl mit roten, zernarbten Backen. Feierten unseren Abstieg, unser Leben im Straßengraben.

Ich versuchte, ein Feuer zu machen, aber alles war so feucht, dass meine Bemühungen verpufften. Die Whiskyflasche leerte sich, es wurde Nacht, wir gingen zu Bett. Fühlten uns erhaben. Voller Hoffnung. Die Möglichkeiten in diesem Leben waren endlos. Trotz der Aufregung schliefen wir sofort ein.

Um zwei Uhr morgens wachten wir auf. Aber nicht wegen des immer noch laufenden Generators der Nachbarn. Irgendetwas stimmte nicht. Irgendetwas drückte gegen unsere Hüften. Es waren die Ecken der Bananenkisten. Die sehr bequeme Dreißig-Dollar-Matratze hatte keine Luft mehr.

Selbst in der Dunkelheit konnte ich Patrizias bösen Blick sehen. In Unterwäsche machte ich mich daran, die Matratze wieder aufzupumpen. Um fünf Uhr morgens noch mal das gleiche Spiel. Immerhin waren es kleine Löcher, aus denen die Luft langsam entwich. Um sieben lagen wir erneut auf den harten Kisten, und dann war es sowieso Zeit aufzustehen.

# 16

Weiter in den Westen, zu dieser kleinen Ecke an der mexikanischen Grenze, für die die Vorhersage gutes Wetter versprach. Zumindest Sonne, vielleicht sogar Hitze.

Ein Starbucks in San Angelo. Wir brauchten Strom. Patrizia wollte eine neue Matratze bestellen und sie in eine Walmart-Filiale auf unserem Weg liefern lassen. Draußen floss der Verkehr um den Caféwürfel herum, und drinnen floss durch die einen Leitungen Strom, durch die anderen Kaffee.

Ein Kerl saß uns gegenüber, warf uns immer wieder Blicke zu. Hatte einen Laptop auf dem Schoß, die Maus auf dem Oberschenkel. Großer Kerl, graues T-Shirt, kurz geschorenes Haar. Er lehnte sich nach vorne, irgendwie hungrig. Nicht nach Kuchen oder Cookies, nach Kommunikation.

»Seid ihr unterwegs?«, fragte er mich.

»Sicher.«

»Wandern?«

»Nein, mit dem Auto.«

»Wirklich? Ich lebe auch im Auto.«

»Ach ja?«

»O ja, seit sieben Jahren!«

»Wie kommt's?«

Er saugte die Luft ein, sein Brustkorb dehnte sich, dann bellte er: »KREBS!«

Der Brustkorb senkte sich wieder zu normaler Größe. Doch der Name dieser gewaltigen, erschreckenden Krankheit war draußen, und die anderen Gäste spitzten die Ohren und drehten ihre Köpfe, verschickten besorgte oder mitfühlende Blicke. Manche warteten auch einfach ab, ob der Mann weitererzählen würde.

Doch er ließ keine Details folgen. Nur die Spezifikation, dass es »terminal« sei, endgültig, unheilbar. Spontan kamen mir sieben Jahre etwas lang dafür vor, aber ein Onkologe bin ich natürlich nicht.

Er sagte noch, er lebe in dem roten Ford Explorer, der draußen auf dem Parkplatz stand, auf dem Dach so viel zusammengewürfeltes Zeug, als käme er gerade vom Schrottplatz.

Dann vertiefte er sich wieder still in seinen Laptop, gab uns jedoch alle zehn Minuten aus dem Nichts heraus Ratschläge.

Schlaft bei IHOP.

Schlaft bei Walmart.

Duscht am Truckstop.

Ladet euch die Freeparking-App runter.

Sieben Jahre, dachte ich, eine ganz schön lange Zeit geschenktes Leben. Und doch sah er so einsam aus, hungrig, durstig, alles zusammen.

# 17

Die letzte Tankstelle vor dem großen Nichts. Benzin zu 2,20 Dollar die Gallone gluckerte in den Dodge. Der Himmel war unverschämt weit, unverschämt blau. Mein Telefon klingelte. Es war Tuck.

»Es ist verdammter Lungenkrebs«, sagte er. »Der Arzt meint, es sieht schlecht aus. Ein riesiger Scheißklumpen in meiner Brust.«

»Scheiße! Und jetzt?«

»Die reden von Chemo. Sagen, dass ich meine Haare verlieren und kotzen werde. Aber ich kotze sowieso schon die ganze Zeit, also scheiß drauf.«

»Scheiße!«

»Ja, Mann. Aber weißt du, was das Schlimmste von allem ist?«

»Was?«

»Die Arschlöcher sagen tatsächlich, ich muss aufhören zu rauchen.«

# 18

*Just about a year ago*
*I set out on the road*
*Seekin' my fame and fortune*
*Lookin' for a pot of gold*
*Things got bad, and things got worse*
*I guess you know the tune*

Creedence Clearwater Revival dröhnte aus den Lautsprechern. Wir donnerten durch die Wüste Richtung Grenzland, Richtung Big Bend National Park. Hügel, Berge, Kakteen. Ab und zu zischte ein Roadrunner über die Straße. Kein anderes Auto weit und breit. Eine Landschaft, als hätten wir die Immer Essen auf den Mars verschifft.

Aber auch eine Landschaft, die schmerzende Seelen heilen konnte.

# 19

Am Morgen war unsere Matratze gekommen, nach Fort Stockton. Die Stimmung ging von traurig auf froh.

Es gab jetzt immer weniger Zäune.

Direkt vor uns kreuzte ein Kojote die Straße. Patrizia entfuhr ein greller Schrei. Der Kojote blieb in den Büschen stehen und schaute uns mit klaren Augen hinterher.

Was dachte er sich?

Ich weiß nur, was wir dachten, und das hatte jede Menge mit dem Ende der Zivilisation zu tun. Es waren beruhigende Gedanken.

# 20

Im Parkbüro wies man uns einen Platz im Backcountry zu. Ein großartiges Wort. Seine Bedeutung. Von Größe,
von Weite. Ein Wort, das es bei uns gar nicht gibt, weil es kein
Backcountry gibt. So zahm. So voll. So eng. So eingeschränkt.
Manchmal traurig, unser Land.

Nugent Mountain gehörte uns für die nächste Woche. Was für
ein Blick auf die Berge in Purpur. Die Wüste in 360 Grad. Dazwischen immer wieder faszinierende Details. Totholz, das aussah
wie die Tentakel Dutzender gestrandeter Oktopusse. Ein hoch
aufragender Berg, der an den Kopf eines urzeitlichen Krokodils
erinnerte, die Zähne im Maul perfekt übereinander geschlossen.

Ruhe senkte sich über uns.

Man konnte hier draußen einfach nur sein. Von unserem
Hochsitz aus beobachteten wir die Miniaturautos in der Ferne
unten im Tal, unterwegs zu den voll ausgestatteten Zeltplätzen am
Rio Grande, wo die Luft vom Knattern der Generatoren erfüllt
war.

Wir saßen im Schatten der Immer Essen. Tranken Bier, arbeiteten, bemerkten, wie die letzten Tage und Wochen langsam von
uns abfielen. In der Einsamkeit stellte sich Zufriedenheit ein.

# 21

Alles schälte sich wie die Häute einer Zwiebel, bis
nur noch der Kern übrig war. Die ganzen störenden, verstö-
renden Hintergrundgeräusche waren weg. Es gab keine Dutzende einander überlappende Stimmen mehr. Etwas Merkwürdiges, etwas Überraschendes stieg in mir an die Oberfläche. Ich
brauchte ein, zwei Kilometer einen Pfad entlang, um zu merken,
dass es meine eigene Stimme war, die da zu mir sprach. Sie sprudelte frei hervor wie eine Quelle, die zuvor von einem großen Felsen blockiert gewesen war. Mein Kopf war voll von ihrer Frische.
Was für eine Freude. Mir gefiel diese Stimme.

# 22

»Also, ich frag mich«, sinnierte Patrizia, »ob wir mal duschen müssen. Wie lange haben wir jetzt nicht geduscht?«

»Ist über 'ne Woche her.«

»Ich glaube, acht Tage. Ist die längste Zeit bis jetzt. An meinen Haaren sehe ich es schon.«

»Ich auch.«

»Würdest du jetzt noch mit mir Sex haben?«

Kurze Gedankenpause. Im Wilden Westen war es doch auch nicht anders.

»Vielleicht nicht mehr das… volle Programm.«

Kichern unterm weltumspannenden Himmel.

# 23

Diese langsamen Stunden am Abend, wenn die Dunkelheit sich herabsenkte und der Hintergrund unserer Kulisse sich änderte.

Patrizia lag auf dem Bauch auf dem Bett, ihre Augen waren auf die Büsche draußen fixiert. Sie löffelte Erdnussbutter. Langsam, vorsichtig, still, um keine Tiere zu erschrecken. Dann hob sie in Zeitlupe eine Hand an, um sich ein paar Strähnen aus dem Gesicht zu schieben.

Wie das manchmal so ist, bemerkte sie meinen Blick.

»Was schaust du?«

»Nichts.«

»Sag!«

Das Geheul von Kojoten lenkte sie ab. Ihre Augen weiteten sich, ihre Nase klebte fast an der Scheibe.

»Hast du das gehört?«, fragte sie aufgeregt. »Hast du das gehört?«

Irgendwann schlief sie so ein. Den Löffel noch in der Erdnussbutter. Ich nahm ihr das Glas aus der Hand, schloss den Deckel und verräumte es.

Kein Mond stand am Himmel, die Nacht war voller Sterne, als ich mich neben ihr in unserem Schlafsack in Übergröße vergrub.

# 24

Auf der neuen, warmen Matratze wachte ich inmitten der Wüste auf. Die Windschutzscheibe war voller Raureif, ich konnte meinen Atem sehen. Und doch war es kuschelig in unserem kleinen Nest.

Der Himmel noch lila, die Sonne schlich hinter den fernen Bergketten umher. Patrizia schlief. Ich stand auf und machte draußen Kaffee. Die Flamme leckte an der schwarzen Kanne, während mein Blick aufs Neue in diese unerzählbare Weite gezogen wurde.

Etwas in mir löste sich, expandierte. Ich war mehr als die Summe meiner Teile.

Zurück im Auto, wieder unter der Decke, dampfte der Kaffee in seinem Halter an der Innenseite vor sich hin. Ich rieb mir die Finger, um sie für die Arbeit an der Tastatur vorzuwärmen. Die letzte Kolumne. Was sollte ich schreiben? Ich dachte nach.

Die Sonne ploppte hinter den Bergen hoch wie ein Ball aus dem Wasser. Mit Lichtgeschwindigkeit warfen sich die Strahlen auf die Windschutzscheibe, wärmten sie auf, schmolzen den Raureif. Ich beobachtete, wie sich die Eiskristalle in Tropfen verwandelten und über die Scheibe nach unten liefen. Dabei fingen sie das Sonnenlicht ein, unzählige winzige Explosionen, fallende Sterne … Es war betörend, es war traumhaft. Eine der schönsten Sachen, die ich je im Leben gesehen hatte.

Ich hätte Patrizia aufwecken sollen. Aber ich tat es nicht. Ich wusste nicht, warum. Vielleicht weil wir schon so viel teilten. Ich wollte diesen Moment für mich allein.

Und so stahl ich ihn.

ENDE

# Soundtrack zum Buch

Mein persönlicher Soundtrack zum Buch kann über Spotify abgerufen werden: https://sptfy.com/9brV

## Vier Räder, Küche, Bad

| | |
|---|---|
| Folsom Prison Blues | Johnny Cash |
| A Boy Named Sue | Johnny Cash |
| Bohemian Rhapsody | Queen |
| Haus am See | Peter Fox |
| Peter Gunn (Max Sedgley Remix) | Sarah Vaughan |
| Nightcall | Kavinsky |
| Sun Is Shining | Bob Marley |
| Riders on the Storm | The Doors |
| Roadhouse Blues | The Doors |
| Gimme Shelter | The Rolling Stones |
| Should I Stay or Should I Go | The Clash |
| (You're The) Devil in Disguise | Elvis Presley |
| Jein | Fettes Brot |
| Word Up | Cameo |
| Valerie (Mark Ronson Remix) | Amy Winehouse |
| Ich liebe das Leben | Vicky Leandros |
| Papa Was a Rollin' Stone | The Temptations |

| | |
|---|---|
| Son of a Preacher Man | Dusty Springfield |
| Where Is My Mind? | Pixies |
| You're the One That I Want | John Travolta & Olivia Newton-John |
| Spirit in the Sky | Norman Greenbaum |
| Just Dropped In (To See What Condition My Condition Is In) | Kenny Rogers & The First Edition |
| Kids | Materia |
| Nowhere to Run | Martha & the Vandellas |
| Across 110th Street | Bobby Womack |
| Way Down in the Hole | Tom Waits |
| King of the Road | Roger Miller |
| Proud Mary | Creedence Clearwater Revival |
| Lodi | Creedence Clearwater Revival |
| Regulate | Warren G ft. Nate Dogg |
| The Wanderer | Dion |

# Dank

Ich möchte mich – auch in Patrizias Namen – bei den ganzen Menschen bedanken, die diese Unternehmung nicht nur bequemer gemacht, sondern auch bereichert haben.

Es war wundervoll, zu Beginn bei Pietsch im Garten zu stehen und sich wilde Ideen für die Inneneinrichtung anzuhören. Besten Dank für ein neues Wort in meinem Vokabular.

Wie immer war es eine wahre Freude, Tante Lisa zu sehen und ihren Geschichten aus der Sowjetunion zu lauschen, diesen tragikomischen Erzählungen von einer Zeit, die so fern ist und einem gleichzeitig unheimlich nah vorkommt.

Jan und Mikaela in Bremen waren großartige Gastgeber und haben bewiesen, dass man auch mit Fremden eine sofortige Verbindung aufbauen kann. Vielen Dank für das tolle Abendessen und auch für den ganzen Fisch.

Alex und Mirjam beherbergten uns zwei Tage in ihrer kleinen Waldeinsamkeit in der Nähe von Regensburg. Immer wieder zu schön zu sehen, wie manche Leute ihre Träume verwirklichen.

Dank an Volker Beck für die Lkw-Tipps, an Peter für das Angebot der Dusche und des Kaffees beim Küchen Aktuell; an Gerald, der uns für den Winter mietfrei seine Wohnung in Marburg anbot; an Isabell für die Einladung nach Freiburg; an Christel für Internet satt am Rhein. Ich kann leider nicht alle hier nennen, die uns in der Zeit geschrieben haben, uns mit Tipps und Tricks versorgt haben, mit Einladungen – das würde einfach den Rahmen sprengen, und ich wurde zur Kürze angehalten. Deswegen an dieser Stelle ein großes Dankeschön in die Runde.

Dann wäre da noch Sonja in Köln. Viel Glück mit dem Haus. Ich bin mir sicher, wenn es erst mal poliert ist, wird es ein wahres Juwel.

Yvonne in Flörsheim, danke für Speis, Trank und Benutzung der Waschmaschinen.

Andreas und Mona für Gespräche über Struktur und deren Auflösung. Und natürlich für die fantastische Vision einer Hütte im Wald zum Schreiben.

Markus und Valerie für den Seewolf und das nie verschwindende Gefühl, auch spontan willkommen zu sein.

Da dieses Buch die USA nur anreißt, wir aber auch dort viel Gastfreundschaft erlebt haben, hätte ich kein gutes Gewissen, diese tollen Seelen auszulassen.

Da wäre zunächst einmal Lara in Chicago, bei der wir einen schönen Zwischenstopp auf dem Weg von New York nach Minneapolis eingelegt haben. *Thanks for hospitality, that great evening at the Green Mill and your enthusiasm about our journey.*

Matthias und Doris, zwei deutsche Auswanderer, haben uns sehr freundlich auf ihrem Grundstück in Florida beherbergt. Es gab deutsches Frühstück, das wir nach ein paar Wochen bereits schmerzlich vermisst hatten, und Matthias reparierte uns sogar ein paar Sachen an der Immer Essen, unter anderem das Quietschen in der rechten Radaufhängung, das uns schier in den Wahnsinn getrieben hatte.

Monica und John in St. Petersburg, Florida. *What can I say, you went up and beyond to make our stay in St. Pete more than memorable, just when we needed a respite the most. Thanks for the all the stories and all the laughs and creating a safe space to work. It was fantastic and truly a gift.*

Tash und Emily in St. Petersburg. *We are grateful for you inviting us so graciously into your fantastic home by the sea.*

Großen Dank auch an die beiden Thüringer, die wir auf dem Walmart-Parkplatz in Del Rio, Texas, getroffen und kennengelernt und die uns draußen in der Ferne zu einem tollen Thanksgiving-Frühstück in ihrem Wohnmobil mit Standheizung eingeladen haben. Wir wünschen euch immer gute Reisen.

Weihnachten und Silvester 2018/2019 haben wir bei Sebastian und Melissa in Miami verbracht und eine durch und durch großartige Zeit gehabt. Vielen, vielen Dank dafür, es war unser Scharnier zwischen USA und Mexiko, bei dem wir noch mal Luft geholt haben vor dem nächsten großen Schritt. Super Urlaub. Ins neue Jahr besser zu starten war nicht möglich. Auch hier, danke für den Fisch.

Und dann sind da noch Jewel und Tuck in Minneapolis, denen wir einfach nicht genügend danken können. Kurz nach unserer Abreise wurde bei Tuck Lungenkrebs diagnostiziert. Drei Chemotherapien später wog er nur noch fünfzig Kilo. Er starb im Juni 2019. Er wird immer einen Platz in unseren Herzen haben.

Bedanken möchte ich mich ebenfalls bei Johannes Gernert und Anita Blasberg von der *Zeit*, die von Anfang an Feuer und Flamme für dieses Projekt waren und mich die Kolumne schreiben ließen. Dank auch an die redaktionelle Betreuung durch Stefanie Flamm.

Wie immer verneige ich mich auch vor Bettina Feldweg, Verena Pritschow und Ann-Marie Mecklenburg von meinem Verlag, die die Kolumne anscheinend mit so großem Spaß gelesen haben, dass sie meinten, das Ganze müsse ein Buch werden. Ich fühle mich geehrt durch unsere inzwischen schon langjährige und fruchtbare Zusammenarbeit.

Fabian Bergmann hat nun zum vierten Mal lektoriert und wie immer noch ein paar Prozent extra aus mir und dem Text herausgeholt. Entspannt, konstruktiv, präzise. Vielen Dank.

Meine Agentin Gila Keplin ist allzeit bereit, meine Interessen zu vertreten und mir in den Hintern zu treten, wenn ich mal wieder mit etwas rumgeschludert habe und nicht mehr weiß, mit was eigentlich.

Ganz besonders möchte ich bei dieser Aufzählung meine Familie und die Familie Schlosser nennen. Ich weiß, es ist nicht immer leicht mit Patrizia und mir, aber so ist das nun mal. Es wäre doch schrecklich langweilig, wenn wir alle nach der gleichen Pfeife tanzen würden.

Tja, und, Patrizia, was soll ich zu dir sagen? Die Floskel »Ohne dich wäre es ein anderes Buch geworden« ist diesmal fast zu schwach. Ein weniger berühmter Schriftsteller als ich hat mal gesagt, es sei leichter, gemeinsam Katastrophen zu überstehen, als die gefährlichen Klippen des Alltags zu umschiffen. Danke schön, mein Herz, für all die Freude und all den Schmerz.

# Als blinder Passagier durch die USA

*Hier reinlesen!*

Fredy Gareis
## König der Hobos
Unterwegs mit den
Vagabunden Amerikas

NG Taschenbuch, 256 Seiten
€ 13,00 [D], € 13,40 [A]*
ISBN 978-3-492-40502-7

*Cover- und Preisänderungen vorbehalten

Sie pfeifen auf den amerikanischen Traum und führen ein Leben außerhalb der Gesellschaft. Getrieben vom Wunsch nach Freiheit und Selbstbestimmung reiten die Hobos illegal auf Güterzügen durch das Land, ständig auf der Flucht: vor der Polizei, paranoiden Bürgern – und sich selbst. Dreieinhalb Monate reiste Fredy Gareis mit diesen Überlebenskünstlern durch ein Amerika, das die wenigsten kennen, und erzählt in seiner großen Reportage von einer Parallelwelt voller Gefahren, Tragik und Komik.

# »Ein hinreißendes Buch!«

*Cover- und Preisänderungen vorbehalten

*Hier reinlesen!*

Fredy Gareis
### 100 Gramm Wodka
Auf Spurensuche in Russland

Malik, 256 Seiten
€ 14,99 [D], € 15,50 [A]*
ISBN 978-3-89029-457-5

Was hat es mit dem geheimnisvollen Himbeersee auf sich, an dem Fredy Gareis' Großmutter in einem Straflager war? Und wieso trägt seine Mutter den Geburtsort »Soda-Kombinat« im Pass? Als Kind von Russlanddeutschen wächst Fredy Gareis mit vielen offenen Fragen auf. Um endlich Antworten zu finden, macht er sich auf den Weg. Drei Monate fährt er quer durch Russland und versucht zu ergründen, was es mit diesem Land auf sich hat, von dem es heißt, dass man es nicht mit dem Verstand fassen kann, sondern nur mit dem Herzen.

**MALIK**